**LE ROMAN QUÉBÉCOIS
DE 1944 À 1965**

MAURICE ARGUIN

LE ROMAN QUÉBÉCOIS DE 1944 À 1965

Symptômes du colonialisme et signes de libération

Collection "Essais", n° 1

CENTRE DE RECHERCHE EN LITTÉRATURE QUÉBÉCOISE
(CRELIQ)
UNIVERSITÉ LAVAL
QUÉBEC
1985

Des subventions du Budget spécial de la recherche (Département des littératures et vice-rectorat à l'enseignement et à la recherche, université Laval) ainsi que du fonds F.C.A.R. (Formation des chercheurs et aide à la recherche), volet "Rapports et mémoires de recherche", ont permis la publication de cet ouvrage, deuxième cahier du CRELIQ et premier de la collection "Essais".

Traitement de texte | Aline Dumont

Révision du manuscrit
correction d'épreuves | Aurélien Boivin
et
Maurice Arguin

Graphisme | Gilles Martin
Service des ressources pédagogiques de l'université Laval

Édition et diffusion | Centre de recherche en littérature québécoise (CRELIQ)
Département des littératures
Pavillon Charles-De Koninck
Université Laval
Québec, Canada, G1K 7P4

Dépôt légal, 3e trimestre 1985.

Bibliothèque nationale du Québec, Montréal
Bibliothèque nationale du Canada, Ottawa

ISBN 2-920801-01-5 (collection)
ISBN 2-920801-03-1 (no 1)

*À Armande et Marcel, Denise,
Michaël, Jean-Philippe et Joëlle*

L'auteur remercie le Centre de recherche en littérature québécoise qui rend possible la publication de cet ouvrage.

Il réitère sa gratitude à M. Maurice Lemire, professeur à l'université Laval et directeur du Dictionnaire des oeuvres littéraires du Québec, qui l'a guidé dans ses recherches et dans l'élaboration du manuscrit.

Ses vifs remerciements s'adressent aussi à M. Aurélien Boivin, professeur à l'université Laval, pour sa précieuse collaboration dans l'édition du livre.

INTRODUCTION

Jusque vers 1940, le roman canadien-français avait adhéré aux idéologies de conservation au point de s'identifier à elles, illustrant l'univers mythique du Canadien français, pionnier ou agriculteur, français et catholique, promis à un monde meilleur. Puis, le choc de la modernité a ébranlé la société et les idéologies. Le passage d'une société traditionnelle à une société moderne, par la voie de l'urbanisation et de l'industrialisation, a provoqué le déracinement, l'éclatement des institutions, le conflit des valeurs et l'isolement. Au pays de Québec, tout a subitement changé.

Ces bouleversements idéologiques et socio-économiques devaient s'accompagner d'une effervescence littéraire telle que Gérard Bessette parle d' "une littérature en ébullition". Cette métamorphose, patente dans le roman, illustre les rapports étroits qui s'établissent entre les univers social et imaginaire, entre le romancier et l'homme d'ici. Cette relation est d'ailleurs caractéristique du roman, en général, comme le souligne Ignace Meyerson:

> "Il n'y a pas d'homme en soi... Le romancier décrit nécessairement l'homme d'une société et il décrit en même temps une société [...] Le romancier réaliste décrit une société, et l'homme dans cette société, volontairement et explicitement, avec le souci de l'exactitude historique et sociale. Le romancier non réaliste le fait sans le vouloir. Il croit peindre l'homme en général; en fait, le plus souvent, il peint l'homme qu'il connaît le mieux: celui de sa société étroite...[1]".

Intimement lié à la société et à l'homme de cette société, le genre romanesque est particulièrement apte à remplir une fonction idéologique: la

---

1 Cité par Michel Zéraffa, dans *Roman et Société*, Paris Presses universitaires de France, 1971, p. 10. (Coll. SUP, Le Sociologue, n⁰ 22).

[...] *"sociabilité"* du roman devait
lui conférer une place et des fonctions culturelles, politiques, idéologiques considéra-
bles. Le roman, plus encore que le poème,
aura exprimé par exemple les idées de nation et de renaissance nationale dans les
pays colonisés ou devenus depuis peu indé-
pendants[2].

Cette fonction idéologique, le roman canadien-français l'a
rempli, au point d'être tout entier dévoré par elle, en constituant pendant plus d'un siècle le véhicule par excellence du
nationalisme traditionnel, dont Henri S. Tuchmaïer et Maurice
Lemire ont démontré l'omniprésence dans le roman de la fidélité
(1837-1930), ainsi que dans le roman historique (1860-1939).

Faisant oeuvre de pionnier, Henri S. Tuchmaïer a établi,
dans une thèse fondamentale pour la connaissance du roman
canadien-français, basée sur l'étude de 162 oeuvres, que
pendant un siècle le roman a "pour fonction essentielle de
sauvegarder le patrimoine canadien-français"[3]. Cet ensemble
d'oeuvres qu'il désigne sous le nom de "roman de la fidélité" se
distingue par son caractère

[...] essentiellement traditionnel et
conservateur, tant par le choix de son
contenu matériel et spirituel que par les
procédés utilisés. Il est le fait d'une
société repliée sur elle-même pour assurer
sa survivance et son autonomie, d'une
civilisation qui lutte désespérément pour
maintenir sa structure interne dans un
monde en constante évolution[4].

Dans le même sens, Maurice Lemire affirme que "à peu
d'exceptions près, les romans, surtout à partir de 1860 jusqu'à
1939, sont plus ou moins voués à la cause nationale".[5] Le
rapport étroit entre le roman et le nationalisme ressort plus
nettement encore lorsque le critique constate: "Le roman historique est un témoin important de la formation et de l'évolution du nationalisme au Canada français; il naît avec lui et
disparaît avec lui[6]".

2 *Ibid*, p. 20.
3 Henri S. Tuchmaïer, "Évolution de la technique du roman
   canadien-français". Thèse de doctorat d'Université, Québec, Université Laval, 1958, f. 60.
4 *Ibid*, p. 68.
5 Maurice Lemire, *les Grands Thèmes nationalistes du
   roman historique canadien-français*, Québec, les Presses
   de l'Université Laval, 1980, p. x. (Coll. Vie des lettres
   canadiennes).
6. *Ibid.*, p. 19.

Si le nationalisme dans le roman semble bel et bien mort, la conscience nationale n'en a pas pour autant été évacuée. Néanmoins, comme la société et le roman, elle a subi une mutation. Maurice Lemire reconnaît que le néo-nationalisme des années 1960 paraît rompre avec le nationalisme traditionnel. Au-delà des apparences, il se demande si "ce néo-nationalisme [est] la contrepartie ou tout simplement l'évolution du nationalisme traditionnel[7]". Il s'agit d'une évolution, radicale sans doute, mais inscrite dans la logique même de notre histoire. Du "Chez nous, écrire c'est vivre, se défendre et se prolonger" de Lionel Groulx, qui illustre la période mythique de notre roman, au "vécrire" révolutionnaire de Salut Galarneau!, plusieurs des romans les plus significatifs de notre littérature se tissent sur une même trame de fond: le destin collectif, national.

La rupture des années 1940, tant au plan social et littéraire qu'au niveau de la conscience nationale, masque une profonde continuité, l'avant et l'après constituant les deux pôles d'une histoire spécifique, celle de l'homme d'ici et de son vouloir-vivre. Les années 1940 divisent notre littérature romanesque en deux grandes périodes: celles du mythe (1837-1937) et du contre-mythe (1937-1965), conformément à l'évolution de notre société. Elles marquent le passage du Canadien français au Québécois.

C'est dans cette perspective qu'est abordé ici le roman québécois contemporain. La fonction romanesque transformant la vie individuelle et collective d'un groupe cohérent et organisé en phénomènes de conscience collective, il convient d'en dégager la cohérence et la genèse, de mettre en lumière cette spécificité dont le roman est le révélateur:

> Si l'on s'en tient à la littérature canadienne-française qui s'est écrite depuis trente ou quarante ans, disons depuis Jean-Charles Harvey et Rex Desmarchais, on doit reconnaître que c'est par elle que nous avons commencé à apprendre d'où nous venions et ce que nous étions, sinon ce que nous étions en train de devenir[8].

Puisque "le roman est nécessairement à la fois une biographie et une chronique sociale[9]", il est opportun de suivre la voie tracée par Henri S. Tuchmaïer et Maurice Lemire qui ont démontré comment le roman de la fidélité et le roman historique

---

7   *Ibid.*, p. ix.
8   Jean-Charles Falardeau, *Notre société et son roman*, Montréal, Éditions HMH, 1967, p. 121. (Coll. Sciences de l'homme et humanisme).
9   Lucien Goldmann, *Pour une sociologie du roman*, Paris Gallimard, 1964, p. 30. (Coll. Idées, NRF).

rendent compte de la société et de son évolution, tant au plan
formel que thématique.

Cette perspective a ses limites et ne prétend pas épuiser
toutes les significations des oeuvres étudiées. Elle permet
néanmoins d'établir une filiation d'oeuvres qui développent un
thème dominant de notre littérature et de notre vie collective.
Elle respecte l'engagement même d'un grand nombre de nos
romanciers, dans ce qu'il a de fondamental:

> Nos écrivains - ils ne sont pas seuls de leur
> sorte dans le monde - ne sont pas souvent
> des maîtres de l'expression quintessenciée.
> Ils ne sauraient "déliquescer" qu'imitati-
> vement. Mais, singularité à ne pas négliger,
> ils ont quelque chose à dire. Ils sont
> talonnés par une foule de nécessités. [...]
> Ce qui ne signifie naturellement pas que
> l'art le plus gratuit et le plus désincarné soit
> interdit à nos auteurs; il représente sim-
> plement pour nous, dans l'immédiat, une
> improbabilité de sens commun, en raison des
> caractères propres de notre "prolétariat"
> intellectuel, des problèmes humains tout
> trouvés et si séduisamment neufs qui nous
> sollicitent, de la nature des vides à combler
> selon un ordre d'urgence difficilement récu-
> sable[10].

Ce quelque chose que nos écrivains ont à dire ne saurait être
étranger à la difficulté d'être collective, pas plus aujourd'hui
qu'hier. Cette question constitue une clé maîtresse de lecture
de notre roman.

Question fondamentale, que le romancier ne peut éviter. Il
s'y heurte quotidiennement, en homme qui a besoin de plonger
ses racines dans l'humus collectif; en citoyen qui veut parti-
ciper au développement de l'État; en artiste qui utilise les mots
et le tissu social comme matériau brut. La problématique collective, le romancier québécois la vit aux plans humain, social,
politique et esthétique. Ainsi la langue d'ici aura constitué
pour l'écrivain québécois à la fois un handicap majeur et un
moteur de l'évolution de sa conscience esthétique.

Comme la langue, la difficile situation collective aura à la
fois desservi et servi notre roman. Ces deux éléments importants ne doivent toutefois pas faire oublier que c'est tout le
contexte social qui pétrit le roman. Tuchmaïer a énuméré
plusieurs causes qui ont contribué à freiner l'élan créateur de

---

10 Pierre de Grandpré, *Dix ans de vie littéraire au Canada
français*, Montréal, Beauchemin, 1966, p. 8.

nos romanciers; outre le dépérissement de la langue parlée, il
mentionne les scrupules d'ordre moral, l'impossiblité matérielle
de mener une carrière de romancier, jusqu'à la perte de contact
avec l'héritage de la culture occidentale.

La métamorphose de la société québécoise entraîne celle du
roman. Pendant près d'un siècle, nos romanciers auront été en
service commandé, voués à la conservation des valeurs traditionnelles, absents au réel. Et pourtant, depuis les années
1940, viscéralement présents à leur univers, n'ont-ils pas
préparé ce que Jean Éthier-Blais a justement désigné comme
"une explosion créatrice"? Le fil conducteur de notre histoire
et de notre roman est à la fois contrainte et occasion de dépassement.

La critique a largement reconnu l'influence de la problématique collective sur le roman québécois contemporain. Ainsi, en
1953, dans une thèse intitulée "l'Isolement dans le roman
canadien-français", Monique Bosco évoque le traumatisme de la
conquête pour expliquer le repli des personnages dans un
monde imaginaire. En 1964, dans un article concis, mais d'une
grande densité, "Aliénation culturelle et Roman canadien",
Marcel Rioux traite de l'aliénation culturelle dans le roman,
considérée comme la conséquence d'une situation coloniale. À
notre connaissance, c'est la première fois qu'un sociologue
établissait nettement un lien entre le colonialisme et le roman
québécois. En 1968, Antoine Sirois signale dans un livre
remarquable, **Montréal dans le roman canadien**, que l'affrontement des races occupe une importance significative dans
les romans ayant Montréal pour cadre:

> Ici nous abordons le problème de "l'autre"
> dans la métropole, ou "des autres parlant
> anglais, considérés comme les possédants, et
> en fonction desquels [...] est pratiquement
> défini le problème national des Canadiens
> français. Le fait que plus de la moitié des
> romanciers ne peuvent parler de Montréal
> sans évoquer l'affrontement des races est
> profondément significatif[11].

Bien que Sirois ne parle pas lui-même de colonialisme, il cite
Marcel Rioux, selon qui c'est dans la métropole surtout que le
Canadien découvre sa condition de colonisé.

En 1970, dans une thèse publiée par la suite sous le titre
l'Anticléricalisme dans le roman québécois (1940-1965),
Claude Racine traite de l'influence de l'aliénation nationale sur
la religion, telle que perçue à travers notre littérature:

---

11 Antoine Sirois, *Montréal dans le roman canadien*,
Montréal, Paris [et] Bruxelles, Marcel Didier, 1968, p.
45.

> La période romanesque que nous étudions
> atteste d'un renouveau profond du sentiment
> national. Les essais se multiplient sur ce
> sujet, les articles de revues et de journaux
> pullulent. Il ne s'agit plus seulement
> d'exalter un idéal collectif, mais de prendre
> conscience des conséquences désastreuses
> de la Conquête, d'apprécier la profondeur
> de notre aliénation nationale, et de chercher
> les moyens d'accéder à la liberté la plus com-
> plète. Cette mutation de la conscience col-
> lective s'exprime dans toute la littérature
> québécoise[12].

À plusieurs reprises, Racine fait état de "notre condition de
peuple colonisé".

C'est toutefois Jacques Cotnam qui, le premier, dans un
essai pénétrant, aborde la question de front, dans l'intention
bien arrêtée de mettre en lumière les lignes de force du roman
québécois des années 1960.

> En réalité, pris dans son ensemble, le roman
> québécois remplit, à l'heure de la Révolution
> tranquille, fonction de catharsis. Il s'éver-
> tue à exposer le mal dont souffre l'homme
> québécois, à l'identifier, à en découvrir les
> racines secrètes et profondes. Puisse un
> jour l'exorcisme opérer!

> Le mal quel est-il? Qu'on l'explique en
> termes philosophiques ou politiques, qu'on
> parle d'aliénation ou de colonisation, on en
> arrive à une même conclusion: le mal qué-
> bécois se ramène essentiellement à une
> *difficulté d'être*[13].

En 1973, Patricia Smart, dans **Hubert Aquin, agent
double**, identifie l'aliénation comme le grand thème du roman
québécois et traite elle aussi en termes de colonialisme de la
situation du Canada français. En 1976, Mireille Servais-Maquoi
évoque la même situation coloniale dans une thèse intitulée
"l'Aliénation en littérature: le roman québécois". Enfin, en
1979, Robert Major, dans **Parti pris: idéologies et littérature**, montre comment les "partipristes" ont dévoilé la situation coloniale des Québécois.

---

12 Claude Racine, *L'Anticléricalisme dans le roman québécois (1940-1965)*, Montréal, Hurtubise HMH, 1972, p. 139.
(Coll. Littérature, les Cahiers du Québec, n⁰ 6).
13 Jacques Cotnam, "le Roman québécois à l'heure de la Révolution tranquille", p. 293.

Ainsi, l'aliénation dans le roman québécois constitue un phénomène dont l'importance a déjà été largement reconnue. Toutefois, si nombre de critiques ont évoqué la situation coloniale comme cause de cette aliénation, aucun d'entre eux ne s'est arrêté à l'étude systématique des symptômes du colonialisme dans le roman québécois.

Albert Memmi considère que le colonialisme est d'abord et avant tout une relation de peuple dominateur à peuple dominé. Cette notion fondamentale recouvre les diverses définitions du colonialisme, dont celle que propose Hans Kohn:

> A colonial relationship is created when one nation establishes and maintains political domination over a geographically external political unit inhabited by people of any race and at any stage of cultural development. It is terminated whenever the subject people becomes fully self-governing as an autonomous state, whether independant or as a voluntary associate within an imperial or commonwealth partnership from which it may withdraw at will. It is also terminated whenever a subject people becomes assimilated into the political structure of the colonial power on equal terms, or when their political unit is thus assimilated[14].

Cette domination, de nature politique, est indissociable de la domination économique. Comme le souligne Albert Memmi, la colonisation constitue une exploitation économico-politique. Frantz Fanon met en évidence cette dimension économique de la relation coloniale:

> Aux colonies, l'infrastructure économique est généralement une superstructure. La cause est conséquence: on est riche parce que blanc, on est blanc parce que riche[15].

En d'autres termes, le colonisateur ou l'étranger est le possédant, le colonisé ou l'autochtone est le dépossédé.

Cette division politico-économico-sociale se traduit dans l'habitat même du colonisé et du colonisateur. L'organisation de la cité reflète, en effet, la dichotomie qui caractérise la relation

---

14 Hans Kohn, "Reflections on Colonialism", dans *The Idea of Colonialism*, sous la direction de Robert Strausz-Hupé et de Harry W. Hazard, New York, Frederick A. Praeger Inc., 1958, p. 4.
15 Frantz Fanon, *les Damnés de la terre*, Paris, François Maspero, 1970, p. 9, /FM/.

coloniale. Entre les zones de la ville habitées par l'un et par l'autre, il n'y a pas, selon Frantz Fanon, de conciliation possible:

> La ville du colon est une ville en dur, toute de pierre et de fer. C'est une ville illuminée, asphaltée, où les poubelles regorgent toujours de restes inconnus, jamais vus, même pas rêvés. [...]
>
> La ville du colon est une ville repue, paresseuse, son ventre est plein de bonnes choses à l'état permanent. La ville du colon est une ville de Blancs, d'étrangers[16].

Il y a, par ailleurs, la ville du colonisé:

> La ville du colonisé, ou du moins la ville indigène, le village nègre, la médina, la réserve est un lieu malfamé, peuplé d'hommes malfamés. [...]
>
> La ville du colonisé est une ville affamée, affamée de pain, de viande, de chaussures, de charbon, de lumière. La ville du colonisé est une ville accroupie, une ville à genoux, une ville vautrée. C'est une ville de nègres, une ville de bicots. Le regard que le colonisé jette sur la ville du colon est un regard de luxure, un regard d'envie. Rêves de possession[17].

La relation de dominateur à dominé, illustrée par la division de la ville, s'exerce toutefois selon diverses formes et à des degrés divers. C'est pourquoi Albert Memmi, se demandant si les Canadiens français sont des colonisés, prend soin de souligner que: "Toute domination est relative [...] Toute domination est spécifique[18]". Ainsi, selon Memmi, la domination des Canadiens français par les Canadiens anglais signifie que l'économie est réellement aux mains de ces derniers. Cependant, cette situation objective n'est pas absolue, mais relative, par rapport à la domination subie par d'autres, dans d'autres contextes.

Cette nuance étant apportée, le colonialisme apparaît comme une forme de domination, relative et spécifique, qui s'exerce de peuple à peuple, aux plans politique et économique. Aussi la relation coloniale a-t-elle pour conséquence directe l'expulsion du colonisé hors de l'histoire et hors de la cité, selon les termes de Memmi.

---

16 *Ibid.*
17 *Loc. cit.*
18 Albert Memmi, *l'Homme dominé*. *Essais*, Paris, Gallimard, 1968, p. 87.

Les peuples colonisés sont, en effet, privés des droits politiques et civils fondamentaux, ainsi que des attributs de la nationalité. À cet égard, la situation des Canadiens français est particulière. Comme citoyens, ils jouissent d'une grande liberté et leurs droits fondamentaux sont non seulement reconnus et protégés, mais respectés. S'ils se sentent exclus de l'histoire et de la cité, ce ne peut être en tant que citoyens, mais en tant que membres d'une nation qui ne possède pas la pleine maîtrise de son destin politique et économique. Il s'agit donc ici encore d'une domination relative.

Outre la domination politique et économique, le colonialisme provoque l'aliénation culturelle qui, à son tour, entretient la domination. Le colonisé n'étant pas maître de son destin, il n'est pour lui aucun avenir possible. Il se limite à un présent, lui-même limité, qu'il doit soustraire à l'envahissement du dominateur. Menacé, le colonisé se replie sur les valeurs traditionnelles, dans une réaction d'autodéfense, moyen de sauvegarde de la conscience collective. C'est ainsi que la famille et la religion, par exemple, sont érigées en valeurs-refuges. Ces valeurs, qui constituent un rempart contre l'autre, apparaissent à la fois comme un frein au progrès et provoquent la sclérose de la société tout entière. Outre ce mouvement de repli des peuples colonisés, la domination engendre le bilinguisme qui contribue à l'infériorisation du colonisé.

L'aliénation, conséquence de la domination, se manifeste d'une façon toute particulière dans le comportement de l'adolescent colonisé. Dans cette société repliée sur son passé, frappée d'immobilisme, aucun rôle nouveau ne s'offre à l'adolescent dont la révolte ne peut se résoudre dans le mouvement social. Ce dernier, tôt ou tard, se rabattra lui aussi sur les positions de repli, sur les valeurs traditionnelles, se conformant à un modèle débile, celui du père. C'est ainsi que le colonisé, être d'oppression, devient être de carence.

Vient toutefois un jour où - l'histoire en fournit des dizaines d'exemples - une exigence fondamentale de changement l'emporte sur la résignation. Selon Memmi, le refus colonisé découle de la nature même de la situation coloniale. Pour briser la relation coloniale, deux issues, historiquement possibles, s'offrent au colonisé. "Il tente *soit de devenir autre, soit de reconquérir toutes ses dimensions*, dont l'a amputé la colonisation[19]". En d'autres termes, le colonisé tente soit de s'assimiler au dominateur, soit de le supprimer.

---

19 Albert Memmi, *Portrait du colonisé. Précédé du "portrait du colonisateur et d'une préface de Jean-Paul Sartre*, Paris, Payot, 1973, p. 148. (Coll. Petite bibliothèque Payot, n° 212).

Selon Memmi, la première tentative du colonisé consiste à ressembler au dominateur, ce qui implique le refus de soi. Or, ajoute-t-il, l'assimilation s'est révélée impossible dans le cadre colonial. Il ne reste alors qu'une seule solution, la révolution, refus absolu d'une condition absolue, démarche qui, à l'opposé de la première, implique l'affirmation de soi. Cette rupture de la relation coloniale marque le passage du colonisé de la négativité à la positivité: "Au mythe négatif imposé par le colonisateur succède un mythe positif de lui-même, proposé par le colonisé[20]".

Dans quelle mesure cette problématique, décrite par Albert Memmi, a-t-elle influencé l'évolution du roman québécois? En d'autres termes, quels sont les rapports qui s'établissent dans le roman québécois entre une réalité socio-politoco-économique objective et l'imaginaire? Pour répondre à cette question, il faut identifier les symptômes du colonialisme et les signes de libération qui marquent le discours, la thématique, la structure des romans et, en particulier, la création des personnages.

Cette lecture, du roman québécois ne saurait être que subjective, le critique, tout comme l'écrivain d'ailleurs, ne pouvant totalement faire abstraction de sa personnalité et de sa vision du monde. Comme l'énonce si justement Doubrovsky,

> [...] la subjectivité du critique est irrémédiable. Comme pour la perception, le dévoilement objectif demeure un contact personnel. Le sujet n'a d'accès au monde que de *son* point de vue, situé dans l'espace et le temps, du fond d'un engagement géographique et historique, qu'il ne quitte qu'avec la vie[21].

Avant d'aborder l'étude du roman québécois d'après 1940, il convient de reconnaître en **Menaud, maître-draveur** l'oeuvre charnière par excellence de notre littérature romanesque, celle qui marque l'apothéose du mythe de la survivance et évoque à la fois un idéal collectif de renaissance.

Le premier à projeter un idéal collectif de renaissance, de libération, fut Menaud. Le roman de contestation se fait l'écho de ses appels épiques. Cependant, le roman de Félix-Antoine Savard appartient en même temps à une époque révolue. Menaud est à la fois le symbole de l'aliénation collective qui imprègne le roman de la fidélité et l'amorce de la prise de conscience qui s'inscrit dans le roman contemporain. Trait

---

20 *Ibid.*, p. 166.
21 Serge Doubrovsky, *Pourquoi la nouvelle critique. Critique et objectivité*, Paris, Mercure de France, 1970, p. 75.

d'union entre le passé et l'avenir, il témoigne de la continuité historique qui, par-delà les apparences, caractérise notre littérature romanesque. Il en résume les deux chapitres, l'aliénation et la conscience. Si le maître-draveur continue de nier la conquête militaire, s'entêtant à mériter un espace que d'autres ont conquis, sa lucidité s'éveille au choc de la conquête économique qui permet à l'"autre" d'avaler à nouveau le pays.

En somme, Menaud est obsédé par une contradiction fondamentale mise en évidence par **Maria Chapdelaine**. S'il veut toujours croire que rien n'a changé, il ne peut plus nier la présence de l'"autre".

> "Au pays de Québec, rien n'a changé", cette illusion collective sera largement entretenue par toute une littérature écrite et même orale. Dorénavant, pour oublier le présent, le Canadien se créera un monde chimérique, où il tentera de revivre intégralement son passé. Mais cette recherche d'un temps primitif, temps où il était libre et heureux, sera mensongère et traumatisante. Qu'il le veuille ou non le Canadien-français [sic] ne pourra plus se définir par lui-même comme il le faisait dans les temps de l'avant. Force lui sera due de se reconnaître en fonction de l'autre. Cette nécessité nous est d'ailleurs éloquemment illustrée dans l'affirmation de Louis Hémon. N'est-il pas illogique et inconcevable d'affirmer que "rien n'a changé" lorsqu'on prétend que les "barbares [...] ont pris presque le pouvoir, [qu']ils ont acquis presque tout l'argent [sic][22]".

Tout en voulant maintenir son adhésion à l'idéologie de survivance, Menaud trahit le doute qui le tenaille par la recherche obstinée d'un coupable qui ne soit pas l'"autre" et par le sentiment de culpabilité qu'il éprouve.

Le premier réflexe de Menaud, confronté à sa dépossession, consiste à se replier sur les valeurs-refuges et à idéaliser le passé de sa race: il proclame que la terre lui appartient par "le droit des morts"; il évoque cette "poignée de gueux vainqueurs de tout un continent". Comme ce passé mythique, la religion permet d'échapper à la réalité historique en la sublimant:

---

22 André Vanasse, "le Fait historique et les Étapes littéraires. La notion de l'étranger dans la littérature canadienne-I", *l'Action nationale*, vol. LX, n° 2 (octobre 1965), p. 231-232.

> Ainsi marchait la file dolente dans la douceur
> du jour d'été; et, recueillies, les âmes
> goûtaient les divins apaisements apportés de
> la fête; et, sur l'épreuve ramenée telle
> quelle en leurs bras, se repliaient les
> femmes consolées par la résignation
> sainte[23].

"L'épreuve ramenée telle quelle" - passage supprimé dans l'édition de 1944 - d'une part, et les "divins apaisements", d'autre part, illustrent le mécanisme de compensation qui permet à l'idéologie de survivance de se maintenir.

Menaud, maître-draveur porte à son paroxysme cette aliénation idéologique dans notre roman: "Nous sommes en présence d'une forme extrême d'aliénation [...] Menaud sacralise la dépossesson de lui-même[24]". Tout en proclamant la supériorité de sa race et en trouvant refuge dans les valeurs traditionnelles, Menaud glisse sur la voie de l'auto-accusation. Il doit trouver un coupable puisque, désormais, la montagne lui est interdite. Sans cesse déchiré entre la réalité qui s'impose à lui et son adhésion à l'idéologie de survivance, qui n'est autre chose que la négation de son état de vaincu, il soutient que la race est la première responsable de sa déchéance. Et c'est d'abord contre "le troupeau de lâches", les siens, et contre lui-même, que se retourne sa révolte. Niant la conquête, le maître-draveur fait de la déchéance de sa race une cause, tandis qu'elle est, en fait, une conséquence.

Une telle attitude entretient l'illusion que tout peut changer, moyennant la fierté de la race. Menaud peut ainsi éviter l'affrontement décisif avec l'"autre". Ce n'est d'ailleurs pas le "barbare" qu'il projette de rencontrer dans la montagne, mais le Délié, celui qui aspire à s'identifier à l'étranger par la servilité. La véritable rencontre ne peut avoir lieu puisque Menaud nie jusqu'à l'existence même du conquérant.

Prisonnier de son refus historique, Menaud assume la responsabilité qu'il impute à la race et entrevoit la nécessité du rachat: "Peut-être l'heure expiatoire était-elle venue... la grande heure où quelqu'un dût mourir, sa face contre la terre offensée...[25]".

---

23 Félix-Antoine Savard, *Menaud, maître-draveur*, Québec, Librairie Garneau, 1937, p. 147.

24 Marcel Rioux, "Aliénation culturelle et Roman canadien", dans *Littérature et Société canadiennes-françaises*, sous la direction de Fernand Dumont et Jean-Charles Falardeau, Québec, les Presses de l'Université Laval, 1964, p. 147.

25 Félix-Antoine Savard, *op. cit.*, p. 35.

19

Il est toutefois un autre Menaud, l'engagé, l'humilié, qui
constate sa dépendance et le rétrécissement du domaine, ce
Menaud qui aspire à la libération. En cela, **Menaud, maître-
draveur** annonce le roman de contestation et se dissocie du
roman traditionnel: "Rien dans le roman historique ne res-
semble aux appels épiques du vieux Menaud[26]".

La nouvelle conquête, économique celle-là, ouvre les yeux
du vieux Menaud. Engagé, pour presque rien, il connaît la
honte et reconnaît sa servilité:

> Le livre avait dit vrai.
>   Alors le vieux *maître-draveur* eut
> honte de lui-même.
> Il avait fait comme les autres: plié le cou.
> Chien grognant d'abord, chien couchant
> ensuite.   Comme les autres... comme les
> autres[27]!

L'engagement de Menaud confirme sa dépendance économique
et celle des autres draveurs. L'humiliation de l'homme se
prolonge dans celle de sa langue, qui a nommé les eaux et les
terres du continent: c'est par le truchement d'un interprète
qu'il est engagé.

Le sentiment de dépossesion s'accentue lorsque lui est
interdit l'accès à la montagne:

> Cette fête-là n'était plus pour lui.
>   Il n'était qu'un intrus maintenant, un
> rôdeur sombre, furtif, le dépossédé revenu,
> malgré les lois, s'emplir une dernière fois les
> yeux au bord de la fête interdite[28].

Le dépossédé... étranger en son propre pays. La fiction
de **Maria Chapdelaine** se fait réalité. En fait et en esprit,
le conquérant d'hier reconnaît son état de vaincu. Même la
domination politique transparaît, car c'est "la loi du pays de
Québec" qui écarte l'enfant du sol. La dépossession s'étend à
la dimension d'un pays, de l'aveu même de Menaud qui affirme
qu'il ne consentira jamais à ce que l'étranger "souillât comme
ailleurs ce qu'il avait reçu en héritage[29]".

Menaud est conscient, d'où son rêve révolutionnaire, qu'il
faut dissocier de son messianisme par lequel il s'offre en
holocauste. Cette ambiguïté de Menaud tient à la contradiction

---

26 Maurice Lemire, *les Grands Thèmes nationalistes du
roman historique canadien-français*, p. 235.
27 Félix-Antoine Savard, *op. cit.*, p. 33.
28 *Ibid.*, p. 233.
29 *Ibid.*, p. 199.

initiale qu'il ne parvient pas à résoudre. Il ne peut empêcher que les mots deviennent des "mots en armes".

Le rêve révolutionnaire de Menaud, à moins qu'on ne l'impute à un racisme mythique ou biologique, ne s'explique que par cette amorce de prise de conscience. Menaud demeure, en effet, partiellement prisonnier de son aliénation, de sorte que l'acte libérateur est différé. "Un jour" devient en quelque sorte le leitmotiv du roman: un jour retentira l'appel du burgau d'écorce; un jour le peuple ira avant. C'est d'ailleurs sur Joson que le vieil homme reporte le fardeau de la libération:

> Lui déjà vieux et son temps utile épuisé,
> Joson prendrait la relève et chasserait dans
> les mêmes sentiers la maraudaille étrangère.
> Car, enfin, il faudrait en venir là[30]!

Presque malgré lui, il entrevoit l'issue inévitable: eux ou nous. Il s'agit moins de fanatisme que d'un constat d'établi à regret.

Attribuer le drame de Menaud au fanatisme ou à la fatalité, c'est adopter la conduite d'évitement du héros aliéné, lorsqu'il accuse la race, puis la nature, à la suite de la noyade de Joson, d'empêcher l'avènement de la liberté. C'est aussi la conduite du peuple claustré dans sa résignation. L'affirmation exacerbée par Menaud de l'identité et de l'existence collectives constitue une réponse à la négation de soi par l'autre. Le racisme de Menaud, si racisme il y a, n'est pas la cause du drame, mais l'une de ses conséquences.

Menaud, maître-draveur démonte les mécanismes de l'idéologie de survivance: négation de la Conquête, autoaccusation, complexe de culpabilité et mépris de soi, d'une part; compensation et repli dans les valeurs-refuges, d'autre part. Parallèlement, le roman dénonce l'état de dépossession collective et met en évidence l'exigence fondamentale de changement qui en découle.

L'ambiguïté originelle de **Menaud, maître-draveur** ne pouvait se résoudre que dans l'utopie, la mort ou la folie. Félix-Antoine Savard a choisi la folie, l'aliénation. On aura pu voir dans cette folie de Menaud la seule adhésion passionnée à une idéologie. Elle est bien davantage le signe que la littérature seule ne peut résoudre la situation historique. Comme **Prochain Épisode**, **Menaud, maître-draveur**, évitant l'utopie, refuse de se substituer à l'Histoire. Telle est la véritable nature de l'avertissement servi par le roman de Félix-Antoine Savard. En ce sens, **Menaud, maître-draveur** peut être considéré comme le premier roman québécois.

---

30 *Ibid.*, p. 16-17.

PREMIÈRE PARTIE

LE ROMAN DE MOEURS URBAINES

CHAPITRE PREMIER

UNE RELATION ETHNIQUE DE TYPE COLONIAL

La publication de **Trente Arpents**, d'**Au pied de la Pente douce**, du **Survenant** et de **Bonheur d'occasion** marque, selon Gilles Marcotte, une nouvelle étape dans notre littérature. Ces oeuvres, précise-t-il, connaissent un succès international qui "se double, au pays, d'un effet de choc que n'avait obtenu aucun roman paru au Canada français depuis **Maria Chapdelaine**[1]". Cet effet de choc, le critique l'explique ainsi:

> S'ils émeuvent, s'ils choquent un vaste public, ce n'est pas par la provocation intellectuelle, mais par la force des images qu'ils soumettent à l'attention - des images dans lesquelles on se reconnaît, avec ou sans agrément. La grande révolution qu'ils opèrent dans le roman canadien-français est celle de **l'observation**, et les écrivains retrouvent chez leurs lecteurs le peuple, le milieu, l'homme, qu'ils avaient fait entrer tout vivant dans leur oeuvre[2].

Cet homme est désormais un citadin. **Trente Arpents** et le **Survenant** disent que l'époque de la vie terrienne est révolue, tandis qu'**Au pied de la Pente douce** et **Bonheur d'occasion** explorent la réalité nouvelle, urbaine et industrielle. Antoine Sirois souligne à juste titre que "l'ère des romans consacrés à la vie rurale et à l'aventure héroïque est presque close; la vie urbaine devient désormais objet d'observation"[3].

---

1 Gilles Marcotte, *Une littérature qui se fait. Essais critiques sur la littérature canadienne-française*, Montréal, HMH, 1962, p. 34. (Coll. Constantes, no 2).

2 *Loc. cit.*

3 Antoine Sirois, *Montréal dans le roman canadien*, p. 3.

Bien que Jean-Charles Harvey ait publié **les Demi-civilisés** en 1934 et, Robert Choquette, **les Velder,** en 1941, la critique reconnaît généralement en Roger Lemelin et en Gabrielle Roy les pionniers du roman de moeurs urbaines:

> [...] ce sont surtout deux jeunes écrivains, moins cérébraux sans doute que Jean-Charles Harvey, mais plus pulpeux, qui instaurent le roman de moeurs à incidences sociales, en même temps qu'ils rénovent le roman canadien en général, sur le plan du sujet et des thèmes: la ville et le peuple, le petit peuple qui y vit[4].

Les caractéristiques majeures de ce roman sont sans contredit son réalisme, ainsi que sa "tendance à décrire, à présenter le personnage en fonction du milieu physique, historique et, surtout, social[5]." À l'aide de cette technique, les romanciers parviennent à "créer des hommes et des femmes bien incarnés dans un milieu de chez nous[6]". Fait à souligner, cependant, l'observation et la description débordent le simple constat, la lucidité entraînant la désillusion:

> Comme il se devait, nos écrivains, les premiers, ouvrant l'oeil, quittaient les voies de l'optimisme abstrait pour celles de la lucidité et du coup, faut-il s'en surprendre, passèrent à un désillusionnement qui s'en prenait au ronron de la bonne conscience. L'aliénation d'une âme collective, Saint-Denys-Garneau la vécut tragiquement [...]
>
> Les romanciers aussi, rejetant un refoulement séculaire, s'armaient de lucidité envers eux-mêmes et leur milieu. A l'aube de cet éveil Ringuet, Gabrielle Roy, Roger Lemelin soumettaient notre réalité sociale à

4 Réjean Robidoux et André Renaud, *le Roman canadien-français du vingtième siècle*, Ottawa, Éditions de l'Université d'Ottawa, 1966, p. 75. (Coll. Visage des lettres canadiennes, III).
5 Gérard Bessette, Lucien Geslin et Charles Parent, *Histoire de la littérature canadienne-française par les textes*, Montréal, Centre éducatif et culturel inc., 1968, p. 424.
6 Soeur Sainte-Marie Eleuthère, *la Mère dans le roman canadien français [sic]*, Québec, les Presses de l'Université Laval, 1964, p. 191-192. (Coll. Vie des lettres canadiennes, nº 1).

un regard où la simple volonté d'observation
se transformait en témoignage impitoyable[7].

Ce témoignage impitoyable, on le retrouve, en particulier,
dans les trois romans de Roger Lemelin (**Au pied de la Pente
douce, les Plouffe, Pierre le magnifique**), dans
Bonheur d'occasion et **Alexandre Chenevert** (Gabrielle
Roy), dans **le Poids du jour** (Ringuet), **Au milieu, la
montagne** (Roger Viau), **le Feu dans l'amiante** (Jean-Jules
Richard), **la Bagarre** (Gérard Bessette), **les Vivants, les
Morts et les Autres** (Pierre Gélinas), **l'Argent est odeur de
nuit** (Jean Filiatrault).

Ces oeuvres, publiées entre 1944 et 1961, constituent, pour
l'essentiel, ce que l'on a appelé le roman de moeurs urbaines.
Avec Gilles Marcotte, l'on doit convenir que la "floraison subite
et brève du roman d'observation constitue une sorte d'enclave,
dans l'histoire du roman canadien-français[8]". Cependant, il
ne semble pas que l'on puisse parler de "sa rapide faillite[9]".
Bien que relativement faible, la production du roman d'observation ayant pour cadre la ville s'étend sur près de vingt ans.
En outre, ce roman a exercé une influence certaine sur les
romanciers de **Parti pris**, comme le soulignent Laurent
Girouard[10], André Major[11] et Claude Jasmin[12].

L'intrigue du roman de moeurs urbaines se situe à l'époque
qui précède immédiatement, recoupe ou suit de près la Deuxième Guerre mondiale. Il s'agit d'une période troublée par la
Crise de 1929, par le conflit mondial et la guerre de Corée.
Les conséquences de ces événements, difficultés économiques,
conscription, industrialisation et urbanisation, bouleversent
une société jusque-là refermée sur elle-même et provoquent son
éclatement.

À travers ces bouleversements profonds, le roman témoigne
que la famille et la religion occupent encore une large place

---

7 Albert Le Grand, "Pour une littérature authentique", *la
   Littérature par elle-même*, Montréal, A.G.E.U.M.,
   1962, p. 46. (Cahiers nº 2).
8 Gilles Marcotte, *Une littérature qui se fait*, p. 42.
9 Mireille Servais-Maquoi, "l'Aliénation en littérature: le
   roman québécois". Thèse de doctorat en philosophie et lettres, Liège, Université de Liège, 1977, 2 vol., f. 208.
10 Laurent Girouard, "Considérations contradictoires", dans
   Parti pris, vol. II, nº 5 (janvier 1965), p. 11.
11 André Major, "Pour une littérature révolutionnaire", dans
   Parti pris, vol. I, nº 8 (mai 1964), p. 56-57.
12 Claude Jasmin, "Major y aurait-y [sic] moyen de
   placer un mot?", dans *le Petit Journal*, semaine du 8
   août 1965, p. 26.

dans la vie des personnages en tant que valeurs, mais aussi qu'elles sont de plus en plus contestées en tant qu'institutions.

Plus particulièrement, par la description réaliste de la société 1925-1950 et du contexte socio-économique ambiant, le roman de moeurs urbaines ne pouvait que mettre en évidence la situation respective des groupes francophone et anglophone. Cette opposition entre les deux groupes, de nombreux critiques, dont Antoine Sirois, Jacques Cotnam, Georges-André Vachon, Monique Bosco, Soeur Sainte-Marie Éleuthère, Mireille Servais-Maquoi, Lowell William Keffer, ont reconnu son influence marquée sur la thématique des oeuvres et sur le comportement des personnages.

L'analyse de la relation entre les deux groupes, en fonction du discours du narrateur et de la perception des personnages, permet d'établir un double constat: l'aliénation socio-économique des Canadiens français et la domination exercée par l'autre, l'anglophone.

Dans quelle mesure cette situation est-elle analogue à la situation coloniale, qui "est relation de peuple à peuple[13]", fondée sur une structure économique?

À l'affrontement de deux groupes ethniques, dont l'acuité s'accentue avec la venue massive de francophones dans la métropole, s'ajoute le souvenir de la conquête militaire, évoquée par plusieurs romanciers:

> Le temps n'est plus aux rêves nostalgiques, il faut affronter la réalité quotidienne du temps présent. Le problème majeur soulevé par les romanciers est celui de l'infériorité économique des leurs, patente dans la métropole, problème qui, joint au souvenir quand même persistant de la conquête, engendre des attitudes que nous expliciterons[14].

Par-delà la description de cette relation ethnique, le roman de moeurs urbaines rend compte du conflit de valeurs provoqué par l'attrait de l'argent, valeur de l'autre, et du prestige social exercé sur les jeunes Canadiens français qui suscite la remise en question de l'idéologie traditionnelle, de l'élite et du système d'éducation. Le roman dénonce notamment l'alliance de l'élite et de l'étranger, comme responsable du maintien de la collectivité canadienne-française dans un état de domination.

---

13 Albert Memmi, *Portrait du colonisé*, p. 68.
14 Antoine Sirois, *Montréal dans le roman canadien*, p. 41-42.

UNE CLASSE ETHNIQUE DÉFAVORISÉE. - Il se dégage de la lecture du roman de moeurs urbaines une impression générale de dépossession. Comme travailleur, dans son quartier, dans son logis même, l'ouvrier-type canadien- français ressent profondément cette dépossession. "Aux prises chaque jour avec le problème de la simple survivance[15]", il vit une vie réduite à sa plus simple expression, laquelle suscite chez lui le désir de l'ailleurs. Antoine Sirois a décrit en quelques mots la situation qui lui est faite:

> Le monde ouvrier que nous font percevoir les romanciers est un monde où les individus sont pratiquement condamnés par la fatalité de la misère, avec peu de moyens pour s'en sortir[16].

Les personnages, quand ils ne sont pas aux prises avec le chômage ou les grèves, occupent des emplois subalternes, souvent saisonniers: les mères et les jeunes filles sont vendeuses, serveuses, ouvrières ou femmes de ménage; les pères de famille, journaliers, commis ou manoeuvres, sont incapables de s'adapter à la ville:

> Les ouvriers-types canadiens-français, que nous avons relevés dans les romans, et leur famille, sont démunis devant la ville. Ils existent à Montréal, mais ils n'y vivent pas[17].

Et Sirois ajoute que ces ouvriers ne peuvent se fixer davantage à un emploi qu'à un domicile.

Les quartiers où ils résident sont moins un habitat qu'un milieu de survie et de labeur. Saint-Sauveur, Saint-Henri, Hochelaga, Côte Saint-Paul sont des quartiers défavorisés, marqués par les vicissitudes inhérentes à la vocation industrielle de la ville: dans la poussière et le bruit s'élèvent les masses noires des filatures, des usines et des raffineries, s'entassent les unes sur les autres les maisons délabrées. Si la rue Workman de **Bonheur d'occasion** dit: "Travaille, ouvrier, [...] épuise-toi, peine, vis dans la crasse et la laideur[18]", la rue Asbestos est dessinée en fonction des exigences de la mine: "[...] le carrelage des quatre rues du

15 Roger Viau, *Au milieu, la montagne*, Montréal, Beauchemin, 1951, p. 197.
16 Antoine Sirois, *Montréal dans le roman canadien*, p. 78.
17 *Ibid.*, p. 74.
18 Gabrielle Roy, *Bonheur d'occasion*, Montréal, Beauchemin, 1966, p. 87.

quartier français formant une pointe à cause de la rue Asbestos qui suit l'arc rentrant de la mine[19]".

Comme le quartier, le logis rend compte de la dépossession des ouvriers: logements mal isolés, trop petits, privés du moindre confort, témoins d'une indigence extrême. La maison est à l'image d'une vie réduite à l'utilitaire, réduction de vie symbolisée dès les premières lignes de l'Argent est odeur de nuit:

> La pendule sonna la demie de dix heures et il sursauta. C'était la vieille horloge au son aigre qui lui venait de sa mère. Autrefois, elle arborait fièrement un petit cheval câbré qu'on était toujours surpris, chaque fois qu'on y arrêtait les yeux, de retrouver au même endroit tellement l'animal avait belle allure. Pour la pendre au-dessus de l'armoire et parce que le plafond était bas, il avait dû sacrifier le cheval[20].

Ainsi, l'ouvrier canadien-français apparaît comme un être nettement défavorisé dans son habitat, son travail, sa situation économique. Cet état de dépossession est lourd de conséquences, au plan psychologique et, aussi, au plan social, puisque, comme le souligne Antoine Sirois, ce ne sont pas que des individus qui sont en cause, mais toute une collectivité:

> La collectivité ouvrière, telle que montrée, est dénuée des biens fondamentaux: de nourriture et de logements convenables, d'un travail qui épanouit. Elle est traitée comme une vulgaire marchandise dont on use au besoin pour la paix et pour la guerre, elle est ballottée au caprice d'une oligarchie financière. Cette collectivité souffre d'aliénation[21].

La maison au plafond trop bas, le quartier au ciel trop gris, l'incessant combat pour la vie suscitent chez les personnages le désir exarcerbé de fuir. À l'exception de la mère qui incarne la durée, les personnages rêvent d'évasion, qu'il s'agisse du père, du jeune homme ou de la jeune fille. Ce désir d'évasion apparaît comme le symptôme majeur de l'aliénation collective

---

19 Jean-Jules Richard, *le Feu dans l'amiante*, [Montréal], Chez l'auteur [sic], 1956, p. 58.

20 Jean Filiatrault, *l'Argent est odeur de nuit*, Montréal, le Cercle du livre de France, 1967, p. 11. (CLF Poche canadien, nᵒ 5).

21 Antoine Sirois, *Montréal dans le roman canadien*, p. 79.

issue de la dépossession économique. On pourrait appliquer à l'ensemble des romans de moeurs urbaines ce qu'écrit Jacques Cotnam à propos de **Bonheur d'occasion**:

> S'évader, voilà ce que désirent la plupart des personnages de **Bonheur d'occasion**. Qu'ils partent pour la guerre, qu'ils ambitionnent de gravir la montagne (ou la "pente douce"), pour rejoindre les "riches", qu'ils rêvent à ce qui n'est plus ou à ce qui pourrait être, le départ ou l'ascension prennent signification de fuite, de rêve, de refuge[22].

Si l'aliénation se manifeste chez certains personnages par la recherche d'un ailleurs prometteur, elle apparaît aussi à travers le personnage qui se retire d'un milieu dont il se sent exclu. Nulle part sans doute l'aliénation n'est-elle exprimée de façon aussi frappante que dans ce passage de **Bonheur d'occasion** où Alphonse s'acharne à valoriser le dépotoir où il a trouvé refuge:

> Et tu diras ce que tu voudras, jeta-t-il d'un ton défiant, mais c'est une vie comme une autre dans ce pays-là. Parce que c'est un autre pays; c'est pus le même pays pantoute. Tu fais ta petite business tranquille, pas achalé par personne, pis, le samedi soir, si ça t'arrive de t'ennuyer du monde, de l'autre pays, eh ben, tu te rases, tu viens en ville et tu fais ton tour parmi la société. Tu leur fais une visite à ceux de l'autre pays...[23]

Mais quel est donc cet autre pays auquel, à cinq reprises, Alphonse reconnaît ne pas appartenir, sinon la ville habitable, aux mains des étrangers?

Comme l'a démontré Antoine Sirois, nombre de romans québécois des années 1940-1965 font état de la division de la ville de Montréal, selon une frontière à la fois géographique, économique, linguistique et ethnique. De fait, quatorze des vingt-deux romanciers d'expression française qui font l'objet de son étude mentionnent cette division[24]. Un phénomène

---

22 Jacques Cotnam, "le Roman québécois à l'heure de la Révolution tranquille", p. 275.
23 Gabrielle Roy, *Bonheur d'occasion*, p. 276.
24 Antoine Sirois, *Montréal dans le roman canadien*, p. 23.

analogue se retrouve dans **le Feu dans l'amiante,** tandis que la division entre la Basse-Ville et la Haute-Ville apparaît dans les trois romans de Roger Lemelin.

Chez Gérard Bessette, le découpage de Montréal est simplifié à l'extrême: "À l'ouest, les Anglais; à l'est, les Canadiens. Entre les deux, une coulée israélite..."[25] Mais, superposée à la frontière géographique et ethnique, il y a encore la frontière économique. On peut résumer ainsi la situation: à l'ouest, sur la montagne, les millionnaires, les Anglais; à l'est, en bas, les "chômeurs", les "Canadiens". Gabrielle Roy cristallise cette opposition en décrivant successivement Westmount et Saint-Henri:

> Mais au delà, dans une large échancrure du faubourg, apparaît la ville de Westmount échelonnée jusqu'au faîte de la montagne dans son rigide confort anglais. Il se trouve ainsi que c'est aux voyages infinis de l'âme qu'elle invite. Ici, le luxe et la pauvreté se regardent inlassablement, depuis qu'il y a Westmount; depuis qu'en bas, à ses pieds, il y a Saint-Henri. Entre eux s'élèvent des clochers[26].

Non seulement une frontière existe-t-elle, qui divise deux collectivités, mais elle semble infranchissable, comme si l'on appartenait de par sa naissance ou ses origines à l'une ou l'autre zone. Ainsi Jacqueline Malo (**Au milieu, la montagne**), fataliste, songeant "à ces filles de l'autre côté de la ville", prend conscience de cette frontière:

> Là-bas, c'était l'Ouest. Sa vie à elle, ce serait l'Est. Une ville divisée en deux, et au milieu, la Montagne, sa croix géante tournée vers l'Est pour rappeler aux petites gens que tout leur espoir est dans l'au-delà[27].

De façon analogue, Emmanuel (**Bonheur d'occasion**) gravissant la montagne éprouve un malaise croissant lorsqu'il s'approche de la cité interdite:

> Rien qu'un malaise indéfinissable. Toute l'inquiétude, toute l'angoisse du bas quartier

---

25 Gérard Bessette, *la Bagarre*, Montréal, le Cercle du livre de France, 1958, p. 97. (Coll. Nouvelle-France, n° 4).

26 Gabrielle Roy, *Bonheur d'occasion*, p. 33.

27 Roger Viau, *Au milieu, la montagne*, p. 64.

semblaient s'être collées à lui au départ, et
plus il était monté haut, plus elles s'étaient
retenues, tenaces à son corps. Et maintenant, c'était comme s'il n'avait plus le droit
d'entrer dans la cité du calme, de l'ordre,
avec cette odeur de misère qui le suivait
comme un relent de maladie[28].

Dans **les Vivants, les Morts et les Autres**, le territoire
occupé par les Anglais apparaît hostile:

[...] même les Canadiens français de St-
Henri et de la Côte St-Paul, que le plateau
de Westmount surplombe comme un château-
fort domine une vallée, n'empruntaient
jamais pour se rendre au Forum la côte de
la Glen, qui passe par le territoire étranger
et hostile des Anglais, mais la côte de la
rue Atwater[29].

À l'inverse, on redoute, pour les anglophones, l'hostilité des
Canadiens français. Lorsqu'une foule de manifestants
canadiens-français se dirige vers le Forum pour protester
contre la suspension imposée par un "Anglais" à leur idole, le
hockeyeur Maurice Richard, le narrateur décrit ainsi la straté-
gie élaborée:

[...] on affirma que le premier souci des
autorités avait été de protéger le quartier
résidentiel anglais de Westmount qui s'étend
à quelques rues à l'ouest du Forum; on
aurait craint pour les pelouses et les fenê-
tres des riches médecins, avocats et indus-
triels[30].

Entre ces deux pôles hostiles, une zone tampon, Outremont,
habitée par Robert Garneau (**le Poids du jour**) et la famille
Sergent (**Au milieu, la montagne**): lorsque Robert Garneau
a dû louer un logis dans l'Est, "cette migration, même tempo-
raire, vers l'Est et les quartiers populeux était une quasi
déchéance"[31]. Par ailleurs, il sera tout fier de s'installer
"à Outremont, dans ce quartier neuf sujet des ambitions
suprêmes de boutiquiers qui ne sauraient aspirer aux splen-
deurs de Westmount[32]".

28 Gabrielle Roy, *Bonheur d'occasion*, p. 286.
29 Pierre Gélinas, *les Vivants, les Morts et les Autres*,
   Montréal, le Cercle du livre de France, 1959, p. 261.
30 *Ibid.*, p. 260.
31 Ringuet, *le Poids du jour*, Montréal, les Éditions
   Variétés, 1949, p. 281.
32 *Ibid.*, p. 146.

Il n'y a pas que Montréal qui apparaisse comme une ville
divisée. Le même phénomène se retrouve à Johnsonville, où
Richard distingue le

> [...] quartier populeux des ouvriers dont
> les maisonnettes côtoient l'abîme des car-
> rières et l'enceinte bourgeoise où résident
> les représentants américains de la compa-
> gnie et le personnel parlant anglais[33].

Là aussi, l'étranger est perçu comme celui qui habite vraiment
la ville et possède la puissance économique.

De façon systématique, les anglophones habitent les beaux
quartiers et possèdent la richesse, tandis que les francophones
sont relégués aux quartiers pauvres. En outre, Westmount,
symbole de prestige et de la richesse, est inaccessible pour
les francophones:

> (Refoulés dans leurs ghettos par une sorte)
> d'*apartheid*, les populations
> canadiennes-françaises ont croupi dans leur
> misère sans autre moyen d'en sortir que la
> guerre[34].

La Frontière dans la ville est infranchissable. D'un côté,
une collectivité dépossédée, aliénée, reléguée aux quartiers
minables, les Canadiens français, dont quelques privilégiés
débouchent sur Outremont; de l'autre, les anglophones,
riches, dominateurs, habitant les quartiers huppés. En somme,
à la division géographique se superpose une division à la fois
ethnique et économique.

Ce ne sont donc pas les seuls ouvriers qui sont dépossédés.
S'il existe différentes strates sociales chez les Canadiens français, aucune ne parvient à se hisser au palier supérieur,
réservé en exclusivité à l'étranger. Cette relation de dominateur à dominé entre les deux ethnies n'est pas exempte d'hostilité et elle est ressentie d'autant plus vivement que la collectivité canadienne-française est consciente de son identité.

Au constat de la division ethnique et économique de la ville
s'ajoute, en effet, la conscience qu'a la collectivité francophone
de son homogénéité. Cette conscience de l'identité est particulièrement aiguë dans l'univers de Lemelin où, pourtant, la
division entre Basse-Ville et Haute-Ville n'a aucune connota-
tion ethnique. La réaction de Joséphine Plouffe à l'endroit du

33 Jean-Jules Richard, *le Feu dans l'amiante*, p. 9.
34 Maurice Lemire, *"Bonheur d'occasion* ou le salut par
la guerre," dans *Recherches sociographiques*,
vol. X, n⁰ 1 (janvier-avril 1969), p. 25.

pasteur Brown illustre, de façon caricaturale, la crainte de tout ce qui peut menacer l'identité:

> Et voilà que soudain une occasion d'hé-
> roïsme lui tombait du ciel! Elle en était toute
> bouleversée et elle frémissait de l'ardeur du
> brave qui va affronter le champ de bataille
> pour la première fois. Le Seigneur, par la
> voix du curé Folbèche, lui intimait l'ordre de
> repousser le prostestant Tom Brown hors de
> sa maison et de la paroisse, comme il avait
> chargé Jeanne d'Arc de repousser les
> Anglais hors de France[35].

Comme le souligne Antoine Sirois, "pour le Canadien français, il y a le Canadien véritable, lui-même, et l'Anglais[36]". Ainsi, à Johnsonville où, selon le narrateur, "le
peuple semble uni[37]", la veuve Marier explique au curé que
les anglophones nés au Canada ne sont pas des Canadiens:
"C'est des Anglais. C'est nous autres les Canadiens. Les
Canadiens purs, pas français[38]".

Dans **la Bagarre**, ce sentiment d'appartenance s'impose à
Jules Lebeuf, au-delà de la reconnaissance de diverses classes
sociales:

> L'université d'un côté, les balayeurs de
> l'autre; entre les deux, toute une variété de
> classes sociales [...] Superposés à tout ça,
> deux groupes ethniques de mentalité et de
> langue différentes. Lui, Lebeuf, apparte-
> nait à l'un de ces groupes...[39].

La raison profonde du retour au pays de Lebeuf, c'est précisément le sentiment qu'il a de faire "partie d'un petit groupe
francophone perdu dans un coin de l'Amérique du
nord...[40]".

Ce groupe ethnique est encore imprégné des valeurs traditionnelles au point que les "parents Lacasse se perçoivent
spontanément comme membres d'une communauté sociale qui est

---

35 Roger Lemelin, *les Plouffe*, Paris, Flammarion, 1955,
   p. 59, (Coll. La Rose des Vents).
36 Antoine Sirois, *Montréal dans le roman canadien*,
   p. 47.
37 Jean-Jules Richard, *le Feu dans l'amiante*, p. 9.
38 *Ibid.*, p. 160.
39 Gérard Bessette, *la Bagarre*, p. 29.
40 *Ibid.*, p. 189.

française, rurale et catholique[41]". C'est aussi le cas des Boucher, Plouffe, Malo, Lafrenière, Lussier et Éthier.

Ce sentiment d'appartenance, perceptible chez la plupart des personnages, certains l'expriment avec une vigueur particulière, tels Azarius Lacasse, Théophile Plouffe, Gilbert Sergent et Jules Lebeuf. Dans certains romans, tels **Bonheur d'occasion, le Poids du jour, Au milieu, la montagne, le Feu dans l'amiante,** la conscience ethnique se manifeste d'une façon particulièrement aiguë et constitue un élément majeur de la thématique.

Si les personnages canadiens-français éprouvent un réel sentiment d'appartenance, les Anglais, personnages peu fréquents dans ces romans, les considèrent comme un groupe distinct. La nature et la similarité de leurs réactions à l'endroit de la communauté francophone précisent davantage le type de relations qui s'établit entre les deux groupes.

Dans **la Bagarre,** Weston, étudiant américain, identifie un symptôme de l'opposition entre francophones et anglophones, "l'entêtement incompréhensible des Anglais à ne pas vouloir parler français[42]". Dans **le Poids du jour,** Mary Harrison témoigne aux "habitants" un intérêt véritable, entaché d'une certaine condescendance:

> Elle avait gardé l'attitude d'esprit de certaines vieilles familles anglaises dont les individus, nés en Québec, ayant grandi dans les petites villes de la province québécoise, témoignaient envers la population indigène la même curiosité protectrice que certaines créoles de la Caroline et de la Louisiane envers les noirs de leurs plantations[43].

Ce comportement colonialiste se prolonge dans le sentiment de déchéance qu'elle éprouverait à changer son nom pour un nom français.

Jacqueline Malo **(Au milieu, la montagne)** subit les insultes de la fille de son patron qui la traite de "cheap East-End". "Mr. Miller" lui-même, dont elle repousse les avances, établit sans équivoque la distance qui existe entre elle et sa fille:

41 Georges-André Vachon, "l'Espace politique et social dans le roman québécois", dans *Recherches sociographiques,* vol. VII, n° 3 (septembre-décembre 1966), p. 268.
42 Gérard Bessette, *la Bagarre,* p. 39.
43 Ringuet, *le Poids du jour,* p. 231-232.

Ma fille, c'est pas la même chose. Son père
est capable de la faire vivre. Compare-toi
pas à ma fille, vous êtes pas du monde
pareil.[44].

Miller affirmait ainsi une différence absolue entre les deux
ethnies. Le sentiment de supériorité de l'autre, renforcé par la
puissance de l'argent, est dénoncé par Gilbert Sergent, selon
qui les "Anglais n'épousent jamais des Canadiennes françaises
sans argent[45]".

Dans le **Feu dans l'amiante**, l'étranger est assimilé à
l'oppresseur colonial, Roméo Johnson comparant les mineurs à
des nègres à qui il aimerait donner du fouet:

"Quand mes nègres battaient leur tam-tam",
se dit-il, "il y avait du malheur dans l'air.
Qu'est-ce que ces nègres-là me préparent
donc? Il faudra que demain je me serve de
mon fouet à sept queues. La justice de la
province de Québec ne l'a pas encore abolie
la peine du fouet. En m'en servant je
resterais dans la limite de la légalité.
Attendez, les nègres, attendez[46]".

Les attitudes de Roméo Johnson, de Mr. Miller et de Mary
Harrison ne rendent pas seulement compte d'une relation de
dominateur à dominé mais témoignent d'un comportement littéralement colonial. Autant ils sont conscients de leur puissance, autant les personnages canadiens-français le sont de
leur impuissance, ainsi que l'illustre cette réflexion de Léon
Sergent dans **Au milieu, la montagne**:

Les Anglais détiennent toute la richesse. Et
comment s'étonner d'un tel état de choses;
nous sommes trois millions de Français en
Amérique entourés de cent cinquante millions
d'Anglais[47].

À Léon, qui se flatte d'avoir néanmoins réussi, son fils Serge
rétorque:

Un sur dix mille! Et encore nous n'exerçons
aucun prestige sur les Anglais. Ils nous
ignorent complètement[48].

---

44 Roger Viau, *Au milieu, la montagne*, p. 74.
45 *Ibid.*, p. 230.
46 Jean-Jules Richard, *le Feu dans l'amiante*, p.
   143-144.
47 Roger Viau, *Au milieu, la montagne*, p. 150.
48 *Ibid.*, p. 150.

S'il arrive aux Anglais d'ignorer les Canadiens français, ils témoignent parfois à leur endroit d'une attitude discriminatoire. Ainsi Robert Garneau (**le Poids du jour**) doit se contenter d'être membre du Club de golf de Grande-Baie, certains clubs huppés n'admettant pas les francophones:

> La fleur des hommes d'affaires canadiens français *[sic]* faisaient partie de ce club. Cela leur donnait le sentiment d'être les égaux des banquiers anglais et écossais qui pratiquaient le même sport à Saint-Lambert, à Rosemere ou à Mont-Bruno, tous clubs où l'on n'admettait que difficilement les gens de langue française[49].

Non seulement l'Anglais exerce-t-il sa domination sur le Canadien français, mais encore, selon Alexandre Chenevert, ce goût de la domination est inné chez lui:

> Qu'est-ce qu'Alexandre avait commencé de chercher en partant autour du globe? De toute façon il n'allait pas le trouver chez les Anglais. On n'avait qu'à les regarder agir, ici, au Canada, pour constater leur goût de domination[50].

Sous quelque angle qu'on l'aborde, la relation qui prévaut entre les Canadiens français et les Anglais est toujours perçue en termes de domination: "Le capitaliste, le dominateur, le patron et l'oppresseur, c'est toujours l'Anglais[51]".

Lowell William Keffer remarque à juste titre que la présence du groupe anglophone dans les secteurs clés de la société constitue un facteur qu'on peut difficilement surestimer, en particulier au plan économique. Soulignant l'importance du phénomène, notamment dans les romans de Jean-Jules Richard, de Ringuet et de Robert Élie, il ajoute:

> Bien que l'influence anglaise soit plus ou moins prononcée dans les autres oeuvres, elle est néanmoins omniprésente à l'arrière-plan. Parfois elle s'impose pour contrecarrer les aspirations des personnages: ils sont presque tous obligés de pactiser avec

---

49 Ringuet, *le Poids du jour*, p. 170.
50 Gabrielle Roy, *Alexandre Chenevert*, Montréal, Beauchemin, 1964, p. 19.
51 Antoine Sirois, *Montréal dans le roman canadien*, p. 42.

elle d'une façon ou d'une autre, ce qui suscite chez certains un sentiment d'impuissance ou de rancoeur. Ce pouvoir, sans tout expliquer, aide à comprendre dans bien des cas les conflits et la contestation des personnages[52].

Au constat de la domination économique exercée par l'autre se joint le souvenir de la conquête militaire de 1760. **Au pied de la Pente douce**, les **Plouffe**, la **Bagarre, Au milieu, la montagne** et le **Feu dans l'amiante** évoquent la Conquête. C'est toutefois dans les deux derniers romans qu'est surtout mise en évidence la relation de peuple dominateur à peuple dominé, relation de type colonial.

Le narrateur d'**Au milieu, la montagne** consacre plusieurs pages à la conquête militaire et à ses conséquences, qu'il relie à la dépossession économique des années 1940. Selon lui, l'isolement et le repli sur soi, qui ont suivi la Conquête, ainsi que l'idéologie de survivance qui contournait la réalité pour déboucher sur un monde meilleur, ont empêché les Canadiens français de reprendre en main leur destin. Tout en dénonçant le nationalisme étroit qui a constitué une entrave au développement économique, il n'en souligne pas moins l'usurpation dont a été victime la collectivité:

> Mais même le Canadien français le mieux disposé à collaborer avec les différentes races qui l'entourent, celui qui se refuse à admettre que rien ne doit changer dans le Québec, celui-là ne peut s'empêcher de sentir dans son coeur que souvent il a été lésé par les usurpateurs[53].

Le narrateur du **Feu dans l'amiante** soutient lui aussi que la domination remonte à la Conquête et fait état de cette lutte qui oppose deux ethnies depuis deux cents ans:

> Soixante ans que l'on meurt de poussière en Laurentie. Deux cents ans que les nationaux luttent contre l'élément anglais parce qu'ils se savent chez eux au Canada et deux cents ans qu'ils endurent par complaisance[54].

---

52 Lowell William Keffer, "Frustration, Conflit et Révolte: une étude socio-psychologique de vingt-trois romans québécois des années 1938-1961". Thèse de doctorat ès lettres, Québec, Université Laval, 1979, f. 541.

53 Roger Viau, *Au milieu, la montagne*, p. 245.

54 Jean-Jules Richard, *le Feu dans l'amiante*, p. 233.

Denis Boucher, Théophile Plouffe et Jules Lebeuf se reportent aussi à l'événement historique pour expliquer, tout au moins en partie, l'échec économique de la collectivité et son aliénation. Les discours enflammés de Théophile Plouffe et de Denis Boucher, l'analyse de Jules Lebeuf, la diatribe du narrateur du **Feu dans l'amiante** et l'exposé socio-historique du narrateur d'**Au milieu, la montagne** acquièrent leur véritable dimension lorsqu'on les met en relation avec l'ensemble des phénomènes socio-économico-ethniques décrits par le roman et précédemment énumérés, l'observation de la réalité confirmant en quelque sorte le discours idéologique.

En effet, le personnage canadien-français appartient généralement à la couche socio-économique inférieure. Occasionnellement, il accède à la classe économique intermédiaire et jouit d'une relative aisance, comme Léon Sergent, Robert Garneau ou Victor Tremblay, mais jamais il ne parvient au sommet de l'échelle économique. De fait, c'est toujours l'étranger qui détient la puissance économique et le statut social correspondant. Cette stratification ne s'applique pas uniquement à des individus, mais bien à deux collectivités qui se retrouvent aux extrémités de la pyramide. C'est une relation d'ethnie dominante à ethnie dominée que trahit le roman de moeurs urbaines.

Une telle représentation de la réalité dans le roman ne saurait surprendre outre mesure. Le sociologue Marcel Rioux écrivait déjà il y a quelque quinze années - idée reprise depuis par de nombreux historiens ou sociologues et par plusieurs commissions d'enquête - que:

> Le Canada français se considère, est considéré et est en réalité une classe sociale à base ethnique à l'intérieur du Canada; cette classe sociale ethnique est nettement inférioritée par rapport au groupe anglais et même du point de vue des immigrants[55].

UN CONFLIT DE VALEURS ETHNIQUES. - Tout en décrivant la réalité socio-économique, le roman de moeurs urbaines rend compte des bouleversements provoqués par le passage précipité d'une société traditionnelle à une société industrialisée, ainsi que des problèmes d'adaptation qui se posent. C'est toutefois un conflit de valeurs qui est mis en évidence. L'argent, dont est privé le Canadien français, a accédé au sommet de l'échelle des valeurs. Or, cette valeur, c'est celle de l'autre, rejetée par l'idéologie de survivance. En conséquence, l'attrait nouveau exercé par l'argent sur les

---

55 Marcel Rioux, "l'Étude de la culture canadienne-française: aspects micro-sociologiques", dans *Situation de la recherche au Canada français*, sous la direction de Fernand Dumont et de Yves Martin, Québec, les Presses de l'Université Laval, 1962, p. 270.

personnages canadiens-français provoque une remise en question de l'idéologie, de l'élite qui a présidé à son élaboration, ainsi que du système d'éducation qui en est le véhicule privilégié.

Les personnages canadiens-français appartenant à la couche socio-économique inférieure ne sont pas adaptés à la vie urbaine et industrielle. Wilfrid Lussier (**les Vivants, les Morts et les Autres**), par exemple, transplanté de la terre à l'usine sans préparation aucune, est la victime inconsciente d'une rupture profonde, cruellement ressentie par son épouse, Rachel:

> Elle sentait autour d'elle son univers se disloquer. Elle assistait impuissante à l'effritement de son domaine. Certes, le changement ne datait pas d'hier; la transformation s'était opérée graduellement, et Rachel en situait à peu près les étapes. Au temps de sa jeunesse, la mère régnait sur un foyer paisible dans un pays sans histoires. La première secousse s'était produite en 1917: la conscription avait fait fuir ses frères [...] Puis le mariage l'avait arrachée de la ferme et transplantée dans la grande ville où Wilfrid, cadet d'une famille de cultivateurs, avait dû chercher du travail. C'est Montréal qui avait définitivement ébranlé toutes les structures de la vie familiale connues de Rachel, même alors qu'en surface elle poursuivait la même routine paroissiale[56].

Et le narrateur de poursuivre:

> Puis, encore une fois, la guerre... Rachel était emprisonnée dans un cercle implacable qui se refermait sur elle, en tournant sur un axe mystérieux à un rythme de plus en plus accéléré, libérant les fils et les filles des liens traditionnels, insinuant chez eux les premiers ferments de l'indifférence religieuse quand ce n'était pas comme elle l'avait parfois surpris chez Réjeanne, une hostilité narquoise à l'égard de l'Église. Les points de repère familiers avaient été broyés. Elle avançait aveugle, sur une route inconnue[57].

---

56 Pierre Gélinas, **les Vivants, les Morts et les Autres**, p. 45.
57 *Ibid.*, p. 46.

Tout autant que Rachel Lussier, Joséphine Plouffe est désemparée:

> Le monde même qui avait été le sien disparaissait. Son pied, formé par les bottines hautes de 1900, ne pouvait chausser l'époque nouvelle[58].

Tous les romans ne mettent pas également en évidence cette mutation profonde de la société, pas plus qu'ils ne décrivent l'ensemble des transformations subies. Toutefois, les uns et les autres rendent compte de phénomènes significatifs. Au plan familial, l'autorité du père est contestée et la stabilité de la famille, menacée, par les fugues de Denis Boucher, Jacqueline Malo, Yolande Lussier et Georgette Éthier. Peu à peu, les jeunes filles conquièrent leur indépendance par l'argent que leur procure un emploi. Au plan paroissial, l'autorité du curé est battue en brèche dans **Au pied de la Pente douce, les Plouffe, le Feu dans l'amiante** et **la Bagarre.**

Parallèlement à l'observation des secousses que subissent les institutions traditionnelles, le roman dénonce certains maux engendrés par la société urbaine et industrielle: le chômage sévit dans **Au pied de la Pente douce, Bonheur d'occasion, Au milieu, la montagne** et le **Poids du jour;** des grèves surgissent dans **les Vivants, les Morts et les Autres, les Plouffe** et le **Feu dans l'amiante.** Ce dernier roman introduit le thème des maladies industrielles dans notre littérature. Alexandre Chenevert dit l'aliénation de l'homme, seul dans la ville, tandis que le **Feu dans l'amiante** dénonce l'esclavage engendré par le capital.

À travers ces multiples bouleversements, les personnages sont constamment aux prises avec la question d'argent. L'argent dont ils ressentent la privation, l'argent qui aliène, l'argent qui exerce, sur les jeunes surtout, un immense attrait.

L'un des thèmes dominants du roman de moeurs urbaines est l'aliénation économique. L'insouciance, qui caractérise les sociétés primitives, conservée partiellement dans la société traditionnelle, forte de la sécurité conférée par la possession de la terre, n'est plus possible. Le souci du lendemain devient le cauchemar des mères de famille. La profonde détresse humaine issue de cette dépossession s'exprime, dans **Bonheur d'occasion,** à travers Rose-Anna apprenant que son fils s'est enrôlé pour l'argent:

> Un sanglot lui vint aux lèvres. Elle tira sur son tablier. Et soudain, toute sa rancune

---

58 Roger Lemelin, *les Plouffe,* p. 203.

de l'argent, sa misère à cause de l'argent,
son effroi et sa grande nécessité de l'argent
tout à la fois s'exprimèrent dans une pro-
testation pitoyable [59].

Dans **l'Argent est odeur de nuit**, Georges Éthier, dont
le désir de garder les billets trouvés aux bords de l'écluse
remet en cause toute une vie d'honnêteté et de labeur qui ne
lui permet pas d'assurer le nécessaire aux siens, s'écrie:
"Maudit argent! Maudit... maudit argent[60]"!

À cette rancoeur éprouvée par Rose-Anna Lacasse et Georges Éthier s'ajoute le sentiment d'aliénation d'Alexandre, le
caissier à la conscience malheureuse, à qui il faudrait une
deuxième vie pour se réaliser au plan humain:

Donc une vie pour les nécessités: s'habil-
ler, payer les meubles, le loyer, le chauf-
fage et l'électricité; puis une autre vie,
celle-ci toute de méditation comme celle de
Gandhi dans son pagne blanc. Peut-être
aussi de voyage[61].

Dans **le Poids du jour**, Garneau ressent la même aliénation:
le travail ne saurait être toute la vie[62], affirme-t-il.   Et
pourtant, le travail, le métier représentent souvent le seul lien
véritable entre les personnages et la ville industrielle.   On
peut se demander qui est le plus mal partagé, de Sylvain Bris-
son (**le Feu dans l'amiante**), condamné à une mort prématurée par l'industrie, de Florian Malo (**Au milieu, la montagne**) et d'Azarius Lacasse, privés de leur qualité de bâtis-
seurs, de Georges Ethier, écrasé par un "travail monotone de
bête nocturne.[63]"

Une autre constatation s'impose, celle de l'inadéquation du
travail et du profit.   Dans **le Feu dans l'amiante**, Roméo
Johnson constate cyniquement que "le travail des uns met de
l'argent dans les banques des autres[64]".   En somme, le rôle
essentiel de l'argent, ce nouveau dieu, bouleverse non seulement l'existence des personnages, mais aussi leur échelle de
valeurs.

Si le roman de moeurs urbaines dit la privation d'argent et
l'aliénation économique des personnages canadiens-français, il

59 Gabrielle Roy, *Bonheur d'occasion*, p. 66.
60 Jean Filiatrault, *l'Argent est odeur de nuit*, p. 38.
61 Gabrielle Roy, *Alexandre Chenevert*, p. 80-81.
62 Ringuet, *le Poids du jour*, p. 24.
63 Jean Filiatrault, *l'Argent est odeur de nuit*, p. 81.
64 Jean-Jules Richard, *le Feu dans l'amiante*, p. 7.

révèle aussi que l'argent a accédé au sommet de l'échelle des valeurs. Le vocabulaire utilisé pour le désigner en constitue à lui seul un indice révélateur.

Dans **le Poids du jour**, Robert Garneau entrevoit deux fées, "Richesse et Prestige". Le financier Gabriel du Boust emprunte les traits d'un prophète, d'un "grand-prêtre de la déesse Fortune" dont ses bureaux luxueux sont les "reposoirs[65]". Léon Sergent (**Au milieu, la montagne**) n'ose "pousser l'irrévérence jusqu'à croire que la haute finance est une religion ou vice-versa[66]", mais parle des grands "pontifes" des conseils d'administration. Quant à Alexandre Chevenert, il voit dans la sécurité sociale une sorte de Providence; il se demande pourquoi l'Éternité lui apparaît comme une Banque d'Économie; enfin, on reconnaît à sa banque le mérite exceptionnel de placer "sur le même plan honorable: Religion et Prospérité[67]". L'argent occupe même une place réelle et importante au sein des institutions religieuses. Si le curé Folbèche s'emporte contre le "vicieux feuillage", il n'éprouve aucun scrupule à sarcler les poches des ouvriers et n'en crée pas moins une "compagnie des Grâces", "parts et obligations remboursables à la caisse de la Grâce Sanctifiante[68]".

L'existence morale de l'argent s'affirme dans **les Vivants, les Morts et les Autres**. Victor Tremblay explique que l'autorité du financier lui est déléguée, qu'il sert l'argent, d'où la nécessité de compliquer le protocole au point que

> [...] le haut fonctionnaire de la division de l'impôt du ministère du revenu national est plus inaccessible au contribuable que le bon roi Henri à ses manants[69].

L'argent, comme la royauté, commande une étiquette. Déduction faite de l'intention satirique, l'identification répétée de l'argent à l'autorité suprême apparaît extrêmement significative.

Désormais, semble-t-il, l'homme sert l'argent, la matière domine l'esprit. Quand Emmanuel se heurte à Westmount, c'est l'humanisme qui est écrasé par les richesses matérielles:

---

65 Ringuet, *le Poids du jour*, p. 196.
66 Roger Viau, *Au milieu, la montagne*, p. 180.
67 Gabrielle Roy, *Alexandre Chenevert*, p. 38.
68 Roger Lemelin, *Au pied de la Pente douce*, Montréal, l'Arbre, 1944, p. 179.
69 Pierre Gélinas, *les Vivants, les Morts et les Autres*, p. 233.

> Qu'est-ce que tu oses penser, toi, pauvre
> être humain! Prétendrais-tu par hasard te
> mettre à notre niveau? Mais ta vie, c'est ce
> qu'il y a de meilleur marché sur terre. Nous
> autres, la pierre, le fer, l'acier, l'or, l'ar-
> gent, nous sommes ce qui se paye cher et
> ce qui dure[70].

Cette existence autonome de la richesse, on la retrouve aussi
dans **Alexandre Chenevert**; elle est à la source du dédou-
blement chez Michel, alias Robert Garneau, qui, pour amasser
une fortune, doit rendre son coeur dur comme roc, tuer toute
humanité en lui.

L'argent, c'est la puissance, l'instrument de la domination
qui fait l'envie des jeunes. Denis Boucher (**Au pied de la
Pente douce**) rêve de sabrer les financiers et est prêt à
trahir pour de l'argent; Jean Lévesque (**Bonheur d'occasion**), enfant, sait déjà que l'argent achète respect et prestige; Michel Garneau (**le Poids du jour**) renonce à la musique et Pierre Boisjoly (**Pierre le magnifique**), à la prêtrise,
pour conquérir la fortune.

Or, ce bien tant convoité, il appartient à l'autre, réalité
stigmatisée par **Alexandre Chenevert**. Chenevert, Mont-
réalais francophone, est un "caissier de banque, c'est-à-dire
un homme dont le métier est de manipuler des sommes énormes
qu'il ne possède pas[71]". Et, lorsqu'il fait ce cauchemar où
il devient gérant, le titre qui lui vient à l'esprit est le suivant:
"Manager of the Bank of Economy[72]".

Cette identification de la langue anglaise à la réussite économique est révélatrice car, comme le remarque Antoine Sirois,
il y a "plus dans l'affrontement des deux grands groupes
qu'une opposition purement ethnique, il y a opposition de
systèmes de valeurs[73]". En fait, ce sont deux cultures,
deux visions du monde qui s'affrontent. Ainsi que le constate
Maurice Lemire, Rose-Anna et Florentine Lacasse vivent le drame
de tout un peuple:

> Parias de la société urbaine, ils le sont non
> seulement par leur manque d'argent, mais
> aussi par leur langue et leurs institutions
> réfractaires à une civilisation qui s'élabore
> en anglais[74].

---

70 Gabrielle Roy, *Bonheur d'occasion*, p. 286.
71 Georges-André Vachon, "l'Espace politique et social dans le
   roman québécois", p. 269.
72 Gabrielle Roy, *Alexandre Chenevert*, p. 47.
73 Antoine Sirois, *Montréal dans le roman canadien*, p.
   58.
74 Maurice Lemire, "*Bonheur d'occasion* ou le salut par la
   guerre", p. 35.

44

Traditionnellement, chacun des deux groupes ethniques en présence a adhéré à un schème de valeurs qui lui est propre. Caricaturalement, le roman attribue aux francophones les valeurs morales et aux anglophones les valeurs matérielles. À titre d'exemple, on peut citer l'appréciation ironique que fait des commentaires d'Omer Martineau, journaliste au **Devoir**, le narrateur des **Vivants, les Morts et les Autres:**

> On l'appréciait d'autant plus qu'il affirmait avec force l'intention du Canada français de préserver avant tout ses "valeurs morales", d'être une sorte de conscience culturelle pour le pays; Martineau laissait aux Anglo-Saxons les intérêts grossiers, ce dont ces derniers s'accommodaient fort bien[75].

Dans **les Plouffe,** cette opposition de valeurs est aussi évoquée comme une garantie de la survivance de la collectivité canadienne-française:

> Si le Canada devenait nation unie et indépendante, c'en serait fait de notre admirable catholicisme, de nos incomparables traditions et de notre esprit français. Car, les ponts-levis de la Province abaissés, nous serions vite dévorés par le monstre anglo-saxon et matérialiste que notre clergé tient heureusement en échec aux frontières de la Province[76].

C'est avec raison que Soeur Mariette Bourgeois perçoit sous le sarcasme de Denis Boucher "le choc de deux idéologies: celle du libéralisme anglo-saxon protestant et celle du conservatisme racial et religieux canadien-français[77]". Ainsi, succomber à l'attrait exercé par l'argent équivaut pour le personnage canadien-français à adhérer au système de valeurs de l'autre, ce à quoi s'oppose le nationalisme conservateur, au nom de la survivance culturelle. Cette obsession s'associe dès lors à un refus du dynamisme social et constitue une entrave au développement socio-économique de la communauté qui n'a d'autre choix que de chercher refuge dans le fatalisme ou la résignation. Par les valeurs que véhicule l'idéologie dominante, la communauté canadienne-française, engagée dans un cul-de-sac historique, se situe hors du monde, tarée par une sorte de

---

75 Pierre Gélinas, *les Vivants, les Morts et les Autres,* p. 111.
76 Roger Lemelin, *les Plouffe,* p. 142.
77 Soeur Mariette Bourgeois, "l'Évolution sociale dans le roman canadien-français de 1930 à 1950". Thèse de D.E.S., Québec, Université Laval, 1966, f. 77.

"pusillanimité congénitale, comme toutes les sagesses qui survivent aux circonstances de leur floraison[78]".

La reconnaissance par le roman de moeurs urbaines d'un conflit de valeurs qui se superpose à l'opposition des deux groupes ethniques remet en cause l'idéologie de survivance, mais aussi l'élite dirigeante et le système d'éducation. Bien que l'étranger apparaisse comme le premier responsable de la dépossession collective, une part de responsabilité n'en rejaillit pas moins sur les clercs et sur les politiciens.

Si les représentants de l'élite dirigeante occupent une place relativement peu importante dans le roman de moeurs urbaines, leur rôle, notamment en période de crise, s'avère déterminant et fait l'objet d'une critique sévère. Ainsi, dans **les Plouffe**, le curé Folbèche, adversaire acharné de la conscription, supplie Denis Boucher de se ranger de son côté, au nom de la survivance. Denis, qui vient d'être congédié par **l'Action chrétienne**, pour son zèle nationaliste, répond narquoisement au curé:

> J'ai vu trop de chômage, j'ai vu trop de sacrifices aveugles et inutiles faits au nom d'un idéal truqué. On n'est pas assez et ils sont beaucoup trop. La lutte ne réussit qu'à nous appauvrir. Les seuls à en tirer un avantage sont...
> Le jeune homme ne se sentit par le courage d'infliger une dernière cruauté au vieux curé dont les yeux s'emplissaient de larmes[79].

Qu'il s'agisse de la grève à **l'Action chrétienne** ou de la grève de l'amiante, l'attitude du clergé se fonde sur les mêmes idéaux et est perçue de façon négative. On reproche au clergé, qui prône le respect de l'autorité et le maintien de l'ordre établi, d'oublier les injustices dont sont victimes les travailleurs. L'institution cléricale apparaît même comme un instrument de domination. Le narrateur du **Feu dans l'amiante** soutient que l'Église a pour ambition

> [...] de tenir le peuple dans les bornes de la décence et elle agit en sorte que la main
> · d'oeuvre [sic] de la Laurentie demeure docile et peu coûteuse[80].

---

78 Pierre Gélinas, *les Vivants, les Morts et les Autres*, p. 242.
79 Roger Lemelin, *les Plouffe*, p. 201.
80 Jean-Jules Richard, *le Feu dans l'amiante*, p. 117.

Si l'on impute à l'institution cléricale une certaine part de
responsabilité dans la dépossession collective, c'est toutefois
envers les politiciens que se manifeste la plus grande hostilité,
notamment dans **les Vivants, les Morts et les Autres** et dans
le Feu dans l'amiante. Ce dernier roman ne montre pas
seulement que le gouvernement se range du côté du capital mais
il dénonce les motifs mêmes qui le guident:

> Le litige des ouvriers de l'amiante traînait
> depuis longtemps déjà et la politique, sou-
> doyée par le capital, désirait prendre des
> mesures pour sauvegarder les relations qui
> la maintenaient au pouvoir étant donné le
> vertige de la puissance. La population étant
> considérée austère et même ascétique, de
> l'étoffe des rudes pionniers sachant se
> contenter de peu, sachant se sacrifier, on
> croyait pouvoir l'entretenir à ce degré
> moindre de civilisation en lui enseignant le
> culte de la tradition[81].

Le gouvernement ne chercherait ainsi, sous le couvert de la
tradition, qu'à se maintenir au pouvoir, grâce à l'appui des
compagnies et à leurs contributions à la caisse électorale. La
même situation est évoquée par **les Vivants, les Morts et les
Autres.**

Les institutions cléricale et politique sont perçues à travers
leurs dirigeants, comme opposées aux aspirations des travailleurs et comme alliées de l'étranger. L'adhésion, sincère du
clergé, factice des politiciens, aux valeurs traditionnelles,
constitue le fondement de ce qui apparaît comme une coalition
avec l'étranger:

> [...] trois pouvoirs dominent la province de
> Québec: le potentiel politique, l'oligarchie
> religieuse et le capital étranger. L'un ne
> peut fonctionner sans l'autre[82].

L'exploitation de la collectivité canadienne-française par
l'étranger, avec la complicité de l'élite dirigeante, se prolonge
dans l'auto-asservissement de la petite bourgeoisie qui fuit la
réalité pour se réfugier dans l'illusion:

> Notre petite bourgeoisie a besoin plus que
> toute autre d'échapper à sa propre réalité,
> de se donner sur le papier l'illusion d'une
> grandeur qu'elle n'a jamais su conquérir, ni
> par les armes ni par l'argent: des gens

---

81 *Ibid.*, p. 118.
82 *Ibid.*, p. 117.

> lugubres. Ils ne possèdent rien, ou si peu qu'un boutiquier comme mon père faisait figure de grand industriel. Ils ne gouvernent rien; une minorité momifiée dans la terreur, qui hurle victoire quand elle réussit à ne pas mourir. Des rats de bibliothèque qui, devant le fantôme d'une punaise, se prennent pour des lions. Ils vivent dans les livres parce qu'ils ont peur de sortir dans la rue. Ils écrivent afin d'avoir une excuse pour rester assis... L'élite, croient-ils! En vérité, ils sont morts, mais personne n'a eu le courage de le leur dire, alors ils continuent à prétendre qu'ils vivent, et les imbéciles continuent à encenser des cadavres[83].

À la lumière du constat de dépossession économique, le nationalisme conservateur, ethnico-culturel, apparaît comme un colosse aux pieds d'argile. La survivance culturelle, privée de fondements socio-économiques, n'est pas viable. Au contraire, elle contribue au maintien de la domination.

Tout comme l'idéologie et l'élite, le système d'éducation est pris à partie. On lui reproche surtout son inadaptation à la réalité, ainsi que son absence de préoccupations scientifiques et économiques:

> Le Canadien n'avait pas été formé pour la lutte moderne. Il avait été surtout préparé pour une vie dans un monde meilleur [...] Dans un monde matérialiste, les problèmes économiques lui échappaient[84].

Le cas de Denis Boucher, dans **Au pied de la Pente douce**, est typique. Chômeur, il pourrait s'engager comme chimiste, mais à l'école il n'a étudié que des biographies et le catéchisme. L'univers scientifique ne lui est pas accessible. Dans **la Bagarre**, Jules Lebeuf se voit forcé de conseiller à Gisèle Lafrenière, douée pour les mathématiques, un établissement d'enseignement anglophone. Il rejette sur le système francophone la responsabilité d'un gaspillage énorme de talents et lui impute le niveau intellectuel peu élevé de la collectivité. Aussi refusera-t-il d'enseigner au Québec.

Le système d'éducation, sur lequel le clergé a la main haute, ne répond pas aux besoins de la société nouvelle. Si le narrateur d'**Au milieu, la montagne** souligne la mise sur pied

---

83 Pierre Gélinas, *les Vivants, les Morts et les Autres*, p. 70.
84 Roger Viau, *Au milieu, la montagne*, p. 244.

de quelques écoles commerciales et spécialisées, il constate avec regret que ces quelques réalisations sont insuffisantes pour renverser les barrières qui s'opposent au progrès économique et technique et sont maintenues par des "nationalistes outrés" qui

> [...] voudraient voir le petit peuple isolé du reste du monde. Ces négateurs du présent, toujours tournés vers le passé, refusent de se laisser engager dans les engrenages de la grande machine internationale. Ils préfèrent marcher à reculons vers l'avenir, croyant mettre une barrière entre eux et leurs voisins en leur tirant la langue[85].

Ce conservatisme outrancier s'assimile à l'obscurantisme et est dénoncé comme l'une des causes de la dépossession collective: "Si t'as eu de la misère, si on a de la misère, c'est à cause de l'ignorance. C'est le moyen qu'ils ont de nous dompter[86]".

Que ce soit à travers la critique du système d'éducation ou de l'élite dirigeante, c'est le mythe de la survivance culturelle qui s'écroule sous la pression de la société nouvelle et de cette nouvelle valeur que constitue l'argent. Gilbert Sergent, dans une formule lapidaire, résume la situation intenable de la collectivité francophone:

> Parlons français et restons chez nous! Exigeons des billets de banque bilingues. Il importe peu que nous n'en possédions pas[87].

Ainsi s'exprime la remise en cause d'un idéal de survivance qui s'oppose à la vie même. Cet idéal, fondé sur les seules valeurs morales, en particulier sur la conservation de la langue française et de la foi catholique, opposé aux valeurs matérielles qui sont d'emblée concédées à l'étranger, contribue à maintenir la collectivité dans un état d'infériorité économique.

L'aliénation culturelle ne tient donc pas aux seuls bouleversements sociaux provoqués par l'urbanisation. Elle est due, dans une large mesure, à ce que l'anglophone occupe déjà la ville et y détient les leviers économiques. Pour conquérir cet espace et ce pouvoir, le personnage devrait renoncer à son identité.

---

85 *Ibid.*, p. 245.
86 Jean-Jules Richard, *le Feu dans l'amiante*, p. 282.
87 Roger Viau, *Au milieu, la montagne*, p. 150.

Les héros du roman de moeurs urbaines se révéleront incapables de réaliser cette conquête, la conscience de l'aliénation étant davantage le fait du narrateur que des personnages. Personnages typiques de ce roman, le "rêveur" et l' "ambitieux" se comportent, malgré leur insatisfaction, comme des êtres dominés, ce qui constitue le sujet du deuxième chapitre.

CHAPITRE II

LE DOMINÉ

Les personnages-types du roman de moeurs urbaines n'ont pas fait l'objet d'analyses approfondies. Néanmoins, Jean-Charles Falardeau, Gérard Bessette et Antoine Sirois ont mis en relief certaines caractéristiques essentielles de ces nouveaux citadins et, en particulier, le rôle important tenu par l'ouvrier et par le jeune ambitieux.

Jean-Charles Falardeau remarque que le héros exemplaire ou préoccupé de modèle subit une éclipse avec l'apparition du roman de moeurs urbaines:

> C'est avec Gabrielle Roy et Roger Lemelin que la ville dans le roman devient un espace concret qui conditionne le destin des personnages; un espace humain, difficile, exigeant dans lequel ils doivent définir et défendre leur existence. À l'intérieur de la ville, Montréal ou Québec, les personnages habitent un quartier défini. Pour la première fois, le héros urbain est d'un quartier populaire et il est directement aux prises avec un conflit qui oppose des valeurs traditionnelles, celles de son espace d'origine et des valeurs nouvelles: l'argent, la liberté, la conquête, l'amour, le succès, associées avec les quartiers favorisés et avec les sphères supérieures de la société[1].

Bien que le personnage passe de la campagne à la ville, l'ex-agriculteur se faisant ouvrier, le héros demeure foncièrement attaché à la société traditionnelle dont il est issu. Sa condition sociale apparaît comme un élément novateur dans le

---

1 Jean-Charles Falardeau, "l'Évolution du héros dans le roman québécois", Montréal, les Presses de l'Université de Montréal, 1968, p. 18-19. (Conférences J. A. de Sève, n⁰ 9).

roman, mais son attitude témoigne qu'il est encore fortement imprégné des valeurs véhiculées par la famille et la religion:

> Chez les "romanciers de l'observation", les personnages sont encore solidement liés, intégrés à leur milieu familial et social. S'ils en perçoivent quelquefois les contraintes, les lacunes, ils essaient simplement de changer de classe (Florentine: **Bonheur d'occasion**; Michel Garneau: **le Poids du jour**); de modifier leur "environnement" (Denis Boucher: **Au pied de la Pente douce**; Alexandre Chenevert). Jamais ils ne désespéreront de la famille ou de la société parce que, psychologiquement, ils acceptent d'en faire partie[2].

Au delà de ce comportement, Jean-Charles Falardeau a porté attention aux types d'ambition sociale que l'on peut déceler chez les jeunes et les a ramenés à quatre:

> Il y a les jeunes héros de romans qui acceptent la société telle qu'elle est et qui ambitionnent d'améliorer leur statut à l'intérieur des cadres existants. Il y a ceux qui ambitionnent de sortir de leur société ou, tout au moins, d'être d'abord appréciés et reconnus à l'étranger. Il y a les révoltés qui veulent se venger. Il y a enfin ceux qui ont décidé de transformer leur société[3].

Aux ambitieux il faut ajouter les ouvriers, auxquels Antoine Sirois accorde une attention particulière: "Les ouvriers-types, avant la guerre, et durant la crise économique la précédant, s'appellent Malo et Lacasse, et, après le conflit jusqu'à nos jours, Lafrenière, Éthier, Plamondon, Bédard et Lussier[4]". Encore faut-il mentionner les Boucher, Plouffe, Gingras et Morency, héros de romans qui n'ont pas Montréal pour cadre.

Les ouvriers, comme les ambitieux, tentent d'échapper à leur condition, les premiers cherchant l'évasion dans le rêve,

---

2 Gérard Bessette, Charles Geslin et Charles-A. Parent, *Histoire de la littérature canadienne-française par les textes*, p. 487.
3 Jean-Charles Falardeau, "les Milieux sociaux dans le roman canadien-français contemporain", dans *Québec 65*, vol. II (février 1965), p. 37.
4 Antoine Sirois, *Montréal dans le roman canadien*, p. 70.

les seconds s'engageant dans une lutte à finir avec la vie morne et grise qui leur est imposée. Aussi différents qu'ils soient l'un de l'autre, le rêveur et l'ambitieux, qui représentent respectivement la première et la deuxième génération de personnages urbains, possèdent une caractéristique commune: leur agir est directement relié à l'aliénation économique qu'ils subissent.

En esquissant successivement les portraits du rêveur et de l'ambitieux, en analysant leurs attitudes, ainsi que les mobiles de leurs actes, nous pourrons constater que l'un et l'autre réagissent comme des êtres dominés. Le rêveur et l'ambitieux témoignent qu'il n'est point de solution individuelle à un problème collectif.

LE RÊVEUR. - Le personnage du rêveur est abondamment illustré dans le roman de moeurs urbaines: Jos Boucher et Tit-Blanc Colin (**Au pied de la Pente douce**), Azarius Lacasse (**Bonheur d'occasion**), Théophile Plouffe (**les Plouffe**), Ludovic Garneau (**le Poids du jour**), Florian Malo (**Au milieu, la montagne**), le père Boisjoly (**Pierre le magnifique**), Alexandre Chenevert (**Alexandre Chenevert**), Wilfrid Lussier (**les Vivants, les Morts et les Autres**), ainsi que Georges Éthier (**l'Argent est odeur de nuit**) forment une impressionnante galerie de morts-vivants.

Hommes d'âge mûr ou avancé, ce sont, à l'exception de Ludovic, des pères de famille - Lacasse et Éthier ont chacun neuf enfants, Boucher et Malo en ont dix, la mère Plouffe a connu vingt-deux grossesses - incapables de subvenir seuls aux besoins des leurs. Alexandre Chenevert souffre, pour sa part, d'insécurité chronique.

Généralement dépourvu d'instruction, le rêveur exerce souvent un métier saisonnier ou mal rémunéré et subit les affres du chômage ou des grèves. Même s'il exerce un métier relativement stable, comme le chemineau Garneau, le typographe Plouffe ou le caissier Chenevert, le rêveur n'est pas satisfait de son sort.

D'une nature instable, il est indécis, insouciant, il manque de volonté. Souvent préoccupé du sort du monde, il dévore les journaux et commente la situation internationale. Florian Malo et Azarius Lacasse veulent en remontrer à leurs patrons. Cependant, ce ne sont que des velléitaires, tel Alexandre Chenevert rêvant de transformer l'univers mais incapable d'assumer la seule vie quotidienne.

Plus fondamentalement encore, le personnage du rêveur est l'incarnation de l'aliénation. Jos Boucher ne sera jamais qu'un poète raté, un absent parmi les siens, comme Azarius Lacasse. Dans leur propre famille, Ludovic Garneau et Georges Éthier font figure d'étrangers. Théophile Plouffe et Wilfrid Lussier sont des visiteurs tolérés, tandis qu'Alexandre Chenevert se définit comme un passant. Étranger à la famille, le rêveur l'est aussi par rapport à la société. La réalité lui échappe et il tente de lui échapper.

Azarius Lacasse, le rêveur-type, trahit dans ses attitudes et ses réactions le mal qui l'habite. Jean Lévesque a tôt fait de percer le personnage et de reconnaître en lui un "idéaliste, un incapable", un être "peu fait pour sa besogne et mal ajusté à la vie quotidienne[5]". De même, Georges Éthier, dont le seul but dans la vie aura été d'être un bon père de famille se révèle, malgré sa bonne volonté, tout aussi incapable qu'Azarius de mener le combat pour la vie:

> Il n'en pouvait plus de ce combat interminable contre lui-même, contre les autres contre la pauvreté, contre le désespoir! Pourquoi tout était-il combat dans cette vie qu'il n'avait pas choisi de vivre, comme si sa naissance avait été un accident, comme s'il était apparu sur cette terre à un mauvais endroit, à une mauvaise époque[6]!

Wilfrid Lussier, tardivement transplanté à la ville, est un autre personnage qui se refusera "à la lutte inégale et déjà perdue dans la ville[7]". On retrouve chez Alexandre Chenevert le même sentiment d'impuissance:

> La condition humaine lui paraissait tout à coup véritablement insoutenable. Un instant dévoré par le désir de changer le monde et de se changer soi-même, l'homme se découvrait une minute plus tard impuissant à faire taire seulement un chien. Qu'était donc venu faire Alexandre en ce monde impitoyable[8]!

On est en présence de personnages plongés dans un monde qu'ils n'ont pas choisi et n'acceptent pas, dans lequel ils se croient incapables de survivre. Ils sont étrangers au monde qui les entoure et se sentent impuissants.

Incapable de se tailler une place dans l'univers industriel et urbain, le rêveur est un être dominé, au plan socio-économique, complètement dépendant des avatars économiques

---

5   Gabrielle Roy, *Bonheur d'occasion*, p. 43.
6   Jean Filiatrault, *l'Argent est odeur de nuit*, p. 14.
7   Pierre Gélinas, *les Vivants, les Morts et les Autres*, p. 58.
8   Gabrielle Roy, *Alexandre Chenevert*, p. 30.

et du bon plaisir des employeurs. C'est lorsqu'il se retrouve à la maison, dans la famille, que le rêveur prend conscience de son état.

Le père, privé de sa qualité de nourricier, n'est plus vraiment le père. Humilié, il se sent mal à l'aise parmi les siens. Ainsi, Azarius perd toute la jactance qu'il montre au restaurant lorsqu'il rentre à la maison:

> Il était ainsi dans sa famille, sans ressort, comme en un nid d'épines où il ne servait à rien de vouloir en arracher une, tant elles se multipliaient autour de lui[9].

Florian Malo (**Au milieu, la montagne**) ressent le même malaise, lui qui se berce à la maison quand son épouse Aurélie se rend au travail. Georges Éthier hésite même à rentrer chez lui:

> Pénétrer dans cette maison le rendait misérable, semblait au-dessus de ses forces; cette maison où l'on s'aimait pourtant, peut-être plus encore que partout ailleurs, mais où l'amour s'opposait à l'existence et à la joie[10]!.

Plus le père est présent à la maison, à cause du chômage, d'une grève, de la maladie, plus il devient encombrant. Joséphine Plouffe ressent comme une catastrophe "l'énorme présence de Théophile dans la maison durant toute la journée[11]". A la limite, la famille se débarrasse du père, en remisant Théophile "comme un vieux colis sur le banc de tramway de la galerie[12]" et Wilfrid Lussier "dans un placard[13]".

Le père ainsi évacué, son autorité est minée auprès des enfants et c'est le règne de la mère qui s'établit. Théophile Plouffe, comme Jos Boucher, subit "le despotisme de cuisine de sa femme[14]"; Florian Malo sent peser sur lui "sa dépendance des femmes[15]"; Wilfrid Lussier subit "le règne des veuves[16]", tandis qu'Azarius Lacasse et Georges Éthier

9 Gabrielle Roy, *Bonheur d'occasion*, p. 80.
10 Jean Filiatrault, *l'Argent est odeur de nuit*, p. 73-74.
11 Roger Lemelin, *les Plouffe*, p. 144.
12 *Ibid.*, p. 191.
13 Pierre Gélinas, *les Vivants, les Morts et les Autres*, p. 292.
14 Roger Lemelin, *les Plouffe*, p. 61.
15 Roger Viau, *Au milieu, la montagne*, p. 99.
16 Pierre Gélinas, *les Vivants, les Morts et les Autres*, p. 290.

abandonnent à Rose-Anna et à Rosa le soin de mener la barque
familiale. Ainsi l'échec du père, qui provient de son inadaptation à la réalité, fait de lui un étranger parmi les siens.

Conscients de leur échec et incapables d'affronter le réel,
les Boucher, Lacasse, Plouffe, Malo, Chenevert, Lussier et
Éthier se réfugient dans un monde imaginaire, tandis que Tit-
Blanc Colin et Ludovic Garneau cherchent l'oubli dans l'alcool.
Par la magie du songe, le rêveur se fait autre, troquant la
réalité inacceptable pour l'illusion, qui se confond avec un
inextinguible désir de possession.

Ainsi Azarius, qui a échoué dans les commerces de meubles
et de ferraille et dans une affaire de "sweepstake", se demande
pourquoi il n'a pas réussi et conserve intacte sa confiance en
ses possibilités:

> [...] il n'avait pas eu de chance, mais un
> jour, il en aurait, et sa grande entreprise,
> une de ses grandes entreprises, le venge-
> rait de tout le dédain, de toute la honte
> qu'il sentait peser sur lui[17].

Florian Malo y va aussi de ses grands projets:

> En tout cas, ça continuera pas comme ça
> tout le temps, dit-il. Attendez que je sois à
> mon compte... J'ai mes idées, ça va marcher
> rondement, c'est moi qui vous le dis. On
> sera pus obligés de se priver tout l'hiver!
> Je commence dès le printemps à me ramasser
> de l'argent pour m'acheter un *truck*[18].

Un même désir de posséder transparaît chez Théophile
Plouffe qui, avec l'argent obtenu par Guillaume à la signature
de son contrat avec une équipe de baseball, songe à "partir
une petite imprimerie[19]". Georges Ethier, pour sa part,
s'il se répète sans cesse que l'argent trouvé au bord de l'écluse
ne lui appartient pas, n'en trahit pas moins son désir refoulé:
"Il ne faut pas qu'on me prenne mon argent[20]"! Georges
prend lui-même conscience de la signification de ce lapsus:
"Cet argent n'était pas à lui. Il devrait le rendre un jour ou
l'autre. Cependant, il avait dit "mon argent[21]""!

17 Gabrielle Roy, *Bonheur d'occasion*, p. 142.
18 Roger Viau, *Au milieu, la montagne*, p. 9-10.
19 Roger Lemelin, *les Plouffe*, p. 178.
20 Jean Filiatrault, *l'Argent est odeur de nuit*, p. 62.
21 *Loc. cit.*

Cette soif de possession, on la retrouve encore, à un autre plan toutefois, chez Wilfrid Lussier et Alexandre Chenevert. Pour ces deux personnages, il y a, au-delà de la simple possession des biens matériels, un besoin de s'approprier l'univers, d'être en harmonie avec lui. Le coin de terre et la cabane qu'il rêve de posséder avec son fils Pit représentent pour Wilfrid "la terre promise":

> Wilfrid se cramponnait à sa chimère. Il n'importait plus que Pit ne doive jamais revenir, le coin de terre jamais être acheté, la cabane jamais construite. S'il lui fallait accréditer la mort de son fils, renoncer à la terre promise, que subsisterait-il en ce monde? Wilfrid prolongeait l'illusion sans effort, peut-être parce qu'il n'avait jamais véritablement cru, d'une certitude impérieuse, à son projet: tant de bonheur n'était pas possible. Il avait accepté une convention, une sorte de jeu, si bien que la joie d'y rêver était devenue en quelque sorte plus enveloppante que ne l'eut été la réalité[22].

Cette harmonie dont rêve Wilfrid, Alexandre la découvre au lac Vert, dans un temps et un espace privilégiés, où il rentre en possession de lui-même et de l'univers. Pour un bref instant, Chenevert n'est plus étranger au monde:

> Il marchait d'un pas allègre vers sa véritable demeure, et personne ne reconnaissait mieux que lui quelle folie il y a à attacher son coeur aux choses temporelles.
> Jusqu'ici, il avait pensé: la cabane.
> Ce soir, il commença de dire: ma cabane, mon lac, mon Dieu[23].

Dès le lendemain matin, la réalité reprend le dessus sur le rêve et Alexandre se réveille inquiet, moins heureux, se demandant combien il lui reste de jours de vacances.

L'évasion systématique du personnage dans le rêve traduit son inadaptation à l'environnement. Toutefois, s'il est incapable de faire face à la réalité urbaine et industrielle, le rêveur ne souhaite pas pour autant, à l'exception d'Alexandre Chenevert et de Wilfrid Lussier, troquer la ville pour la campagne.

---

22 Pierre Gélinas, *les Vivants, les Morts et les Autres*, p. 59.
23 Gabrielle Roy, *Alexandre Chenevert*, p. 215.

Azarius rêve d'une grande entreprise, Florian, d'un camion et Théophile, d'une imprimerie, tandis que Georges Éthier choisit de conserver l'argent trouvé. Le rêve des uns et le comportement de l'autre démontrent qu'ils ne rejettent pas la vie urbaine. Néanmoins, le rêveur, ex-agriculteur ou fils d'agriculteur, vit, selon les termes d'André Vanasse, "sa nouvelle situation au niveau de l'imaginaire[24]".

Quelques critiques ont décrit les causes de l'aliénation du personnage romanesque d'après-guerre. Ils ont évoqué, en premier lieu, le passage brutal d'une société de type tradition-nel à une société de type industriel. Fernand Dumont estime, par exemple, que Roger Lemelin et Gabrielle Roy "ont tâché de dire la condition du prolétaire des villes égaré entre les an-ciennes coutumes et le monde nouveau[25]". Claude Racine a énuméré plusieurs facteurs responsables de cet égarement:

> Nous pensons que le désarroi généralisé dont le roman québécois fait état vient de ce que, depuis la guerre, la civilisation tradi-tionnelle dans laquelle nous avions vécu jusqu'ici est dépassée. Nous entrons bru-talement dans une civilisation industrielle sans y être préparés. Nous avons à refaire un nouveau type de relations avec le monde, à créer les schèmes nouveaux de l'existence personnelle, à inventer un nouveau style de vie. Nous ne savons pas vers quoi nous allons, et en attendant, nous faisons l'ex-périence d'une aliénation qui affecte tout notre comportement[26].

Le passage d'un type de société à un autre engendre un conflit de valeurs chez les personnages. Mireille Servais-Maquoi traite longuement de ces citadins improvisés que pré-sente le roman de la ville, victimes d'anomie et d'isolement social[27].

Ce conflit de valeurs a ceci de particulier qu'il ne jaillit pas uniquement du choc de deux types de civilisation, mais aussi de

24 André Vanasse, "la Notion d'étranger dans la littérature canadienne - V. Vers une solitude désespérante" dans l'Action nationale, vol. LV, nᵒ 7 (mars 1966), p. 845.
25 Fernand Dumont, la Vigile du Québec. Octobre 1970: l'impasse?, Montréal, Éditions Hurtubise HMH, 1971, p. 39.
26 Claude Racine, l'Anticléricalisme dans le roman québécois (1940-1965), p. 159.
27 Mireille Servais-Maquoi, "l'Aliénation en littérature: le roman québécois, f. 245 ss.

l'affrontement de deux groupes ethniques. C'est un deuxième facteur d'aliénation que la critique met en évidence:

> [...] l'on peut observer un glissement vers des valeurs nouvelles chez les Canadiens français et les Canadiens juifs, et ce glissement s'effectue en direction des valeurs du groupe dominant, qui ont un caractère économique[28].

Antoine Sirois soutient, en outre, que le "problème majeur soulevé par les romanciers est celui de l'infériorité économique des leurs, patente dans la métropole[29]". Le critique ajoute que le souvenir de la conquête est relié à ce problème, pour enfin rappeler le constat de Marcel Rioux, selon qui le Canadien découvre surtout dans la métropole sa condition de colonisé.

Comme Antoine Sirois, Claude Racine, Mireille Servais-Maquoi et Jacques Cotnam évoquent, en troisième lieu, la condition de colonisé du Canadien français comme facteur d'aliénation. C'est toutefois Monique Bosco qui établit la relation existant entre, d'une part, la conquête et la situation de type colonial qu'elle provoque et, d'autre part, la psychologie des personnages. Recherchant les causes de l'isolement, elle constate l'inadaptation des personnages qui

> [...] fuient cette adaptation à la réalité, soit en recherchant des refuges imaginaires, soit dans les cas les plus morbides en refusant tout simplement d'envisager le réel. Nous pouvons donc dire que les racines profondes de la solitude reposent dans une inadaptation chronique, qui est le symptôme d'une vie affective qui n'a pas atteint la maturité[30].

Assimilant le comportement du rêveur à une crise d'adolescence, Monique Bosco établit un rapport entre le traumatisme de la conquête et la psychologie du personnage.

> Cette évasion dans le rêve a eu, à l'origine, une motivation logique. Quand les Canadiens français, à la suite de la conquête anglaise, ont dû renoncer à leurs projets et à la réalisation de leurs désirs, ils se sont

---

28 Antoine Sirois, *Montréal dans le roman canadien*, p. 65.
29 *Ibid.*, p. 41-42.
30 Monique Bosco, "l'Isolement dans le roman canadien-français". Thèse de doctorat, Montréal, Université de Montréal, 1953, f. 197.

> plus ou moins réfugiés dans un monde
> imaginaire, le seul d'ailleurs qui compensait
> pour leur vie difficile. [...]
>
> Le climat psychologique de l'époque les força
> à refouler les sentiments qui leur étaient
> pénibles hors du champ de leur cons-
> cience[31].

Cette conduite de refoulement ou d'évitement est celle du
rêveur, dont l'échec ne tient pas uniquement à la situation
économique en elle-même, si difficile soit-elle, mais aussi à une
attitude engendrée par cette situation.

Azarius Lacasse perd sa qualité de bâtisseur, Florian Malo
doit s'enregistrer comme assisté social, Théophile Plouffe est
congédié. Leur échec est toutefois bien antérieur à ces événements et est inscrit dans la nature même des personnages.
Joseph Boucher a l'esprit aventureux, son caractère est instable et faible; Azarius Lacasse est décrit comme un incapable
et un indécis; Ludovic Garneau apparaît comme un bon vivant
insouciant; Florian Malo manque de volonté et se trouve
anéanti par la fatalité; Georges Éthier est vaincu et se reconnaît comme tel. Théophile Plouffe et Wilfrid Lussier abandonnent carrément leurs responsabilités et se soumettent à la
volonté de la mère de famille. Comme Alexandre Chenevert,
ils existent, mais ne vivent pas.

Tous ces personnages souffrent d'un défaut de vie. Ils
sont, à des degrés divers, des êtres de carence et s'acceptent
ainsi. Pas plus que Wilfrid Lussier, Florian Malo n'est dupe de
son rêve, si l'on en croit le narrateur:

> En réalité, Florian savait dans son for inté-
> rieur, lorsqu'il combinait toutes sortes de
> plans durant la saison morte, qu'il ne les
> mettrait jamais à exécution. Il était un faux
> ambitieux, trop fier pour admettre qu'il
> s'accommodait de sa petite vie[32].

Dès le départ, le rêveur est voué à l'échec et la tare originelle qu'il porte en lui est transmissible. Florentine Lacasse
est frappée d'une "faiblesse héréditaire[33]" et Rose-Anna
remarque "chez ses enfants ce penchant de leur père à vivre
dans la vague[34]". Jean Colin (**Au pied de la Pente**

---

31 *Loc. cit.*
32 Roger Viau, *Au milieu, la montagne*, p. 40.
33 Gabrielle Roy, *Bonheur d'occasion*, p. 17.
34 *Ibid.*, p. 146.

douce), scrofuleux, porte le poids d'une lourde hérédité.
Florian Malo entrevoit que ses enfants subiront le même sort
que lui:

> Il n'a tenté aucun effort pour se libérer du
> régime des hommes, et, lentement, le régime
> l'a broyé. Il se résigne sans rougir à se
> voir à la charge de la communauté. Et quel
> sera son rôle dans cette communauté? Se
> bercer sur une chaise jusqu'à ce que sa
> carcasse ne soit plus bonne qu'à pourrir
> dans la fosse publique. Et il en sera de
> même ensuite de ses fils, comme lui membres
> anonymes de la masse, fils de chômeur,
> chômeurs eux-mêmes dès leurs premiers
> cheveux blancs[35].

Cette tare originelle et transmissible plonge ses racines dans
la domination. Écrasé par l'infériorité économique du Canadien
français dans la métropole, le personnage, privé des moyens
qui lui permettraient de mener la lutte, masque sous des projets de grandeur sa résignation, son adhésion à la situation qui
lui est faite. Être dominé, il devient être de carence, accen-
tuant sa dépendance par la fuite de la réalité.

C'est donc la domination économique qui constitue la motiva-
tion logique de l'évasion dans le rêve. On rejoint ainsi l'explication de Monique Bosco, sauf qu'à l'analyse ce n'est pas tant
la conquête en elle-même qui explique l'attitude du rêveur, mais
plutôt sa conséquence, la domination économique. Le rêveur
possède deux caractéristiques essentielles du colonisé: "Être
d'oppression, il est fatalement un être de carence[36]". Son
comportement est la conséquence et non pas la cause de la
domination. Économiquement dépossédé, psychologiquement
taré, le personnage se réfugie dans l'illusion.

La génération qui succède à celle du rêveur se caractérise
par son ambition et par sa volonté de réussir. Pourtant, elle
aussi connaîtra l'échec. Ainsi les jeunes filles, bien qu'elles
aient conquis une certaine indépendance, sont incapables de
réaliser leurs ambitions ou d'échapper à leur milieu.

Le rêve de Jacqueline Malo (**Au milieu, la montagne**),
studieuse et décidée, s'écroule lorsque Gilbert Sergent la
quitte; Georgette Éthier (**l'Argent est odeur de nuit**), si
elle défie l'autorité paternelle, demeure une proie facile pour les
voyous du quartier; Réjeanne Lussier (**les Vivants, les
Morts et les Autres**), militante syndicale, accepte finalement

---

35 Roger Viau, *Au milieu, la montagne*, p. 315.
36 Albert Memmi, *Portrait du colonisé*, p. 147.

"les servitudes de son âge et de sa condition de jeune fille[37] et se résigne à devenir ménagère; Gisèle Lafrenière (**la Bagarre**), douée pour les mathématiques, voit ses parents refuser de l'envoyer à l'école anglaise; elle ira au couvent pour, selon Jules Lebeuf, y perdre son talent. Seule Florentine Lacasse échappe à son milieu, en épousant Emmanuel Létourneau, après avoir échoué dans sa tentative de conquérir Jean Lévesque.

Chez les jeunes hommes, la situation est quelque peu différente. Si aucun d'entre eux ne parvient à réaliser entièrement son ambition, ils arrivent néanmoins, à défaut de gagner la guerre, à remporter quelques batailles. Ainsi Maurice Tremblay (**les Vivants, les Morts et les Autres**), Gilles Morency et Marcel Gingras (**le Feu dans l'amiante**) mettront leur force au service de la collectivité en s'engageant dans le syndicalisme. Maurice Tremblay poursuivra même sa lutte au plan politique. Il sera écarté du syndicat puis vaincu aux élections, et survivra à "la destruction de ses mythes[38]". Gilles Morency et Marcel Gingras sont incarcérés. À quoi aura servi leur lutte? À peu de chose, puisque la victoire du syndicat tient à des promesses de la compagnie: "Ça veut dire que la grève est finie mais qu'elle est pas réglée, ni résolue[39]". Bien que les héros du **Feu dans l'amiante** et de **les Vivants, les Morts et les Autres** fassent preuve d'esprit social, ils n'arrivent pas à modifier la situation socio-économique de la collectivité.

L'AMBITIEUX. - Outre ces personnages, animés d'une certaine conscience sociale, de jeunes ambitieux, individualistes et volontaires, entreprennent leur ascension sociale. Jeunes adultes ou adolescents, les ambitieux jouissent d'une belle apparence physique. Ils allient la souplesse à l'élégance; leur visage et leurs yeux dénotent un caractère entier et volontaire. Qu'ils soient sur le marché du travail ou sur le point de s'y engager, ils sont dans un état de transition, prêts à entreprendre leur marche vers les sommets. L'isolement qu'ils recherchent leur semble un indice de supériorité à l'endroit d'une société qui suscite en eux la haine et le désir de vengeance. Brimés dans leurs aspirations, humiliés et infériorisés, ils possèdent un sens inné de la lutte.

Denis Boucher (**Au pied de la Pente douce, les Plouffe, Pierre le magnifique**), Jean Lévesque (**Bonheur d'occasion**), Robert M. Garneau (**le Poids du jour**) et Pierre Boisjoly (**Pierre le magnifique**) rêvent de domination.

---

37 Pierre Gélinas, *les Vivants, les Morts et les Autres*, p. 295.
38 *Ibid.*, p. 314.
39 Jean-Jules Richard, *le Feu dans l'amiante*, p. 279.

Pourtant, aucun d'entre eux n'arrivera à ses fins. Deux facteurs expliquent leur échec: d'abord, leur dynamisme est moussé par une réaction psychologique négative et destructrice et, ensuite, aucun terrain d'action ne s'offre à eux. Nous étudierons dans les pages qui suivent ces quatre personnages, leur projet et les causes de leur échec. Nous verrons enfin comment l'échec de Denis Boucher s'assimile à celui de l'adolescent colonisé.

Tout comme le rêveur, l'ambitieux caresse de grands projets. Denis Boucher rêve "d'une révolution dont il serait le chef[40]"; Jean Lévesque nourrit l'espoir "d'une destinée magnifique" et éprouve "un besoin permanent de supériorité[41]"; Pierre Boisjoly entretient le désir "d'arriver au sommet de l'échelle sociale[42]"; quant à Robert M. Garneau, toute sa vie est orientée par sa volonté de domination: "Il serait des chefs de l'industrie, ou des chefs de la finance, des maîtres dorés de Montréal et du Canada[43]". Maurice Tremblay aspire à la gloire, à cette vie "qui singularise l'individu, l'ennoblit à ses propres yeux en l'égalant aux héros de l'Histoire[44]".

Destinée magnifique, gloire, domination, autant de vocables qui traduisent le besoin qu'éprouve l'ambitieux de se singulariser et de réussir, son désir immodéré de s'élever au-dessus des autres. Toutes les actions du personnage sont marquées au coin de l'ambition. Ainsi Denis Boucher, rabroué par le curé Folbèche pour avoir introduit le pasteur Brown dans la paroisse, s'interroge sur les motifs qui ont inspiré sa conduite. Le narrateur porte alors sur Boucher un jugement révélateur: "Denis était trop ambitieux pour ne pas s'étonner d'avoir visé un but qui ne lui rapporterait aucun avantage[45]". De la même façon, l'agir de Pierre Boisjoly est commandé par l'ambition:

> Une seule ambition comptait à ses yeux, une
> ambition indéfinissable qui l'avait d'abord
> poussé à se diriger vers la prêtrise et qui en
> un jour s'était transformée en une rage
> féroce contre un monde méchant et qu'il

---

40 Roger Lemelin, *Au pied de la Pente douce*, p. 175.
41 Gabrielle Roy, *Bonheur d'occasion*, p. 25.
42 Roger Lemelin, *Pierre le magnifique*, Québec, Institut littéraire du Québec, 1952, p. 82.
43 Ringuet, *le Poids du jour*, p. 157.
44 Pierre Gélinas, *les Vivants, les Morts et les Autres*, p. 170.
45 Roger Lemelin, *les Plouffe*, p. 54.

s'était juré de battre sur son propre
terrain[46].

L'ambition possède aussi Robert M. Garneau qui croit trouver en Montréal "une lice à sa taille pour les combats auxquels
aspirait son ambition[47]". Jean Lévesque, enfin, regrette
d'avoir invité Florentine Lacasse, ce qui rognera du temps sur
ses études. Il a l'impression d'avoir dérogé à la ligne de conduite qui seule lui permettra de réussir: "Car tout tendu vers
le succès, tout dévoré d'ambition, une seule chose lui parais-
sait vraiment importante: l'emploi judicieux de son
temps[48]".

Vaincre, conquérir, dominer, telle est la devise de l'ambitieux qui, contrairement au rêveur, possède la force et la
volonté qui le prédisposent à la lutte.

Dans **Pierre le magnifique**, Denis Boucher confie à
Pierre Boisjoly qu'il est "né avec cette révolte contre la société
et ses petitesses[49]". Jean Lévesque subit une profonde
transformation physique et morale, l'orphelin chétif devenant
un adolescent robuste au regard volontaire: "Une hérédité mystérieuse triomphait en lui. De deux inconnus, morts peu après
sa naissance, il tenait cette force qui s'éveillait[50]". De
même, Boisjoly, après avoir annoncé au curé Loupret qu'il ne
serait pas prêtre, se sentit fouetté par une "force mystérieuse
qui le précipitait dans sa course vers l'inconnu[51]". Enfin,
Robert M. Garneau chez qui la douceur jamais "n'avait été
normale[52]" sent, après la mort de sa mère, "le monstre
bouger, en lui, prêt à s'éveiller[53]".

Devant cette force, cet esprit de révolte qui anime les
ambitieux, on pourrait être porté à croire que la première
génération de la ville est en mesure de dépasser l'aliénation du
rêveur et de dominer son environnement. Pourtant, il n'en est
rien. Son désir de s'élever au-dessus des autres n'est, en
fait, que l'expression de la frustration et de la haine. Le
besoin de domination qu'éprouvent les Boucher, Lévesque,
Garneau et Boisjoly est tout simplement un phénomène de
compensation pour l'humiliation subie, une réaction d'être
dominé.

L'ambitieux éprouve la honte de ses origines familiales et
sociales. Inférioré par sa naissance et sa situation socio-

46 *Id.*, *Pierre le magnifique*, p. 86.
47 Ringuet, *le Poids du jour*, p. 123.
48 Gabrielle Roy, *Bonheur d'occasion*, p. 23.
49 Roger Lemelin, *Pierre le magnifique*, p. 70.
50 Gabrielle Roy, *Bonheur d'occasion*, p. 181.
51 Roger Lemelin, *Pierre le magnifique*, p. 49.
52 Ringuet, *le Poids du jour*, p. 116.
53 *Ibid.*, p. 52.

économique, il tente de prouver, à lui-même et aux autres, qu'il est un être supérieur. La conquête n'est pas pour lui une fin, mais plutôt un moyen de se venger.

C'est à travers Florentine Lacasse que Jean Lévesque prend conscience des mobiles qui dictent sa conduite. Par elle, il découvre en lui-même la haine, surgie de son enfance misérable et solitaire:

> Il savait maintenant que la maison de Floren-
> tine lui rappelait ce qu'il avait par-dessus
> tout redouté: l'odeur de la pauvreté, cette
> pauvreté qu'on reconnaît les yeux clos. Il
> comprenait que Florentine elle-même per-
> sonnifiait ce genre de vie misérable contre
> laquelle tout son être se soulevait. Et dans
> le même instant, il saisit la nature du senti-
> ment qui le poussait vers la jeune fille. Elle
> était sa misère, sa solitude, son enfance
> triste, sa jeunesse solitaire; elle était tout
> ce qu'il avait haï, ce qu'il reniait et aussi ce
> qui restait le plus profondément lié à
> lui-même, le fond de sa nature et l'aiguillon
> puissant de sa destinée[54].

Comme Jean Lévesque, Robert M. Garneau est hanté par son enfance malheureuse. Au-delà de la misère matérielle, son ressentiment tient à l'humiliation qu'il a éprouvée lorsqu'il a su que tout Louiseville connaissait sa condition de bâtard. Inconsciemment, lorsqu'il se propose de vaincre le monde, Garneau, qui a développé un complexe d'infériorité, recherche une compensation. Il veut se venger de Louiseville:

> Il vaincrait. Il vaincrait les choses, les
> hommes, le temps. Mais ce qu'il désirait
> vaincre surtout, - il ne s'en rendait point
> compte - c'était non pas un monde, ni un
> pays, ni une capitale, mais bien une petite
> ville. Une petite ville dormant au bord de
> sa rivière aux eaux bourbeuses. Une petite
> ville sans importance sur la carte et qui
> avait déjà oublié de Michel Garneau le nom
> et la personne; qui ne connaissait point
> encore Robert M. Garneau[55].

Chez Denis Boucher, on retrouve aussi cet esprit de vengeance, dirigé contre la famille et le milieu social. Milieu
détesté dans **Au pied de la Pente douce**, trahi dans **les
Plouffe** et en marge duquel il se situe dans **Pierre le**

---

54 Gabrielle Roy, *Bonheur d'occasion*, p. 183.
55 Ringuet, *le Poids du jour*, p. 158.

magnifique. Dans ce dernier roman, Denis expose brièvement à Pierre Boisjoly les causes de son ressentiment:

> Je suis né et j'ai vécu dans le quartier
> ouvrier de Québec, et ma famille était tout
> aussi pauvre que la tienne. J'ai eu une
> enfance révoltée. D'abord j'ai été révolté
> par la misère et l'ignorance de ceux qui
> m'entouraient. Mon enfance s'est passée à
> chercher des ennemis, des gens à qui dire
> "non". L'autorité: le curé de ma paroisse,
> l'échevin de mon quartier, le député de mon
> comté, le maire, le premier ministre, je les
> méprisais[56].

À Denis qui s'interroge sur les motifs qui poussent Pierre à abandonner sa vocation ce dernier répond: "Je suis un enfant pauvre, qu'on s'acharne à humilier depuis huit ans. Tout à coup, j'en ai eu assez et j'ai décidé de me venger[57]".

Chez chacun de ces personnages, le projet de conquête, comme le songe du rêveur, vise à compenser pour la domination subie et pour l'humiliation éprouvée. Cependant, la force de l'ambitieux n'est pas dirigée contre la domination en tant que telle, mais contre ses effets, et la lutte dans laquelle il s'engage n'a pour seule fin que de le libérer de sa frustration et de le valoriser à ses propres yeux et face à son milieu. C'est d'ailleurs ainsi que le narrateur du **Poids du jour** explique le comportement de Robert M. Garneau:

> S'il pouvait prendre pleine conscience de son
> désir, si son ambition prenait forme palpable, il se rendrait compte que ce à quoi il
> aspire n'est point tant de régner sur ceux en
> qui il voit encore des rivaux, et pour beaucoup, des maîtres. Ce vers quoi sans le
> savoir il reste tendu, c'est vers un retour
> passager au lieu passé de sa défaite. Mais
> un retour conquérant, le rachat par la
> victoire de la fuite panique de jadis alors
> que, éperdu, il tournait le dos à Louiseville.
> Devenir un chef, un dompteur. Celui qui
> tient le fouet. Devant lequel chiens et
> fauves se couchent, soumis[58].

Effacer sa défaite, se racheter, se venger de Louiseville, voilà ce qui pousse Robert Garneau à vouloir dominer. Il n'ambitionne pas tant de régner sur ses rivaux que de laver

---

56 Roger Lemelin, *Pierre le magnifique*, p. 58.
57 *Loc. cit.*
58 Ringuet, *le Poids du jour*, p. 187.

son humiliation. Une réaction analogue se produit chez les Boucher, Boisjoly et Lévesque. Leur comportement, comme celui du rêveur, est orienté, dès le départ, par leur condition d'être dominé. La réaction de l'ambitieux est négative, son agir vise moins à façonner le présent ou à préparer l'avenir qu'à effacer le passé. En élaborant son projet de domination, l'ambitieux demeure victime de son aliénation. S'il engage la lutte, il ne s'attaque pas aux causes mêmes de la domination, mais cherche tout au plus à en supprimer les symptômes, dont l'humiliation et la honte. Faute d'être guidé par une conscience éclairée, il se lance aveuglément dans une voie qui ne peut le conduire qu'à l'échec.

Non seulement l'ambitieux échouera-t-il mais il en arrivera à se détruire lui-même. Denis Boucher, Jean Lévesque, Robert M. Garneau et Pierre Boisjoly s'acharnent à détruire en eux-mêmes tout sentiment. Denis Boucher trahit ses amis et ses idées, Jean Lévesque balaie tout sur son passage, à la façon d'un vent destructeur, Robert M. Garneau s'entraîne à devenir dur comme un roc et Pierre Boisjoly fonce sur l'obstacle, griffe de fer au coeur. Chacun réagit comme si, pour réussir, il fallait être inhumain.

Plus encore, l'ambitieux renonce à ses aspirations profondes, comme si, pour dominer, il devait se faire autre. Ainsi Pierre Boisjoly renonce à la prêtrise pour vaincre le monde sur son propre terrain. En plus d'échouer dans son entreprise laïque, il ne retourne pas tant au grand séminaire pour renouer avec son idéal que pour y trouver un refuge: "Il atteignit enfin la porte du Séminaire et s'y blottit, essouflé[59]".

Un phénomène semblable se produit chez Robert M. Garneau qui renonce à la musique et en vient à éprouver de la répulsion pour elle:

> De sa passion pour la musique il ne restait à Michel, du fait de son père, que le souvenir des souffrances qu'elle lui avait values et des violences qu'elle avait suscitées chez Ludovic Garneau. Les deux souvenirs étaient désormais inséparables. C'est pourquoi son esprit écartait aujourd'hui toute idée de musique dont pourtant autrefois il avait été si enthousiaste. Il n'y était certes pas indifférent; au contraire, et par une extraordinaire perversion de son sentiment, il en était arrivé à éprouver de la répulsion pour ce qui avait été son espérance et sa joie[60].

59 Roger Lemelin, *Pierre le magnifique*, p. 277.
60 Ringuet, *le Poids du jour*, p. 73.

Garneau, comme Boisjoly, a trahi sa vocation parce qu'il a été brimé dans ses aspirations. Lui aussi s'est fait autre. Ce n'est qu'à la toute fin du roman, au crépuscule de sa vie, que Garneau se réconcilie avec la musique qui lui devient un refuge et se confond avec le repos et la paix.

À ces deux vocations manquées s'ajoute celle de Denis Boucher. Son talent d'écrivain à peine éclos, il rêve de devenir épicier dans **Au pied de la Pente douce**, pour ensuite, dans **Pierre le magnifique**, vivre en marge de la société, cherchant à faire porter le poids de son idéal à Pierre Boisjoly. Quant à Jean Lévesque, ambitionnant de ne devoir son succès qu'à lui-même, il quitte ses parents adoptifs qui auraient été en mesure d'assurer son instruction et de l'aider à réaliser ses projets.

Tout se passe comme si, pour réussir, l'ambitieux devait ne pas emprunter la voie qui s'ouvre devant lui. Il semble, en effet, qu'il pressent confusément qu'il doit se faire autre, se transformer.

Pour Jean Lévesque, il ne s'agit pas seulement de tronquer une vocation pour une autre. Le billet qu'il laisse à Emmanuel pour l'avertir de son départ de Saint-Henri porte, en postscriptum, ces mots: "Out for the big things[61]". Seul ambitieux dont le destin demeure ouvert, Lévesque associe la réussite à la langue anglaise. Cette brève note n'établit pas seulement la relation qui existe entre la réussite économique et l'Anglais, le dominateur, mais elle explique l'attitude de Jean Lévesque qui cherche à s'assimiler au dominateur. C'est là le sens de la transformation que recherchent les ambitieux. Cependant, les Boucher, Boisjoly et Garneau réagissent émotivement et ne sont pas conscients de la signification de leur agir. Seul Jean Lévesque atteint ce degré de lucidité qui fait de lui la préfiguration du héros du roman de contestation, le révolutionnaire, qui assumera, en pleine conscience, un choix entre l'assimilation et la suppression du dominateur. Ce choix demeure implicite chez Jean Lévesque qui n'a point franchi le seuil de l'aliénation et qui réagit encore comme un être dominé, cherchant sa seule vengeance.

La réaction des ambitieux face à leur condition demeure, comme celle des rêveurs, une réaction d'êtres dominés. Tout en réagissant contre la domination, ils n'en reconnaissent point les causes. Ils s'en prennent à la paroisse, au quartier, à la petite ville qui, comme eux, subissent la domination. La force des ambitieux se retourne contre eux-mêmes et contre les leurs, et la lutte qu'ils engagent devient une entreprise d'autodestruction. Guidés par l'émotivité, incapables de distinguer

---

61 Gabrielle Roy, *Bonheur d'occasion*, p. 261.

la cause de l'effet, ils sont voués à l'échec. Dépossédés d'eux-
mêmes par la haine, ils sont incapables d'accéder à la révolte
qui présuppose la conscience.

Il n'y a toutefois pas que son conditionnement psychologique
qui empêche l'ambitieux de se réaliser pleinement. Il est en
quelque sorte prisonnier de la paroisse, du quartier, de la
petite ville, qui ne lui offrent aucun terrain d'action. Le jeune
homme est incapable de donner sa vraie mesure, faute de défi à
relever. Robert M. Garneau, Pierre Boisjoly, Jean Lévesque
et Denis Boucher recherchent en vain l'occasion ou l'événement
qui leur permettrait d'utiliser cette force qui les anime.

Robert M. Garneau se sent à l'étroit à Louiseville; âgé de
vingt ans, il ne connaît ni la femme, ni la vie et son emploi de
comptable à la banque ne le satisfait point. Il éprouve l'envie
de tout jeter par-dessus bord:

> Ce qui lui manquait surtout était l'occasion
> d'exercer une force et une virilité qu'il
> sentait frémir en lui mais qui jamais ne
> trouvait à s'extérioriser. Il se savait capa-
> ble de violence. Bien plus, il ressentait le
> besoin d'une explosion d'autant plus forte
> qu'elle était depuis plus longtemps conte-
> nue[62].

Pierre Boisjoly, comme Garneau, se sent impuissant. Face
au vieux Willie Savard, dont il est devenu provisoirement le
chauffeur, Pierre se sent privé de toute volonté. Il voudrait
quitter le vieil ivrogne, mais n'y arrive pas, et c'est alors qu'il
se rend compte que le plus grand obstacle à son ambition est
l'absence de véritable défi:

> Comment, avec cette force qu'il ne se sentait
> capable d'exercer que contre une jeunesse
> égale à la sienne, pourrait-il combattre
> victorieusement la société québécoise, alors
> que tant de vieillards y détiennent le pou-
> voir[63]?

Jean Lévesque, qui considère Saint-Henri comme un lieu de
passage, est à la recherche d'une occasion qui lui permettra de
réaliser ses ambitions. Finalement, comme Denis Boucher et
Robert M. Garneau, ce n'est que dans la guerre qu'il voit l'occasion d'entreprendre son ascension:

> La guerre! Jean y avait déjà songé avec une
> furtive et impénétrable sensation de joie.

---

62 Ringuet, *le Poids du jour*, p. 91.
63 Roger Lemelin, *Pierre le magnifique*, p. 110.

> Est-ce que ce n'était pas là l'événement où
> toutes ses forces en disponibilité trouve-
> raient leur emploi? Combien de talents qui
> n'avaient pas été utilisés seraient, en effet,
> maintenant requis? Soudain il entrevit la
> guerre comme une chance vraiment person-
> nelle, sa chance à lui d'une ascension ra-
> pide[64].

Au delà de ce terrain d'action que recherchent en vain les personnages, Denis Boucher exprime le besoin qu'il éprouve d'une raison de vivre. Comme nous le verrons plus loin, cette raison de vivre que cherche Denis Boucher a une dimension collective. Pas plus que les Lévesque, Boisjoly ou Garneau, il ne trouvera le moyen de réaliser ses ambitions dans le milieu étouffant et fermé de Saint-Sauveur.

Une constante se retrouve, en effet, dans le roman de moeurs urbaines, et en particulier dans les oeuvres de Lemelin de même que dans **Bonheur d'occasion** et dans **le Poids du jour**. La société, vue à travers la famille, la paroisse ou le quartier, se révèle réfractaire à tout changement et n'offre au jeune homme ou à la jeune fille aucune possibilité d'action et, à plus forte raison, d'épanouissement.

Si la plupart des romans de moeurs urbaines observent les symptômes de la sclérose sociale et fournissent de précieux indices permettant d'identifier les causes de l'échec des personnages, c'est le premier roman de Roger Lemelin qui fournit au lecteur un schéma explicatif cohérent de l'échec en établissant clairement la relation qui existe entre la domination exercée par l'étranger, la sclérose sociale et le comportement de l'ambitieux.

Ainsi que nous l'avons vu, l'ambitieux ne parvient pas à échapper à son milieu, pas plus qu'il n'arrive à le transformer. Au contraire, il est réabsorbé par cette société qu'il a vigoureusement contestée. Les causes de cet échec, le narrateur d'**Au pied de la Pente douce** tente de les relier à la crise d'adolescence et au conflit des générations. Toutefois, il fournit, par l'entremise de Denis Boucher, une autre explication qui correspond davantage à la description qu'il livre de la société canadienne-française, dont plusieurs caractéristiques majeures recoupent celles qu'Albert Memmi identifie comme les traits dominants d'une société colonisée.

Fait à souligner, l'essai d'Albert Memmi est postérieur à la publication d'**Au pied de la Pente douce**, et Lemelin, con-

---

64 Gabrielle Roy, *Bonheur d'occasion*, p. 33.

trairement aux écrivains de Parti pris, par exemple, n'a pu être influencé par cet ouvrage. Or, certains passages d'**Au pied de la Pente douce** préfigurent, presque mot à mot, le **Portrait du colonisé**.

Le principal personnage de Lemelin, Denis Boucher, est réabsorbé par la paroisse détestée, par la société contre laquelle il s'est élevé, tout comme Pierre Boisjoly, Robert M. Garneau, Jules Lebeuf et Maurice Tremblay. Denis Boucher rêve de devenir épicier, protégé par l'hermétisme de la paroisse. Il n'est toutefois pas le seul à rentrer dans le rang. C'est le cas de tous les Mulots, situation que le narrateur met en évidence dans la dernière phrase de son roman:

> D'en bas arriva une rumeur de vie. Des épousailles se préparaient dans l'enthousiasme: l'église était neuve, et les jeunes Mulots se tranquillisaient après la vingtaine, devenaient des ouvriers rangés, de bons pères de famille, d'excellents paroissiens[65].

Albert Memmi, dans des termes semblables, décrit comment s'éteint la révolte de l'adolescent colonisé:

> Le jeune homme se mariera, se transformera en père de famille dévoué, en frère solidaire, en oncle responsable, et jusqu'à ce qu'il prenne la place du père en fils respectueux. Tout est rentré dans l'ordre: la révolte et le conflit ont abouti à la victoire des parents et de la tradition[66].

Si Memmi insiste sur l'échec de la révolte, Lemelin souligne la soumission du Mulot. Dans les deux cas, la famille et la tradition conservent leur emprise sur le jeune homme. Le Mulot se tranquillise, se range et devient un travailleur, un père et paroissien modèle, tout comme le colonisé, solidaire, responsable, respectueux.

Cette analogie pourrait être accidentelle, plusieurs facteurs pouvant, *a priori*, expliquer le comportement de Denis Boucher et des Mulots. Le narrateur voit d'ailleurs dans l'attitude de Denis Boucher et dans sa réabsorption par la société le simple drame de l'adolescence:

> Par ses étrangetés, ses faux bonds, il retardait l'échéance qu'on paie toujours:

---

65 Roger Lemelin, *Au pied de la Pente douce*, p. 322.
66 Albert Memmi, *Portrait du colonisé*, p. 128.

L'absorption par la société. N'est-ce pas là
le drame de l'adolescence [67]?

À cette explication plausible du narrateur, Claude Racine en
ajoute une autre, assimilant la révolte de l'adolescent à un
conflit des générations, d'autant plus aigu qu'il s'accompagne
d'une discontinuité historique:

> Le conflit des générations dont fait souvent
> état le roman québécois est certes lié au
> désir d'émacipation des jeunes face à une
> civilisation asphyxiante, aliénante, mais il
> est aussi une conséquence du remplacement
> brutal de la société traditionnelle par la
> société industrielle[68].

Cependant, le conflit de générations qui oppose Denis
Boucher et sa mère Flora a ceci de particulier qu'il n'en résulte
aucune évolution. Flora demeure profondément ancrée dans son
univers que Denis consent à réintégrer volontairement et
entièrement. Le conflit de générations que l'on observe ici est
stérile. Memmi établit le même constat:

> Le conflit des générations peut et doit se
> résoudre dans le conflit social; inver-
> sement, il est aussi facteur de mouvement et
> de progrès. Les jeunes générations trou-
> vent dans le mouvement collectif la solution
> de leurs difficultés, et choisissant le mouve-
> ment, ils l'accélèrent. Faut-il encore que
> ce mouvement soit possible. Or sur quelle
> vie, sur quelle dynamique sociales
> débouche-t-on ici? La vie de la colonie est
> figée, ses structures sont à la fois
> corsetées et sclérosées. Aucun rôle
> nouveau ne s'offre au jeune homme, aucune
> invention n'est possible[69].

Cette constatation de Memmi, le narrateur d'**Au pied de la
Pente douce** la présente comme une deuxième explication de
l'échec de Denis Boucher:

> Les enfants de Saint-Sauveur, privés de
> terrains d'action qui donnent à un pays une
> jeunesse forte, en étaient rendus à se

---

67 Roger Lemelin, *Au pied de la Pente douce*, p. 325.
68 Claude Racine, *l'Anticléricalisme dans le roman québécois (1940-1965)*, p. 162.
69 Albert Memmi, *Portrait du colonisé*, p. 126-127.

contenter de semblants de torture morale, par désoeuvrement[70].

De la même façon, Jean Lévesque, Pierre Boisjoly, Robert M. Garneau étaient à la recherche d'un terrain d'action, d'un rôle nouveau que seule la guerre, décrétée par d'autres, leur a fourni. C'est en vain que, dans leur milieu, ils ont cherché un défi, une raison de vivre, une lice à leur taille. Aussi l'échec de Denis Boucher ne tient-il pas au seul fait qu'il soit adolescent, il est relié étroitement au contexte social.

Dans un passage significatif, Denis Boucher évoque, d'ailleurs, plusieurs facteurs sociaux qui expliquent son échec. Fait à noter, le narrateur exprime dans ce passage les sentiments que Denis éprouve à la suite de son congédiement et il sent le besoin d'atténuer l'effet de la tirade en l'imputant à la grandiloquence de Boucher:

> Il brandit son poing vers le ciel, marmotta au nom de la jeunese canadienne-française qu'elle a besoin d'un cause pour chercher la supériorité. Depuis cent ans le sang n'a pas été versé sur le sol de la Patrie, pour la sauver. Nous sommes devenus les parasites d'une petite antiquité qui pourrit dans ses traditions. Comme des lambeaux, serons- nous emportés par ceux qui nous entourent, qu'ils soient nègres, anglais ou nippons, pourvu qu'ils aient le courage de laisser gicler le sang de leurs veines, s'il le faut, pour payer un idéal? Boucher pleurait en même temps qu'il rêvait de sabrer les financiers, de leur entrer à coups de baïonnette, la beauté, la bravoure, le désintéressement dans le coeur. Nos jeunes gens pourraient ensuite sortir de leurs tanières, resplendissants, être les premiers hommes nouveaux d'une race qu'ils consacreraient par leur sacrifice. Quelle fumée de joie à dissiper! Nous aurions acheté le droit de naître grands, parce que la vie qui viendrait se prêterait à l'holocauste, au dévouement[71].

Au-delà de la grandiloquence, trois idées fondamentales ressortent de ce texte: premièrement, la collectivité est privée d'un idéal et d'un destin collectifs; deuxièmement, la société est sclérosée; troisièmement, elle craint l'étranger.

---

70 Roger Lemelin, *Au pied de la Pente douce*, p. 302.
71 *Loc. cit.*

En invoquant le besoin d'un idéal collectif, en déplorant le fait que la jeunesse canadienne-française n'ait pas été appelée à verser son sang, Denis Boucher témoigne qu'il ressent la carence historique que l'on retrouve chez toute société colonisée:

> La carence la plus grave subie par le colonisé est d'être placé *hors de l'histoire* et *hors de la cité*. La colonisation lui supprime toute part libre dans la guerre comme la paix, toute décision qui contribue au destin du monde et du sien, toute responsabilité historique et sociale[72].

La race nouvelle dont rêve Denis Boucher aurait une part active à la guerre et à la paix, et conférerait à chacun le droit de naître grand. Il y a plus que cette carence, toutefois. Non seulement la société n'est-elle pas maîtresse de son destin, mais encore elle refuse de se transformer, ce qui permet de pousser plus loin encore l'analogie avec la société colonisée. En effet, les Canadiens français sont devenus des "parasites d'une petite antiquité qui pourrit dans ses traditions".

Le narrateur revient d'ailleurs sur cette idée à la fin du roman, l'assumant cette fois, plutôt que de la mettre dans la bouche de Denis Boucher:

> Il se dégageait des habitations tassées une odeur de vie tenace, rétive au progrès; et tout cela, malgré sa honte, refusait avec obstination tout changement, parce que tout changement est opéré par les autres. Des hommes étrangers s'étaient brûlés pour avoir voulu remuer le quartier et l'embellir. Seuls les prêtres y étaient écoutés[73].

Dans ce texte tout comme dans le précédent, la place de l'étranger dans la société canadienne-française est évoquée. Dans le premier cas, il apparaît comme un dominateur et, dans le deuxième cas, à cause du danger qu'il représente, on s'oppose à lui. Puisque seul l'étranger peut effectuer des changements, on refuse le changement même, d'où le repli sur la tradition et les valeurs-refuges, famille et religion. Seul, le prêtre, gardien de la tradition, est, en effet, écouté.

En somme, la collectivité canadienne-française, n'étant pas maîtresse de son destin, s'oppose à l'étranger dominateur en

---

72 Albert Memmi, *Portrait du colonisé*, p. 121.
73 Roger Lemelin, *Au pied de la Pente douce*, p. 331-332.

réduisant sa vie pour la sauver, se contentant "de la torpeur passive de son présent":

> Ce présent même, elle doit le soustraire à l'envahissement conquérant de la colonisation, qui l'enserre de toutes parts, la pénètre de sa technique, de son prestige auprès des jeunes générations, le formalisme, dont le formalisme religieux n'est qu'un aspect, est le kyste dans lequel elle s'enferme, et se durcit; réduisant sa vie pour la sauver. Réaction spontanée d'autodéfense, moyen de sauvegarde de la conscience collective, sans laquelle un peuple rapidement n'existe plus. Dans les conditions de dépendance coloniale, l'affranchissement religieux, comme l'éclatement de la famille, aurait comporté un risque grave de mourir à soi- même[74].

Denis Boucher, comme l'adolescent colonisé, est incapable d'assumer un rôle nouveau et sa réabsorption par la société est inévitable, l'immobilisme apparaissant comme une condition de survie collective.

Victime d'une situation de type colonial, caractérisée par une relation d'ethnie dominante à ethnie dominée, aliéné aux plans économique et culturel, le personnage est irrémédiablement voué à l'échec. En effet, la conscience de l'aliénation, préalable à la révolte, est avant tout, dans le roman de moeurs urbaines, le fait du narrateur qui non seulement expose les multiples aspects de la domination mais encore dévoile les rapports qui la relient aux comportements des personnages. L'échec des rêveurs et des ambitieux s'explique à la fois par une situation de type colonial et par les effets qu'elle provoque sur leur comportement, d'où l'évasion ou l'abandon à un aveugle désir de vengeance.

---

74 Albert Memmi, *Portrait du colonisé*, p. 30.

DEUXIÈME PARTIE

LE ROMAN PSYCHOLOGIQUE

CHAPITRE III

LES VALEURS-REFUGES

Au réalisme du roman de moeurs urbaines qui observe objectivement la réalité socio-économique, le roman psychologique oppose une vision subjective de la société, celle d'un personnage qui, délaissant les manifestations les plus apparentes de l'aliénation, s'interroge sur le sens de sa vie et sur les valeurs proposées comme normes de la conduite individuelle et collective. Ce processus d'intériorisation, qui rend accessible l'univers intérieur du personnage à travers le journal intime, les lettres, les monologues, modifie radicalement l'architecture romanesque:

> Alors que, dans le roman d'observation, la structure de l'oeuvre, les personnages et le style sont conçus en fonction d'une volonté initiale, chez l'auteur, de peindre intégralement une réalité objective, dans le roman psychologique, ces mêmes éléments de la création romanesque sont modelés sur les mouvements d'âme du héros[1].

Le roman psychologique, apparu dans notre littérature vers la fin du XIXe siècle avec Laure Conan, ne s'imposera vraiment qu'à compter de 1940 pour atteindre sa maturité dans la décennie 1950-1960. Selon Mireille Servais-Maquoi, ce sont des raisons d'ordre culturel qui expliquent que le roman dit psychologique - roman intérieur, roman de l'aventure personnelle ou roman-passion ou encore roman d'analyse - n'ait pu prendre plus tôt son véritable essor:

> Pendant toute la périore rurale et agricole, le climat culturel - au sens large du terme - du Canada français n'est guère propice à l'éclosion d'un roman d'analyse psychologi-

---

1 Mireille Servais-Maquoi, "l'Aliénation en littérature: le roman québécois", f. 212.

que. Celui-ci n'apparaît vraiment qu'avec l'urbanisation de la province, quand s'imposent au romancier, comme sujets d'inspiration, les réactions subjectives de ses compatriotes aux problèmes que pose leur adaptation à la vie urbaine. Les romans psychologiques augmentent d'ailleurs en nombre et en qualité avec l'intensification des processus de modernisation[2].

Les pionniers contemporains de ce roman, Jean-Charles Harvey, Harry Bernard, Robert de Roquebrune, Robert Choquette, Jovette Bernier, Rex Desmarchais, verront leurs oeuvres d'analyse connaître un échec relatif:

La génération des romanciers de l'entre-deux-guerres accuse bien des hésitations et des maladresses, tant du point de vue de la vraisemblance psychologique des oeuvres qu'à celui de l'écriture romanesque. Élite intellectuelle d'une société de paysans, ayant à composer avec la censure catholique, les écrivains québécois se trouvent mal préparés à scruter des cas de conscience[3].

Ce n'est finalement que vers 1950, après que Robert Charbonneau eût "fait accéder le roman québécois au plan de la conscience[4]", que s'imposeront les grands noms du roman psychologique, notamment Robert Elie, André Langevin, Jean Filiatrault et Eugène Cloutier.

Selon Marcel Rioux, le roman de cette période, influencé par l'apparition des idéologies de contestation, suscite la prise de conscience de l'aliénation culturelle, consécutive à la domination. La question, précise-t-il, se pose au plan individuel plutôt qu'au plan collectif, par l'intermédiaire d'un héros évoluant en milieu urbain, surtout dans la métropole:

Ce n'est qu'après 1950 que les lions sont lâchés. Aux brassements de population de la dernière décennie, aux idéologies de contestation, correspondent, dans la poésie et le roman notamment, la découverte de cette aliénation, de cette dépossession de soi et leur contestation violente. Chez les

---

2 *Ibid.*, f. 213.
3 *Ibid.*, f. 214.
4 Madeleine Ducrocq-Poirier, *Robert Charbonneau*, Montréal, Fides, 1972, p. 118. (Coll. Écrivains canadiens d'aujourd'hui, no 10).

romanciers comme chez les essayistes, on
observe une fringale d'analyse et de définition de soi et de la collectivité. On se rend
de plus en plus compte des subtils effets de
la domination; on se retrouve aliéné,
dépossédé, sans identité et sans culture qui
remplace la culture traditionnelle[5].

L'aliénation culturelle, thème dominant du roman psychologique, qui conditionne la vie des personnages, Jean-Charles
Falardeau lui donne une dimension "théologique". Analysant
l'oeuvre de Robert Charbonneau, il précise sa pensée en ces
termes:

Ce que nous voulons dire maintenant est
que, dans l'univers romanesque une fois
créé, il y a des dimensions théologiques
encore plus radicales que celles que pouvait
imaginer délibérément le romancier. Ce sont
des valeurs sacrées et terribles qui définis-
sent la vision du monde de ses personnages
et leurs attitudes devant la vie. Le monde
éclairé par ces valeurs et défini par le
prêtre n'est ni un passé, ni un présent,
encore moins un avenir: c'est seulement un
obstacle à l'au-delà. Une angoisse incom-
municable paralyse le début de l'existence
des héros[6].

Selon le sociologue, cette dimension théologique du roman
tient à ce que "la mythologie religieuse de notre société cor-
respondrait à celle d'un stade ancien dans l'évolution du monde
occidentel [sic]", à un "modèle de pensée à la fois post-
médiéval et judaïque"[7].

Il n'y a pas toutefois que cette opposition entre l'ici et l'au-
delà qui provoque l'angoisse et la paralysie. Il y a aussi, au
plan historique, la volonté de maintenir dans le présent le
passé et de refuser tout avenir:

Ce sont des valeurs religieuses tout à fait
élémentaires proposées par le prêtre qui
inspirent les normes de vie collective, familiale ou individuelle, et qui en contrôlent
strictement la réalisation. Le monde défini
en ce cas est un présent qui doit demeurer

---

5 Marcel Rioux, *Aliénation culturelle et Roman canadien*,
  p. 149.
6 Jean-Charles Falardeau, *Notre société et son roman*,
  p. 228.
7 *Ibid.*, p. 232.

identique au passé: tout projet d'avenir
comportant contestation du présent est
condamné et voué à l'échec[8].

Ainsi, l'on est en présence de valeurs "sacrées et terribles" qui
régissent la vie individuelle et collective, dans un monde où le
présent "doit demeurer identique au passé".

Cette aliénation culturelle, caractérisée par un mouvement
de repli sur le passé et sur les valeurs religieuses, décrit par
Jean-Charles Falardeau, Marcel Rioux rappelle qu'elle "se
présente comme l'effet le plus insidieux, le plus sournois et,
somme toute, le plus nocif de la colonisation[9]". Après avoir
affirmé qu'il y a ici des dominés et des dominants, il décrit le
processus en ces termes:

> La nature des choses force le dominé, face
> au dominant, à se définir comme minorité, à
> adopter une idéologie de survivance natio-
> nale et finalement à survaloriser et à sacra-
> liser sa société et sa culture[10].

Comme l'idéologie de survivance découle de la conquête
militaire, de la même façon le poids des valeurs religieuses au
sein de cette idéologie s'explique par le rôle assumé historiquement par l'institution cléricale dans la lutte contre le conquérant:

> Après la cession de la Nouvelle-France à
> l'Angleterre, il n'y avait personne d'autre
> que le clergé pour mener la lutte contre les
> protestants anglophones. Le refus de l'as-
> similation était un devoir impérieux aux yeux
> des habitants de la petite colonie, et l'hégé-
> monie de l'Eglise leur semblait pleinement
> justifiée. Mais l'institution qui a mené cette
> révolte sourde contre la domination anglaise
> s'est, avec le temps, sclérosée, de sorte
> qu'elle est devenue, à son tour, l'autorité
> contre laquelle les mécontents s'insur-
> gent[11].

La sclérose de l'institution cléricale n'est toutefois pas due
uniquement à l'usure du temps, comme le prétend Keffer. Elle

---

8 *Ibid.*, p. 228
9 Marcel Rioux, *Aliénation culturelle et Roman canadien*,
   p. 146.
10 *Ibid.*, p. 147.
11 Lowell William Keffer, "Frustration, Conflit et Révolte: une
   étude socio-psychologique de vingt-trois romans québécois
   des années 1938-1961", f. 267.

est inscrite dans la nature même des choses, l'idéologie de
survivance exigeant que le présent se conforme au passé, d'où
un statisme inévitable. Les valeurs qui, jadis, ont servi de
rempart contre la domination, en viennent à constituer un frein
à l'évolution nécessaire d'une collectivité. Un jour ou l'autre,
celle-ci ressent le besoin impérieux de briser le carcan:

> Il n'y a pas de doute qu'un groupe humain
> qui veut se libérer doit mener également un
> *combat contre lui-même.* J'ai retrouvé
> ce combat interne chez les Colonisés, comme
> chez les Juifs, comme chez les Noirs. Les
> écrivains nord-africains ont dénoncé la
> colonisation; mais ils ont aussi presque tous
> dénoncé l'état de leurs institutions, de leurs
> familles, de leurs valeurs. Ce point a été
> masqué par l'importance de la lutte externe.
> Certes, il faut ajouter que ces valeurs et
> ces traditions ont eu longtemps un rôle
> relativement positif, puisqu'elles ont aidé le
> dominé à se maintenir face au dominant.
> C'est pourquoi j'ai proposé de les appeler
> des *valeurs-refuges.* Chez les
> Canadiens français, la religion catholique a
> servi contre les Anglais protestants. Mais
> les valeurs-refuges deviennent à la longue
> un frein et il faut en effet les se-
> couer[12].

Analysant l'influence de l'aliénation nationale sur la vie religieuse, Claude Racine en arrive lui aussi à la conclusion que
"certains traits de notre physionomie religieuse proviennent de
notre condition de peuple colonisé[13]".

Les valeurs-refuges ne constituent pas un obstacle à la
seule évolution collective. En effet, l'individu voit sa propre
liberté entravée, ce qui engendre chez lui frustration et aliénation et provoque un affrontement entre les normes de vie et
de conduite dictées par les "structures-valeurs" et la liberté
individuelle:

> La "structure-valeur existe d'abord. Elle
> se manifeste dans un grand nombre de
> phénomènes ou de situations de vie. Si ces
> "structures-valeurs" entravent la liberté de
> l'être humain, si elles sont imposées par une
> société étrangère ou si elles appartiennent à

12 Albert Memmi, *l'Homme dominé*, p. 94.
13 Claude Racine, *l'Anticléricalisme dans le roman québécois (1940-1965)*, p. 141.

84

une période de développement désormais
révolue, elles deviennent par le fait même
une source de frustration ou d'aliénation
pour l'individu dans le contexte social et
pour le personnage littéraire dans l'oeuvre
romanesque. Il en résulte un affrontement
sur le plan existentiel[14].

Ainsi, les valeurs sur lesquelles se fonde l'idéologie de
survivance, dont la foi catholique et la famille, en vue d'assurer la survie collective, par un repli sur le passé, lui-même
érigé en valeur, constituent à la fois un obstacle à l'adaptation
à la vie urbaine et industrielle et une entrave pour l'individu
dans le choix de sa propre destinée. Elles apparaissent comme
des empêchements à vivre, dont notre littérature, selon Jean-
Charles Falardeau, fait le procès:

L'écrivain écrit pour se dire. Qu'il s'exprime
par le poème, par le conte, par la nouvelle
ou par le roman, ce qu'il offre est un trop-
plein qui gonfle sa propre vie. C'est dire
que, dans notre milieu, il aura souvent à
identifier les obstacles ou les contraintes
qui jugulent sa vie, et qu'en ce cas, son
oeuvre sera un procès de ce que Jean Le
Moyne appelle "les empêchements à vivre"
qu'il trouve en lui-même ou autour de lui.
Et n'est-ce pas dans cette direction particulière que s'est manifestée, que se manifeste
encore principalement, la littérature canadienne [...]? Les personnages de nos
univers romanesques [...] se caractérisent
par l'incomplétude, par le manque
d'identité, par l'échec[15].

Dans un tel contexte, rien d'étonnant à ce que le roman
psychologique baigne dans une atmosphère morbide, secrétant
l'angoisse, l'isolement, la haine de soi, l'impuissance, le désespoir. Littérature de l'absurde qui se différencie toutefois du
courant existentialiste français:

Aux beaux jours du sartrisme, nous avons
eu nos romans du désespoir et de l'absurde;
la similitude n'était qu'apparente. Un
Robert Élie, un André Langevin, disaient la

14 Lowell William Keffer, "Frustration, Conflit et Révolte: une
étude socio-psychologique de vingt-trois romans québécois
des années 1938 à 1961", f. 541.
15 Jean-Charles Falardeau, *Notre société et son roman*,
p. 66.

désolation et l'absurdité de ne pas encore
vivre, non d'avoir trop vécu[16].

En somme, le roman psychologique trahit "l'inadaptation
fondamentale à une société en porte-à-faux, le pourrissement
des consciences, l'impuissance à vivre à l'intérieur de struc-
tures sclérosées[17]".

Cette impuissance à vivre, on la retrouve dans les oeuvres
de romanciers reconnus par la critique comme ceux qui ont
donné au roman psychologique ses lettres de noblesse: **la
Fin des songes** (Robert Élie), **le Temps des hommes**
(André Langevin), **Chaînes** (Jean Filiatrault), et **Mathieu** (Françoise Loranger), dont Gilles Marcotte a dit:

> Ce dernier roman est à retenir, parce qu'il
> révèle, malgré des défauts évidents, un
> solide talent de romancière, et donne vie à
> un personnage dont la condition psycholo-
> gique (angoisse, haine de soi, désir de
> blesser, passion intellectuelle contrariée)
> semble fasciner toute une génération nou-
> velle d'écrivains[18].

Le Torrent (Anne Hébert), sans conteste l'une des
oeuvres majeures de notre littérature, mérite une attention
particulière, de même que **Laure Clouet** (Adrienne Choquette), oeuvre remarquable, négligée par la critique, qui
explore en profondeur cette valeur que constitue le passé,
évoquée dans la plupart des romans psychologiques. Puis, **le
Poids de Dieu** (Gilles Marcotte), notre "premier roman authentiquement sacerdotal[19]", **Cul-de-sac** (Yves Thériault) et **le Temps des jeux** (Diane Giguère), publiés dans
les années 1960 font pendant à la production des années 1950.
Enfin, **le Prix du souvenir** (Jean-Marie Poirier) s'impose
moins par ses qualités littéraires que par la naïveté avec
laquelle il trahit les grandes lignes de l'idéologie traditionnelle et expose, de façon parfois caricaturale, son influence sur le comportement du héros, Régis Dubuc.

Publiés entre 1949 et 1962, ces romans évoquent les années
1940-1950, bien que quelques intrigues recoupent une période
qui s'étend de 1930 environ à 1960. Dans l'ensemble, le temps

---

16 Pierre de Grandpré, *Dix ans de vie littéraire au Canada
français*, p. 19.
17 Michel Bernard, "le Roman canadien-français", dans
Québec 66, vol. III (février 1966), p. 89.
18 Gilles Marcotte, *Une littérature qui se fait*, p. 43.
19 Jean-Charles Falardeau, *les Milieux sociaux dans le
roman canadien-français contemporain*, p. 33.

romanesque correspond à cette période qui voit surgir au Québec une crise des valeurs.

Parmi les valeurs identifiées à des empêchements à vivre, il y a la religion, omniprésente et contraignante. Il y a aussi la famille, continuatrice de la race, dont la mère apparaît comme la gardienne des traditions et l'incarnation de l'idéologie de survivance. Enfin, il y a ce passé mythique qui ne doit ni ne peut se modifier dans le temps. Ces trois composantes de la culture traditionnelle, refuges d'une collectivité dominée, qui jugulent l'agir des personnages, constituent l'objet de ce chapitre.

LE PASSÉ. - Le passé constitue, selon le sociologue Guy Rocher, l'un des "deux axes principaux" de la mentalité traditionnelle du Québec et s'identifie à l'idée de fidélité:

> Le passé demandait à être continué dans le présent et perpétué dans l'avenir. Car les descendants appartenaient encore et pour toujours à ceux dont ils étaient issus; une communauté intemporelle tissait des liens invisibles entre les hommes du présent et tous ceux qui les avaient précédés et leur avaient tracé la voie. Une dette de reconnaissance aussi bien que de respect envers les anciens imposait qu'on maintînt et continuât leur oeuvre[20].

Le passé, c'était la raison de vivre du vieux Menaud. Pour lui, continuer la race signifiait aller de l'avant, conquérir, prendre part à la réalisation d'un projet collectif. Son rêve, car il ne s'agissait malgré tout que d'un rêve, possédait sa dynamique interne, appelait la liberté. Le passé insufflait sa vie à Menaud. Depuis, quelque chose s'est brisé puisque le passé prive de sa vie Laure Clouet, la "continuatrice".

La crise des valeurs au Québec a remis en question la continuation du passé dans le présent et l'avenir. Le passé a changé de signification, le mythe s'est vidé de son contenu et l'on peut dorénavant entrevoir les effets pernicieux d'une volonté de conservation qui trouve en elle-même sa propre fin:

> Il n'est plus objet de vénération; il devient cause et facteur d'impatience. Le passé n'appelle plus fidélité, mais réforme, révolte, révolution. Ou peut-être plus

---

20 Guy Rocher, "la Crise des valeurs au Québec", le Nouveau Défi des valeurs. Essais, Montréal, Éditions HMH, 1969, p. 15. Fred Caloren, Julien Harvey, Claude Julien et alii. (Coll. Constantes, n° 20).

exactement la fidélité au passé consiste-
t-elle maintenant à rompre avec toute une
part de ce qu'il représente d'inacceptable et
qui exige qu'on le rejette[21].

Le roman psychologique exprime le drame de vies qui se
conjuguent au passé et provoque l'éclatement d'un passé mythique, en dénonçant ses conséquences néfastes sur la vie
collective. À la vie atrophiée de la collectivité correspond,
chez le personnage, une vie médiocre et sans passion. Le
passé, qui jadis constituait une raison de vivre, est devenu un
empêchement à vivre pour les personnages à qui l'on a inculqué
la peur du présent et de la réalité.

Comme **Trente Arpents** a détruit le mythe rural,
Laure Clouet démystifie le passé. Contrairement à Menaud
qui évoque les conquêtes et la gloire des ancêtres, Laure
Clouet ne voit rien dans le passé qui mérite d'être conservé:
c'est en vain qu'elle cherche des "actes" dans la généalogie,
n'y trouvant que des "attitudes":

À la fin, que recelaient donc les tombeaux de
la lignée familiale? Pourquoi ne le lui avait-
on jamais dit avec précision? Étaient-ils
vides? Peut-être avaient-ils toujours été
vides et seule leur gardienne l'ignorait?
Peut-être qu'avec une bonne foi navrante,
elle perdait son temps à veiller sur des
reliquaires sans reliques, et tandis qu'elle
singeait le recueillement des dépositaires
d'authentiques valeurs, la vie, la chaude vie
lui faisait des signes qu'elle ne voulait pas
voir[22]?

Non seulement Laure dépouille-t-elle le passé de son caractère sacré, mais encore en fait-elle une imposture. C'est
parce qu'elle a été trompée qu'elle passe à l'écart de la vie. La
destruction du mythe n'est d'ailleurs qu'un point de départ.
Aussitôt vient la dénonciation de l'immobilisme, de la paralysie
liée à l'adhésion aveugle au passé, première atteinte à la vie
collective.

La fidélité au passé implique, en effet, le souci de le conserver intact, de le prolonger, d'où le refus de tout changement. Il n'est pas de dynamisme possible dans une société
toute repliée sur son passé. La maison des Clouet est à l'image
de cet univers prisonnier de la durée et réfractaire à la vie et
à son mouvement:

---

21 *Ibid.*, p. 15-16.
22 Adrienne Choquette, *Laure Clouet. Nouvelle*,
Québec, Institut littéraire du Québec, 1961, p. 91.

> Il semblait que nulle rumeur extérieure
> jamais n'aurait pu troubler le rythme de
> cette maison, aussi immuablement ordonnée
> que ses horloges à carillon. Semblable à
> quelque fort, la demeure de la Grande-Allée
> se moquait des intempéries depuis soixante
> ans. On y entrait comme dans un tombeau
> orné. La première surprise passée, une
> singulière impression de ne plus participer
> à la vie du siècle s'insinuait dans
> l'âme[23].

Ce "fort", hors du temps et du rythme vital, prend forme de
symbole du statisme de la vie collective.

Dans l'ensemble des romans, dans ce monde où l'on refuse
le devenir, la vie collective donne l'impression de tourner en
rond. Rien ne rompt la quotidienne monotonie, d'où la sensation de vide éprouvée dans **Cul-de-sac** par Victor Debreux
qui évoque la période de son enfance:

> (Je peins cette époque en drôles de teintes.
> Elles sont pourtant d'un vérisme hélas! mal
> seyant en notre ère d'abstraction. Est-ce
> pour cela que je ne lui accorde que de larges
> traits? Qu'il suffise de la savoir telle, vide
> surtout, et de savoir que j'en étais le pro-
> duit. Un produit normal, banal, dans son
> authenticité [...])[24]

Rien ne peut, en effet, se produire. Dans la paroisse du
Poids de Dieu, "Que se passe-t-il? Rien[25]". Il ne se
passe rien non plus dans le "cercle étouffant" de Mathieu, dans
l' "horrible et attirant village" de **la Fin des songes**, ou
chez ces "hommes limités au nécessaire" qu'observe Pierre
Dupas, dans **le Temps des hommes**.

Les vertus de ce monde hostile au changement qui, si minime
soit-il, risque de briser le fragile équilibre d'une société en
porte-à-faux, se nomment prudence, mesure, retenue. La
paralysie se double de l'atrophie. Le manque fondamental
d'exigence, de volonté de dépassement, constitue une deuxième
atteinte à la vie collective. Il s'agit non pas de vivre, d'aller
au bout de soi, mais de survivre, en se méfiant de la vie:

> Notre société est sans exigence. A aucun
> moment, nous n'entrons sous le feu des

23 *Ibid.*, p. 70.
24 Yves Thériault, *Cul-de-sac*, Québec, Institut littéraire du Québec, 1961, p. 65.
25 Gilles Marcotte, *le Poids de Dieu*, Paris, Flammarion, 1962, p. 65.

réflecteurs et nous arrivons à la vieillesse
sans avoir jamais été au bout de nos forces.
On nous a bien appris à compter nos péchés,
à mesurer nos chances de survivance, mais
non pas à vivre en acceptant les risques de
la liberté. L'esprit dort et tout le monde est
content[26]!

Dans **le Prix du souvenir**, Régis Dubuc, caricaturant le
passé, décrit en ses propres termes le même paysage médiocre:

Au lieu de réveiller nos gloires nationales à
grand tapage de clairons et de gueuloir
chaque Saint-Jean-Baptiste, on devrait
citer une seule phrase de l'Apocalypse:
"Parce que tu es tiède, je te vomirai de ma
bouche". Nous sommes un peuple tiède.
Chez nous, on pèche avec modération; on
se sanctifie avec modération. Pas de
grands scandaleux [sic] et encore
moins de saints. On n'a pas le courage
d'aller jusqu'au bout de sa force ou de sa
faiblesse. On a l'âme tellement petite que la
médiocrité suffit à la combler...[27]

Peuple tiède, société sans exigence, époque vide. Une fois
détruit le mythe du passé, le roman stigmatise la conséquence
de la fidélité qu'on lui a vouée, à savoir la sclérose de toute
une société.

La carence de vie collective se répercute sur la vie individuelle. Régis Dubuc fustige ce peuple tiède dont il est issu,
Marcel Larocque dénonce cette société sans exigence qui l'empêche d'aller au bout de lui-même, tandis que Victor Debreux
se reconnaît comme le produit banal d'une époque vide. Non
seulement le personnage retrouve-t-il dans sa vie individuelle
les symptômes de la paralysie collective, mais encore voit-il son
identité propre abolie, au nom du passé.

Nul n'éprouve cette perte aussi vivement que Laure Clouet.
Elle est l'héritière, soit, mais subordonnée à l'héritage, condamnée à veiller des tombeaux, réduite à l'état de chaînon de la
lignée:

Surtout, surtout, elle s'avisait lentement que
personne, pas même sa mère, ne s'était
préoccupé d'elle en tant que créature aux

---

26 Robert Élie, *la Fin des songes*, Montréal, Beauchemin, 1950, p. 203.
27 Jean-Marie Poirier, *le Prix du souvenir*, Montréal, le
Cercle du livre de France, 1957, p. 177.

> droits sacrés. Chacun lui avait légué, il est
> vrai, ses biens et son honneur, mais à la
> condition qu'elle n'en usât que pour leur
> mémoire à tous. Dans les testaments, elle
> était désignée comme la "continuatrice",
> mais sans prénom et sans regard[28].

Comme Caroline Dupuy[29], une autre continuatrice, François, condamné à continuer sa mère Claudine (le **Torrent**), Serge, maintenu dans la dépendance de sa mère
(**Chaînes**), Laure Clouet est dépossédée d'elle-même.

À cette aliénation fondamentale s'ajoute la dépossession du
monde qui est le lot de la collectivité. Comme la vie du groupe,
la vie individuelle stagne. Lucienne Normand n'a cessé de
répéter à Mathieu qu'il était né pour la médiocrité. Il en vient
à adhérer à ce portrait qu'on a fait de lui. Assis à la table
d'un restaurant de deuxième ordre, il pense: "Hé quoi!
Cette médiocrité est à la mesure de ma vie! Je devrais me
sentir ici comme chez moi. Rien de ce qui est morne et miteux
ne devrait m'être étranger[30]". Dans **la Fin des
songes**, Marcel a peur des miroirs qui peuvent, si on y met
un peu de conscience, faire perdre "à jamais le goût de se
vautrer dans la médiocrité[31]".

Comme la collectivité, le personnage ne peut se réaliser que
dans un projet, dans le devenir. Or, l'élan vital, la passion,
est bannie de son univers. L'enseignement reçu par Mathieu ne
comporte rien "qui puisse exalter les enfants et leur faire dési-
rer des bonheurs plus grands[32]"; Marcel Larocque constate que son ami Louis, malgré ses grands sentiments, est
comme lui, "sans passion[33]"; Laure Clouet déambule "de
son pas sans passion qui était un pas de famille[34]";
Pierre Dupas dégage une impression "de force conte-
nue[35]". Aucun élan individuel n'est en mesure de secouer
la torpeur collective, l'individu souffrant du même mal.

L'absence de passion se conjugue à la peur de la réalité, du
monde, de l'inconnu, du risque, pour étouffer toute vie indi-

28 Adrienne Choquette, *Laure Clouet*, p. 127.
29 Charles Hamel, *Prix David*, Montréal, les Éditions de
   l'Homme, 1962, p. 176.
30 Françoise Loranger, *Mathieu*, Montréal, le Cercle du
   livre de France, 1949, p. 214.
31 Robert Élie, *la Fin des songes*, p. 201.
32 Françoise Loranger, *Mathieu*, p. 218.
33 Robert Élie, *la Fin des songes*, p. 203.
34 Adrienne Choquette, *Laure Clouet*, p. 16.
35 André Langevin, *le Temps des hommes*, Montréal, le
   Cercle du livre de France, 1956, p. 16.

91

viduelle. La réalité mouvante s'assimile au danger, fait perler la sueur sur le front de Marcel Larocque:

> La réalité me fait donc toujours peur quand elle me rejoint au bout de mes songes. J'ai vraiment l'impression de me retrouver parfois *en face* de la réalité, de n'être jamais *dans* la réalité, et cette confrontation est cruelle[36].

L'abbé Savoie, lui, définit ainsi sa plus grande faute: "J'ai entrevu une réalité, et je me suis empressé de l'oublier[37]". Régis Dubuc se tourne vers la lecture pour fuir le réel, tandis que Victor Debreux se livre à l'alcool et que Pierre Dupas s'isole dans la forêt. Comme la collectivité qui s'est réfugiée dans le passé, le personnage cherche un refuge, hors du présent, hors du réel.

La boucle est ainsi bouclée, la carence de vie collective se répercutant sur la vie individuelle, l'aliénation collective entraînant l'aliénation individuelle. La fidélité au passé, volonté de conservation, provoque la sclérose de la société et se révèle inapte à supporter la vie individuelle, dans un monde en constante évolution. La fidélité au passé constitue un obstacle à la vie.

LA RELIGION. - Au même titre que le passé, la religion est perçue comme un empêchement à vivre. Défini comme la religion de l'absence, le catholicisme d'ici porte la marque du rôle de suppléance assumé par le clergé, qui devait en faire le soutien de l'ordre établi et l'un des principaux agents de l'élaboration de l'idéologie de survivance. L'enseignement clérical s'oppose à la vie par la séparation qu'il instaure entre les univers spirituel et matériel, par le refus du monde qu'il impose, la résignation qu'il prêche et le ciel qu'il offre en compensation; en condamnant la chair, il s'oppose aussi à l'amour humain, signe que dans ce monde toute conquête est impossible. Toutefois, avant de procéder à l'analyse du roman proprement dit, il convient de montrer l'omniprésence de la religion dans l'ensemble de la vie collective, de façon à mesurer adéquatement l'ampleur de son influence.

"Une représentation essentiellement religieuse du monde[38]" constitue l'un des deux axes principaux de la mentalité traditionnelle. Représentation qui, selon Guy Rocher, n'est pas nécessairement l'équivalent d'une vie

36 Robert Élie, *la Fin des songes*, p. 196.
37 Gilles Marcotte, *le Poids de Dieu*, p. 84.
38 Guy Rocher, *la Crise des valeurs au Québec*, p. 14.

religieuse, mais plutôt d'une "cosmogonie", l'ordre surnaturel et l'univers naturel s'inscrivant à l'intérieur d'un même tout. C'était hier.

Aujourd'hui, une rupture s'établit entre ces deux mondes, le naturel retrouvant sa spécificité et perdant la finalité qu'il puisait dans l'ordre ancien. D'où la recherche de nouvelles raisons de vivre, fraternité, amour, pouvoir "inspiratrices d'une vie humaine vécue pour elle-même[39]". Les héros du roman psychologique recherchent précisément un sens à donner à leur vie d'homme. D'un certain point de vue, on peut considérer qu'ils traversent une crise religieuse, mais plus exactement, ils vivent une crise de culture:

> [...] le religieux au Canada français a partie liée avec la culture; on pourrait dire, à la fois, qu'il l'asservit, et qu'il est asservi par elle. On découvre à tous les niveaux, aussi bien celui des institutions que celui des consciences, une confusion du règne de la foi et du règne culturel, qui produit un enchevêtrement inextricable des causes et des effets. La crise de foi devient une crise de la vie même[40].

La question religieuse au Québec n'existe pas à l'état pur. Elle ne peut se dissocier de l'ensemble des manifestations de la vie collective. Jean-Charles Falardeau a cristallisé cette réalité dans une expression fort suggestive: "L'histoire du Canada français est, dans une très large mesure, l'histoire de l'Église catholique au Canada[41]". Le Canadien français, poursuit-il, divise les hommes en deux catégories: les catholiques et les autres. Le sociologue rappelle, en outre, l'association de la religion et du nationalisme traditionnel: du catholique d'ici, il dit:

> Son catholicisme est canadien-français. Sa religion-trésor est aussi une religion-rempart. Depuis toujours, il a identifié religion et langue française. "La langue

39 *Ibid.*, p. 15.
40 Gilles Marcotte, "la Religion", dans *Littérature et Société canadiennes-françaises*, sous la direction de Fernand Dumont et Jean-Charles Falardeau, Québec, les Presses de l'Université Laval, 1964, p. 171-172.
41 Jean-Charles Falardeau, "les Canadiens français et leur idéologie", dans *la Dualité canadienne. Essais sur les relations entre Canadiens français et Canadiens anglais*, sous la direction de Mason Wade et Jean-Charles Falardeau, Québec, Presses universitaires Laval et Toronto, University of Toronto Press, 1960, p. 27.

gardienne de la foi" est une des convictions
les plus profondément gravées dans l'âme
canadienne-française[42].

Ce mariage de la religion et du nationalisme contribuera à la
remise en question de la religion, car la crise des valeurs qui
provoque l'émergence du néo-nationalisme ne permet pas la
récupération de la religion comme élément de l'identité nationale. Contrairement à la langue qui sera récupérée comme
valeur pure, la religion est rejetée en même temps que l'idéologie de survivance à laquelle elle est étroitement associée.
Ainsi que l'a remarqué Claude Racine, le "renouveau nationaliste met en cause une forme de catholicisme et explique au
moins partiellement la crise religieuse dont il est fait état
[dans le roman][43]". On ne peut, en effet, isoler le religieux du national, d'autant plus que les symptômes de l'aliénation historique et de l'aliénation métaphysique se confondent:

> Pour l'aliénation historique comme pour l'a-
> liénation métaphysique, [...] ce qui provo-
> que le réveil de la conscience et le recours à
> la parole ou au geste de violence est essen-
> tiellement de même nature: sentiment dou-
> loureux d'un manque fondamental et désir
> inextinguible de retrouver une cohésion
> perdue[44].

La crise qu'exprime le roman psychologique atteint toutes les
dimensions de la vie. Pour reprendre l'expression de Gilles
Marcotte, on peut la définir comme "une crise de la vie même".
Et c'est dans la mesure où, comme le passé, elle porte atteinte
à la vie, que la religion suscite un sentiment de révolte. Il
est révélateur que notre premier roman sacerdotal définisse la
religion d'ici comme celle de l'absence:

> Aimer, prendre, conquérir, on ne nous a
> pas enseigné cela. Tout nous a été enlevé,
> soigneusement, méthodiquement. Admirez
> les fleurs, mais de loin, et surtout ne
> pensez pas au pollen! Regarder tout droit
> devant soi, vers l'idéal, c'est la recette,
> tout ce qui est à côté est tentation, le monde
> est rempli de pièges. Faites ceci, mais

---

42 *Ibid.*, p. 29.
43 Claude Racine, *l'Anticléricalisme dans le roman québécois
(1940-1965)*, p. 149.
44 Alain Baudot, "De l'autre à l'un". Aliénation et révolte
dans les littératures d'expression française", dans
Études françaises, vol. VII, n° 4 (novembre 1971), p.
343.

> surtout ne faites pas cela, au pas, cama-
> rade! Ah! l'opération était bien menée.
> Avec la sûreté infaillible de l'instinct, la
> superbe aliénation de l'inconscience. On ne
> s'apercevait pas qu'en nous prévenant
> contre les sens, on nous éloignait du Sens.
> Qu'en nous faisant perdre le goût du
> monde, on nous enlevait le goût même de
> Dieu. Nous sommes-nous assez battu les
> flancs pour nous persuader que nous
> aimions au delà du monde, alors que toutes
> nos puissances d'aimer s'atrophiaient
> nécessairement, sous l'oeil complaisant de
> nos maîtres! Le mal qui nous rongeait, qui
> me rongeait, n'avait qu'un nom, et c'était
> peut-être celui de l'enfer: Absence[45].

Ce passage énumère la majorité des griefs que nourrit le
roman psychologique envers la religion: dépossession, au nom
d'un idéal; vision négative du monde; rigidité creuse des
ordres et interdits; désincarnation, d'où l'atrophie même des
valeurs spirituelles. Toutes ces caractéristiques se rattachent
à la situation historique et au rôle dévolu au clergé au sein de
la société traditionnelle:

> Les prêtres n'avaient-ils pas tout fait pour
> ce petit troupeau abandonné par la France
> sur les bords du Saint-Laurent? L'ensei-
> gnement, l'histoire, la politique même, tout
> venait d'eux, était inspiré par eux. Ce qui
> leur échappait était de toute façon méprisa-
> ble, puisqu'il appartenait à l'Anglais et
> s'appelait finance, industrie. Mais on reve-
> nait vite à l'argument essentiel: les dangers
> du monde[46].

Le rôle du clergé, d'après le texte, consiste à établir une
ligne de conduite qui nie, à toute fin pratique, la dépossession
collective. Afficher un mépris total pour les biens matériels,
la possession de l' "Autre", l'Anglais, équivaut à rejeter l'idée
même de dépossession. Un tel détachement n'est toutefois pas
normal. Aussi faut-il renforcer le mépris des notions de
danger et de péché. L'on peut se demander si on est toujours
en présence d'une religion ou plûtot d'une idéologie.

L'immixtion de la religion dans l'histoire a, en effet, contribué à la dépouiller de son contenu propre. Elle est devenue,
comme l'expose froidement le docteur Marien à l'abbé Savoie,

---

45 Gilles Marcotte, *le Poids de Dieu*, p. 207-208.
46 *Ibid.*, p. 157.

> [...] un cadre utile... Utile à ceux qui
> veulent conserver le système. C'est utile
> de pouvoir réunir chaque dimanche à
> l'église toute la population pour lui dire
> quoi faire, quoi penser. Mais Dieu n'a rien
> à voir dans cet encadrement[47].

Le système que l'on veut maintenir, c'est le système politique, social et économique. Ce constat s'est imposé à la suite de l'analyse du roman de moeurs urbaines où le clergé était représenté comme l'allié du pouvoir, contribuant par son enseignement à maintenir les fidèles dans la dépendance. Le roman psychologique dénonce le même phénomène, mais en profondeur au plan des valeurs et non plus au niveau des institutions.

La religion devient d'abord un empêchement à vivre dans la mesure où elle établit une division arbitraire et absolue entre les valeurs spirituelles et les valeurs matérielles. Dès lors, une vie d'homme relève de l'impossible. Assez paradoxalement, la première victime de cette séparation est le jeune prêtre. Claude Savoie et Pierre Dupas sont séparés, isolés. Retranchés derrière leur soutane et leur formation, ils ne parviennent pas à établir le dialogue avec les hommes. Ils se situent, malgré eux, hors de ce monde.

Pierre Dupas reconnaît pour la première fois sa condition d'être isolé au moment où la souffrance d'un enfant fait voler en éclats la cloche de verre sous laquelle il s'abritait:

> Pour la première fois dans sa vie consciente,
> il avait, une brève seconde, été un homme,
> un membre de l'espèce. Il avait quitté un
> abri sûr et ancien, les murs du séminaire,
> pour mettre le pied dans l'univers exposé,
> démuni des hommes. Pour une seconde, il
> avait été de ce monde "dont nous ne sommes
> pas[48]".

Comme Dupas, Claude Savoie est de l'autre côté du mur, doutant de pouvoir seulement reconnaître ce monde auquel il sait ne pas appartenir.

L'isolement forcé de ces prêtres n'est pas un phénomène purement religieux. Le vieil abbé Pottier n'avait-il pas enseigné à Pierre Dupas l'amour et le respect des hommes ? Leur situation apparaît, au contraire, comme l'aboutissement d'une déformation religieuse. C'est le clergé, non pas la religion, qui nie le temporel, poursuivant la logique implacable qui lui a

---

47 *Ibid.*, p. 157.
48 André Langevin, *le Temps des hommes*, p. 155.

fait nier la dépossession. Voyons plutôt comment Pierre Dupas
décrit la formation qu'il a reçue au séminaire:

> Un enseignement qui l'obligeait à se détacher
> des hommes, qui éclairait de couleurs vio-
> lentes et sombres les mots souffrance,
> péché, âme. Le temporel qui seul l'émou-
> vait ne comptait plus pour rien, n'était plus
> que poussière dans une économie éternelle[49].

Si l'abbé Dupas parvient à dénoncer l'enseignement religieux et
le refus du monde qu'il impose, l'abbé Claude Savoie aura été
l'innocente victime d'une doctrine déformée:

> Les prêtres savaient tout et ne savaient
> qu'une chose: qu'il faut condamner le monde,
> et le fuir. Claude était peu touché par les
> paroles ou les gestes qui, chez ses maîtres,
> démentaient la pure doctrine du salut. Il
> se confirmait dans le sentiment que la vie
> est impossible, sinon grâce à d'infinies
> précautions, sinon en des lieux bien particu-
> liers[50].

Claude Savoie a été livré "aux robes noires" "qui l'enfon-
çaient toujours plus avant dans la peur du monde et le dégoût
de lui-même[51]". Le drame du prêtre est celui de l'homme,
car le clergé distille aussi sa "pédagogie de l'absence" à la
collectivité. Il prêche le refus du monde et la résignation,
proposant le ciel en guise de compensation, écrasant l'homme
sous le poids de la faute originelle. Mathieu redit cette ren-
gaine apprise au collège:

> L'homme condamné à souffrir pour réparer
> le premier péché, portant dès sa naissance
> le poids d'une faute qu'il n'a pas commise...
> La triste condition humaine... La pauvre
> humanité ployant sous le poids de la dou-
> leur... Satan qui veille, la tentation qui
> rôde, partout le mal, le péché... Souffrez
> donc pour expier... Il faut souffrir pour
> mériter le ciel... Offrez vos douleurs au
> bon Dieu... pliez le front, courbez la tête,
> ·repentez-vous...
> Jamais il n'était question de joie; tout, au
> contraire, tendait à l'abolir et à faire ramper
> les âmes vers le confessionnal[52].

---

49 *Ibid.*, p. 64.
50 Gilles Marcotte, *le Poids de Dieu*, p.156.
51 *Ibid.*, p. 155.
52 Françoise Loranger, *Mathieu*, p. 218.

Georges Hautecroix (**Aucune Créature**) décrit de façon
similaire l'éducation reçue au collège: "Éducation négative,
toute orientée à côté de la vraie vie, qui ne prépare ni à penser, ni à créer[53]".

La religion ainsi comprise pousse l'homme au désespoir, elle
supprime tout simplement la vie, de sorte que l'abbé Savoie ne
peut que s'écrier: "La belle affaire, de leur promettre le ciel
pour qu'ils consentent à ne pas vivre[54]"! Pierre Dupas,
Claude Savoie, Mathieu, Marcel Larocque, Victor Debreux et
Régis Dubuc disent la désespérance d'une vie privée de son
sens.

Dans ce monde sans espoir, il n'y a pas de place pour
l'amour humain. Pas plus que l'amour filial et maternel, nous le
verrons, l'amour charnel n'est possible. Si le monde est mauvais, la chair, c'est "le" péché. Le refus des sens, de la
sensualité, plus précisément de la sexualité, constitue un autre
empêchement à vivre.

Dans cette société où l'on entoure le sexe de mystère, la
morale se résume à peu de choses. C'est ainsi que, pour les
parents de Victor Debreux, il n'existait que deux sortes
d'actes:

> [...] les actes purs, les actes impurs.
> Tout ce qui était pur par définition de
> pudicité était forcément bien. Un péché
> d'orgueil, par exemple, un péché de
> superbe ne leur fût pas apparu
> condamnable: il n'y avait pas d'impureté ou
> de danger d'impureté en cause[55].

À cette division simpliste s'ajoute le fait que la chair était
condamnée *a priori*: elle ne peut être innocente. Dans
la Fin des songes, Marcel Larocque en prend conscience au
moment où il s'émerveille devant le corps de son enfant:

> Peut-être n'ai-je jamais su voir cette beauté
> avant aujourd'hui, après toutes les profa-
> nations, et les pires, celles de l'imagination
> [...] Je hais ceux qui ont profané mon
> désir, ces moralistes qui n'ont jamais connu
> l'innocente chair...[56]

53 Robert Charbonneau, *Aucune Créature*, Montréal,
Beauchemin, 1961, p. 53.
54 Gilles Marcotte, *le Poids de Dieu*, p. 168.
55 Yves Thériault, *Cul-de-sac*, p. 32.
56 Robert Élie, *la Fin des songes*, p. 177.

Même réaction dans **les Témoins**: "Comment avait-on toujours conspiré autour de moi pour me faire mépriser mon corps,
et pour multiplier les tentations de m'en dégoûter à jamais[57]". Un phénomène similaire se retrouve dans **Ils
posséderont la terre** où se transmet la haine du péché de la
chair comme l'illustre cette réflexion de la mère Edward:

> C'est de sa mère qu'un enfant apprend les
> caresses. La sienne ne lui avait appris que
> la haine du péché. À son tour, elle avait
> transmis cette haine à son fils[58].

Rien d'étonnant à ce que le personnage en vienne à refuser
son propre corps: Mathieu considère le sexe comme une bête et
le corps comme une brute; son activité sexuelle se limite aux
bordels. Chez Régis Dubuc, la réaction est vive: non content
de surmonter les tentations de la chair, il mène une guerre
sans merci à son corps, jusqu'à ce qu'il soit terrassé par la
maladie.

Le refus de son propre corps mène nécessairement au refus
de l'autre et de l'amour humain. Ainsi Régis Dubuc se voit-il
menacé lorsque sa correspondance avec Sylvia glisse de la littérature au sentiment. Aussitôt, il précise sa position: "Le
plus grand malheur qui pourrait m'arriver serait de vous aimer
d'amour[59]". Sylvia ne peut être que "sa Conscience, son
Ange, son Sculpteur, sa petite Fée, sa Dame...[60]" Seul
l'amour désincarné est possible, ce qui ne saurait suffire. Les
problèmes entre Jeanne Larocque et Marcel tiennent pour une
large part à l'absence de toute volupté dans leurs relations
sexuelles.

C'est toutefois **Laure Clouet** qui expose le plus explicitement le traumatisme psychologique provoqué par le refoulement du désir. Âgée de quarante-quatre ans, Laure subit
encore "une espèce de terreur maladive au souffle de l'homme"
et éprouve, sous son regard, une "honte morbide". Elle se
souvient alors des obsesssions de sa mère:

> Autrefois, devant sa poitrine déjà ronde qui
> luttait contre des soutiens-gorge assassins,
> Laure entendait sa mère gémir: "Dire que
> sans le vouloir, tu donnes peut-être de
> mauvaises pensées aux hommes!" Alors
> l'adolescente se prenait à haïr son corps trop

57 Eugène Cloutier, *les Témoins*, Montréal, le Cercle
   du livre de France, 1953, p. 103.
58 Robert Charbonneau, *Ils posséderont la terre*,
   Montréal, Éditions de l'Arbre, 1941, p. 99.
59 Jean-Marie Poirier, *le Prix du souvenir*, p. 36.
60 *Ibid.*, p. 37.

sain au sang bondissant et rêvait obscuré-
ment de quelque mutilation comme on lui
avait raconté que les saintes en pratiquaient
sur elles[61].

La crainte de la chair poussée à ce point où le seul regard
provoque le goût morbide de la mutilation n'apparaît pas normale. Les seuls relents du jansénisme qui marquent la religion
ne suffisent pas à expliquer cette attitude. Comme tous les
empêchements à vivre relevés jusqu'ici, le refus de la chair
comporte une autre dimension: il est essentiellement refus de
l'amour, refus de conquête. Pour Michel van Schendel, la
tardive venue de l'amour dans notre roman est reliée à la difficile prise de conscience de la littérature québécoise:

> Au départ, ce fut la peur, le sens vertigi-
> neux du vide, le non-avenir, le refoulement
> progressif opéré par la colonisation qui
> trouva dans la survivance des seigneuries
> un alibi commode. Il y eut donc les rêveries
> bucoliques, l'amour de la chaumière au bord
> du fleuve qui la giffle, la peur des villes.
> La peur de ce que, prudemment, on appelle
> la civilisation urbaine [...] Il y eut, très
> exactement, la peur de l'amour. C'est-à-
> dire la peur d'espérer posséder ce qui -
> l'existence collective l'enseignait - ne pou-
> vait être possédé[62].

Faisant allusion au **Temps des hommes**, le critique
remarque que le seul moment où la sensualité a libre cours
entre Marthe et Pierre Dupas est celui où Marthe ose reconnaître son amour parce que l'homme est blessé et où Dupas,
ébranlé par l'incident, atténue "sa véritable infirmité d'homme
interdit à l'amour[63]." Ce passage lui apparaît saisissant
lorsqu'il est replacé dans un contexte global, celui de "l'histoire du Canada français", de "l'amour comme lieu mythique de
l'histoire du roman", du "rôle malade de la tradition", de la
"dépossession[64]". La sensualité, précise-t-il, ne peut se
libérer qu'entre deux infirmités:

> L'amour, en qui déjà le désir se déplie, ne
> pénètre vraiment dans la littérature

---

61 Adrienne Choquette, *Laure Clouet*, p. 130.
62 Michel van Schendel, "l'Amour", dans *Littérature et
   Société canadiennes-françaises*, sous la direction de Fernand Dumont et Jean-Charles Falardeau, Québec, les Presses de l'Université Laval, 1964, p. 156.
63 *Ibid.*, p. 163.
64 *Loc. cit.*

canadienne-française qu'à partir du moment
où on le prend pour ce qu'il est: un attri-
but de la dépossession québécoise, une
impossibilité historique[65].

Le texte de van Schendel, plus intuitif que démonstratif,
apparaît valide dans ses grandes lignes.   Le roman psychologique démontre d'ailleurs qu'une fois reconnus les empêchements à vivre reliés à la dépossession collective, la libération
devient possible et que l'amour se présente à Mathieu, à Régis
Dubuc, à Victor Debreux, à Céline (**le Temps des jeux**),
comme une ouverture sur la vie.

Si cette ouverture ne se manifeste que tardivement, c'est
que le personnage doit d'abord reconnaître les causes de sa
dépossession.   La religion, confondue avec l'idéologie de survivance, est identifiée comme un obstacle à la vie et à l'amour.
La culture religieuse est devenue un facteur d'aliénation.

LA FAMILLE. - Le roman psychologique perçoit la famille
comme une valeur négative, au même titre que la religion.   La
famille se pose comme le lieu premier de l'aliénation, et la domination idéologique exercée par la mère apparaît comme un
premier obstacle à la vie de l'enfant.   Vient ensuite la réduction de l'univers aux dimensions du moule imposé par la
famille, l'emprise familiale se maintenant jusqu'à l'âge adulte.
Enfin, la vision du monde imposée à l'enfant par la famille vise
à susciter chez lui la crainte et le refus du monde.   Ces multiples atteintes à la vie et à la liberté provoquent chez le personnage la haine d'une mère qui n'a plus rien de commun avec
son image traditionnelle.

La famille, comme le passé et la religion, occupe une place
de premier plan dans la mentalité traditionnelle.   Associée à
l'idéologie de survivance par la "revanche des berceaux", elle
est à la fois, au plan de la formation, le prolongement de l'enseignement clérical.   "Puissance tenace", selon l'expression de
Jean-Charles Falardeau, elle n'en a pas moins subi les avatars
d'une remise en question qui l'a profondément transformée,
transformation incarnée dans le roman par l'évolution de l'image de la mère.

Avec le roman psychologique, le type de la mère
canadienne-française, perpétué jusqu'à Rose-Anna Lacasse a
cédé la place à un type de mère dénaturée.   Le survol historique des profils de la mère rend compte de cette métamorphose:

Nous avons noté cette tendance du roman
historique et du roman paysan à projeter
l'image maternelle sur les institutions qui
ont aidé le peuple canadien français [sic]

---

65 *Loc. cit.*

> à maintenir son caractère catholique et
> français. C'est alors le retour aux sources,
> l'exaltation de notre histoire, l'attachement à
> la terre et aux traditions ancestrales. Par
> un revirement dont les causes sont sociales
> et économiques, le même processus de projec-
> tion joue en sens contraire et, en vertu de
> la polarité des mythes et des symboles, la
> mère apparaît comme terrible et dévorante.
> La pensée qui se dégage de l'affabulation
> romanesque est la suivante: nous avons
> été préservés, mais aussi maintenus en
> serre chaude dans un état infantile.
> L'attitude qui se traduit dans ces romans
> exprime une volonté de libération à l'égard
> du passé et de la tradition[66].

L'interprétation de soeur Sainte-Marie-Éleuthère illustre le fait
que la mère est moins un être humain que l'incarnation d'une
idéologie. Comme le clergé, elle s'est investie de la mission de
préserver l'identité collective, se repliant elle aussi sur la
tradition, enfermant la vie dans des limites étroites.

La domination tyrannique exercée par la mère sur l'enfant
apparaît comme un premier empêchement à vivre. D'où l'aspect
monstrueux de l'image maternelle incarnée par Lucienne Normand (**Mathieu**), Claudine Perreault (**le Torrent**),
Eugénie Mathieu-Dugré (**Chaînes**), Marcelline Clouet
(**Laure Clouet**) et Jeanne (**le Temps des jeux**).

Dans ces romans, amour filial et amour maternel n'existent
pas. Robert Élie et Robert Charbonneau, par exemple, présentent la famille "comme une institution fausse, froide, aliénante où tout véritable amour semble impossible[67]". Les
relations se fondent sur la haine, signe patent de l'anormalité
des familles qui hantent le roman psychologique. François
provoque la mort de Claudine; Mathieu et Serge (**Chaînes**)
éprouvent le désir de tuer leur mère; Céline en vient à se
demander si "ce n'était pas sa haine pour sa mère qui la ratta-
chait à la vie, haine inassouvie et qui avait envie d'étancher sa
soif[68]". Cette relation de haine, aussi monstrueuse, aussi
systématique, trouve son explication au-delà des personnages,
dans le conflit de valeurs qu'ils incarnent.

---

66 Soeur Sainte-Marie-Éleuthère, *la Mère dans le roman
canadien français* [*sic*], p. 196.
67 Lowell William Keffer, "Frustration, Conflit et Révolte:
une étude socio-psychologique de vingt-trois romans québécois des années 1938 à 1961, f. 118.
68 Diane Giguère, *le Temps des jeux*, Montréal, le
Cercle du livre de France, 1961, p. 12.

La mère se dresse comme une menace puisque, représentant les valeurs traditionnelles et la continuité, elle refuse l'enfance, période par excellence de l'indétermination, inversement menace pour les valeurs maternelles. La mère s'efforce de réduire l'univers de l'enfant aux dimensions de son propre monde, illustré analogiquement par la chambre de Victor Debreux, dans **Cul-de-sac**:

> Sa maison, rue Saint-Hubert, était longue et étroite. Ma chambre était au milieu, avec pour seule fenêtre un puits de lumière qui devait traverser les deux étages au-dessus. J'en recevais un reflet blafard, jamais de soleil et bien peu d'air[69].

Dans sa chambre, comme au fond de sa crevasse, Victor Debreux est maintenu en serre chaude, dans le sein maternel en quelque sorte, la mère lui refusant toute existence autonome. Elle n'accepte pas cette vie qui risque à tout moment d'échapper à son emprise, comme en témoigne l'attitude d'Eugénie Mathieu-Dugré vis-à-vis de Serge qui manifeste des velléités de libération:

> Il avait fallu qu'il grandisse, qu'il devienne un homme. En ce moment, elle détestait l'amour qui lui avait donné son enfant... elle détestait jusqu'à l'amour qu'elle avait pour cet enfant[70].

À la limite, la mère enlève à l'enfant la vie qu'elle lui a donnée, ce dont Serge se rend compte: "Si tu m'as donné la vie, pourquoi me l'enlever à chaque instant[71]"?

La domination de la mère se prolonge dans le projet de vie que la famille impose à l'enfant, conformément à un plan préétabli, à un moule. Dans **Cul-de-sac**, un deuxième obstacle s'oppose ainsi à l'évolution de l'enfant, obligé de se conformer à un modèle:

> Je n'étais pas amorphe, je n'étais pas un robot; j'étais issu d'un moule et je me conformais [...]
> Enfant modèle, disait ma mère, quand j'avais dix ans.

69 Yves Thériault, *Cul-de-sac*, p. 25-26.
70 Jean Filiatrault, *Chaînes*, Montréal, le Cercle du livre de France, 1955, p. 69.
71 *Loc. cit.*

Garçon modèle, disait madame Marceau, qui
veillait à ce que je n'aie aucune occasion
d'être autrement.
Et après, modèle encore, modèle toujours,
par habitude, par conformation[72].

L'enfant, être en devenir, n'aura jamais existé, puisqu'il
n'aura jamais posé de choix. Copie conforme au modèle, lui-
même calqué sur le passé. François (**le Torrent**) pourra
dire: "Je n'ai pas eu d'enfance[73]". Régis Dubuc (**le Prix
du souvenir**) pourra regretter "l'enfant [...] qu'il n'avait pas
été[74]".

Même dans sa vie adulte, le personnage doit se plier aux
volontés familiales. Ce sont les oncles qui choisissent la profession de Mathieu et de Victor Debreux. Claude Savoie,
destiné de tout temps à la prêtrise, comme François Perreault
et Pierre Dupas, rappelle comment sa vocation lui a été imposée:

Quand lui a-t-il été permis de choisir? Cet
enfant sage, faussement sage, qui ne de-
mandait jamais rien parce qu'il voyait ses
parents se refuser tout; cet écolier pétri de
désirs réprimés, d'aspirations confuses et
toujours déçues; cet adolescent, ce
collégien anxieux qu'on a jeté en proie au
sacerdoce avant de lui donner les moyens d'y
voir un peu clair[75].

La liberté, les goûts, les tendances sont niés systématiquement
à toutes les étapes de la vie; on ne doit vivre que par la mère,
par la famille, pour les valeurs qu'elles représentent.

Dépossédé de lui-même, l'enfant est aussi dépossédé du
monde. Claude Savoie a l'impression "de traîner un *poids
mort* qui était peut-être cet enfant mutilé, affolé par le
dégoût, le désir, la honte[76]". Ce dégoût, d'où
provient-il, si ce n'est de ce monde sale et mauvais, tel que
défini par la mère?

Mathieu décrit cette vision du monde, imposée par Lucienne
Normand, en des termes similaires à ceux qu'il utilise pour en
rapporter la vision cléricale, démasquant par le fait même la

72 Yve Thériault, *Cul-de-sac*, p. 50-51.
73 Anne Hébert, *le Torrent*. Nouvelle édition suivie de
    deux contes inédits, Montréal, Éditions HMH, 1963, p. 10.
    (Coll. l'Arbre no 1).
74 Jean-Marie Poirier, *le Prix du souvenir*, p. 96.
75 Gilles Marcotte, *le Poids de Dieu*, p. 116.
76 *Ibid.*, p. 159.

collusion famille-religion, mère-prêtre, visant à susciter chez l'enfant le refus du monde. Le sentiment de cette dépossession nourrit à nouveau la haine de la mère:

> Un mouvement de haine le soulève contre sa mère, contre ce répertoire acrimonieux dont elle a assaisonné son enfance: paroles désabusées, suggérées par l'envie et l'amertume, mots pleins de fiel qui l'ont poussé à croire au malheur, au seul malheur.
> Quand on est né pour un petit pain... né pour souffrir... né pour la misère... S'il y a du bonheur, il n'est pas pour nous... Tu n'as pas été créé pour faire ce qui te plaît... Nous ne sommes pas sur la terre pour être heureux... Le bonheur n'est pas de ce monde... Vie de malheur... Vie injuste... Ah! sale vie...[77]

L'accord naturel entre l'enfant et le monde n'a pu s'établir, d'où un traumatisme qui perdurera à travers l'âge adulte. Prisonnier de la crainte qu'on lui a inculquée, le héros ne parvient à exercer aucune emprise sur la réalité. Dressant le bilan de sa vie, Victor Debreux mesure l'étendue de sa frustration et de sa dépossession lorsqu'il constate qu'il n'y a rien à dire:

> J'essaie de trouver des instants de joie haute et grande, dans cette étape de ma vie. Quelque chose de marquant, quelque chose qui puisse se raconter avec regret, ou nostalgie, ou remords. Il n'y a rien. Tout a été mis en place dès mon enfance. Ma famille ordonna, je n'eus qu'à suivre l'élan donné[78].

Les personnages en sont réduits à regarder leur propre vie comme si elle était étrangère, en spectateurs. Ils sont à l'image de la collectivité dont la vie est écrite par d'autres, au passé. Et, si le héros se sent malgré tout, appelé par la vie, les préjugés qu'on lui a inculqués brouillent son esprit et son coeur, semant le doute et l'hésitation qui l'empêchent de faire à temps le pas décisif: Louise Comtois (**la Fin des songes**) "est toujours en retard d'une seconde sur la vie[79]"; le coeur de Régis Dubuc est "en retard de dix-huit ans sur son hom-

---

77 Françoise Loranger, *Mathieu*, p. 217-218.
78 Yves Thériault, *Cul-de-sac*, p. 49-50.
79 Robert Élie, *la Fin des songes*, p. 161.

me[80]; toute la vie de Victor Debreux a été "une suite de départs manqués, de retards et d'atermoiements[81]".

Et pourtant, le goût naturel de la vie persiste, qui accentue le sentiment de dépossession. Elle est très significative l'attitude de Céline qui hésite à se suicider parce qu'elle n'est pas certaine de retrouver dans la vie promise ce qu'elle a vainement cherché ici-bas:

> Seul le doute l'empêchait de s'annihiler, elle n'était pas convaincue de cette autre vie où l'on faisait enfin justice aux êtres et où tout ce qu'elle n'avait jamais possédé serait retrouvé, comme son père, le bonheur, l'enfance, l'amour[82].

Au fur et à mesure que le personnage apprécie l'étendue de son aliénation, qu'il reconnaît les empêchements à vivre, la famille notamment, la révolte grandit qui non seulement lui révèle que les valeurs imposées doivent être rejetées parce que vides de sens, mais lui commande encore de briser ses chaînes et de vivre enfin.

"J'étais un enfant dépossédé du monde. Par le décret d'une volonté antérieure à la mienne, je devais renoncer à toute possession en cette vie[83]". Ces paroles d'Anne Hébert, chacun des principaux personnages du roman psychologique pourrait les faire siennes. Ils sont, en effet, dépossédés du monde par la volonté collective de conservation qui sous-tend les valeurs traditionnelles: passé, religion, famille.

80 Jean-Marie Poirier, *le Prix du souvenir*, p. 158.
81 Yves Thériault, *Cul-de-sac*, p. 139.
82 Diane Giguère, *le Temps des jeux*, p. 162.
83 Anne Hébert, *le Torrent*, p. 9.

CHAPITRE IV

LE RÉVOLTÉ

Le héros du roman psychologique est celui qui, devant l'échec, prend conscience de son aliénation et revendique le droit d'exercer sa liberté individuelle dans l'accomplissement de sa destinée. Dans un premier temps, il impute son échec à la mère, qui l'a tenu à l'écart de la réalité; puis, à l'enseignement clérical qui lui a imposé le refus du monde et de la chair; au passé, enfin, auquel on l'a forcé à se conformer.

Le héros s'insurge contre ces empêchements à vivre: le meurtre de la mère, l'expérience charnelle, le refus du modèle imposé en témoignent. Le passé, la religion, la famille, érigés en valeurs-refuges, il les reconnaît comme causes de son aliénation.

Le héros du roman psychologique pose le problème de l'existence et s'engage totalement dans la recherche de soi et du monde, démarche qui débouche sur la vraie vie ou la mort. De là à conclure au roman existentialiste ou de l'absurde, il n'y avait qu'un pas, parfois vite franchi.

Clément Moisan, par exemple, ne reconnaît pas dans le roman psychologique un produit authentique de la réalité québécoise. Il y voit plutôt une tentative d'échapper au régionalisme par l'emprunt à l'étranger de thèmes universels:

> Après les types paysans, le roman a créé des types de citadins et trouvé des situations romanesques dans les couches nouvelles de la société urbaine. Puis, pour échapper au régionalisme que le milieu de la ville secrète [sic] lui aussi, les romanciers ont tenté d'intégrer des valeurs universelles et des angoisses plus profondes, voire métaphysiques, afin de sortir le roman d'une sorte d'impasse. Le roman

européen, mais surtout le roman américain,
ont servi de modèle et parfois de guide[1].

Pour sa part, Paul Wyczynski reconnaît, en particulier dans
les romans d'Élie et de Langevin, la "marque sartrienne:
nausée de l'esprit, vide du coeur[2]", et se refuse à voir en
eux d'authentiques représentants de la réalité "canadienne",
que seraient, par ailleurs, Gilles Marcotte et Jean-Paul Pinsonneault.

Sans nier toute trace d'influence étrangère, certains critiques constatent que le véritable objet du roman psychologique
ne réside pas dans l'existence en soi, le conflit de l'être et du
néant, dans un monde sans Dieu, provoquant la nausée ou
l'indifférence. Si ces thèmes et ce vocabulaire apparaissent
dans le roman psychologique, ils traduisent une problématique
particulière, authentiquement québécoise.

Ce n'est pas le moindre mérite d'Henri S. Tuchmaïer d'avoir
démontré, quelques années seulement après la parution des
romans d'Élie et de Langevin, que la crise qui y sévit plonge
ses racines au coeur même de la société et se trouve intimement
liée à son évolution:

> À partir de 1950, les sujets de roman révè-
> lent une frénésie de vivre, une volonté de
> libération, un désir de jouir de l'existence
> en dépit de toutes les interdictions, de tous
> les obstacles [...] À l'instar de Jean Cher-
> teffe, ce personnage créé par André Lan-
> gevin, on veut s'évader de la nuit et nous
> avons l'impression que, pour nombre de
> romanciers, cette nuit est celle qui règne
> sur la province de Québec. Certains criti-
> ques ont parlé d'existentialisme à propos de
> cet aspect des lettres canadiennes-
> françaises et nous pensons que ce qualifi-
> catif ne s'applique que rarement aux écrits
> les plus récents. Ce que nous trouvons à la
> base, c'est une insatisfaction réelle, un
> mécontentement profond: on n'accepte plus
> la condition imposée à l'homme canadien, on

1   Clément Moisan, *l'Age de la littérature canadienne.
    Essai*, Montréal, Éditions HMH, 1969, p. 139. (Coll.
    Constantes, no 19).
2   Paul Wyczynski, "Panorama du roman canadien-français",
    dans *le Roman canadien-français*, Montréal et Paris,
    Fides, 1964, p. 21. (Archives des lettres canadiennes, t.
    III).

se révolte contre ce que la structure sociale, les moeurs, les traditions et le système éducatif ont fait de lui[3].

À la suite de Tuchmaïer, Gilles Marcotte constate dans sa
"Brève Histoire du roman canadien-français" la spécificité de
ces romans:

> Des oeuvres comme celles de Robert Élie,
> Eugène Cloutier, André Langevin, si diffé-
> rentes soient-elles par le style d'imagination
> et le style d'écriture, témoignent d'une
> parenté spirituelle qui n'est pas le fait
> d'influences littéraires, mais bien d'une
> présence active aux interrogations les plus
> pressantes de notre condition [...] Il fal-
> lait que fût dégorgé le flot d'angoisse, et
> reconnu le dénument, pour qu'ensuite le
> roman prît la forme de la vie[4].

Les deux critiques disent l'existence d'une préoccupation
commune chez ces romanciers: interrogation pressante de notre
condition, insatisfaction face à une situation imposée par les
traditions et le système éducatif. À la fois, un corollaire se
dégage nettement: la crise des valeurs s'étend à toute la société. L'analyse qui suit accrédite ce point de vue, plutôt que
l'hypothèse de l'influence étrangère.

La crise vécue par le personnage ne semble pas exclusive-
ment reliée au "drame de l'épuisement intérieur d'une bourgeoisie [...] formée trop vite" qui aurait engendré un "être
trop sensible, issu de trop rudes conquérants de la finance ou
de la politique[5]". Une telle interpréation peut être valable
pour quelques romans isolés, mais elle ne colle guère à la réalité évoquée par des oeuvres aussi significatives que Mathieu, le Torrent, la Fin de songes, puis, plus tard,
le Temps des jeux, le Poids de Dieu...

Que le héros du roman psychologique appartienne à ce
nouveau groupe social récemment issu de la ville, l' *intel-
ligentsia* - terme utilisé par Antoine Sirois - qui regroupe
"écrivains, journalistes, artistes, syndicalistes, et ceux qui,
tout en exerçant une autre profession, sont habités par de

3 Henri S. Tuchmaïer, "Évolution de la technique du roman
   canadien-français", f. 85.
4 Gilles Marcotte, *Une littérature qui se fait*, p.
   45-56.
5 Jeanne Lapointe, "Quelques apports positifs de notre littérature d'imagination", dans *Cité libre*, vol. IV,
   n⁰ 10 (octobre 1954, p. 21.

profondes préoccupations intellectuelles ou sociales[6]", c'est tout simplement dû à ce que la réflexion sur la condition individuelle et collective est le fait d'un individu dont la formation et les préoccupations lui permettent de mener une démarche critique.

Ainsi retrouve-t-on comme personnages des journalistes, Mathieu, Marcel Larocque, Régis Dubuc, aussi écrivain; des prêtres, Pierre Dupas et Claude Savoie, de même que François Perreault qui a fait son cours classique; Céline est une étudiante, et Serge Mathieu-Dugré, un artiste; Victor Debreux est ingénieur et Laure Clouet, rentière. Tous ont ceci en commun qu'ils recherchent les causes de leur impuissance à vivre.

LE PORTRAIT DU RÉVOLTÉ. – Tous ces personnages sont des êtres révoltés. Nous brosserons d'abord leur portrait pour ensuite suivre leur cheminement: constat de l'échec initial et prise de conscience de l'aliénation, puis, éclatement de la révolte. Enfin, nous nous arrêterons à quelques personnages secondaires, les premiers types d'une nouvelle génération.

Le héros du roman psychologique n'est pas celui qui se distingue par des vertus ou des actions extraordinaires. Personnage central de l'oeuvre, il tire de l'événement son sens. Individu d'âge mûr, ou adolescent comme Serge (**Chaînes**) et Céline (**le Temps des jeux**), il se caractérise par une apparence physique qui reflète son mal intérieur, le sentiment d'être étranger à lui-même, son isolement, son désespoir et, surtout, sa conscience.

Au physique, le personnage est laid ou se croit tel, repoussant même, au mieux sans attrait. Seul Victor Debreux fait figure de bel homme, mais la maladie le ronge de l'intérieur. À l'opposé, la laideur de Régis Dubuc reflète un esprit malade:

> Ainsi l'huître pour le grain de sable. Le sentiment de sa laideur s'était en quelque sorte mêlé à sa substance. Être et être laid se confondaient. La conscience rejoignait la nature[7].

De même, Mathieu se fait laid: ses verres fumés, ses tics nerveux, sa démarche courbée, son teint bilieux, sa maigreur, dissimulent des traits qui ne sont pas désagréables et un corps bien proportionné: "Il a décidément quelque chose de malsain qui ne tient pas seulement à son apparence physique[8]",

6 Antoine Sirois, *Montréal dans le roman canadien*, p. 85.
7 Jean-Marie Poirier, *le Prix du souvenir*, p. 13.
8 Françoise Loranger, *Mathieu*, p. 49.

songe Danielle. Même phénomène chez Laure Clouet dont le chignon et le corps de "grosse empotée" camouflent la beauté de l'opulente chevelure noire, des mains, du regard, dont les yeux dissimulent la flamme.

L'apparence physique est à l'image de la vie, médiocre et laide, dont la remise en question fera tomber le masque pour dévoiler enfin un visage humain. La lourdeur de Marcel Larocque et de Pierre Dupas, la débilité de Claude Savoie et de Céline traduisent, d'une façon similaire, l'inadaptation à une vie qui leur semble étrangère.

La dépossession du monde, reconnue dans le chapitre précédent, se prolonge dans le sentiment qu'ont les personnages d'être étrangers à eux-mêmes. Ainsi, Laure Clouet semble "embarrassée de sa personne comme d'une relation longtemps perdue de vue et à qui l'on n'a rien à dire[9]". Claude Savoie reconnaît s'être sorti de son orbite et se considère comme une "personne déplacée[10]". Le regard réflexe que le personnage promène sur sa vie lui révèle la distance qui s'établit entre ses aspirations et son agir dans la vie concrète, déterminé par une influence externe. Le héros est essentiellement étranger, aliéné.

Une troisième caractéristique importante du personnage: l'isolement. Déja, l'on sait l'origine de la solitude imposée à Claude Savoie et à Pierre Dupas, de même qu'à Laure Clouet, séparation du monde liée à l'enseignement religieux et à la conservation du passé. Il y a aussi l'isolement imposé par la mère à François Perreault, à Serge Mathieu-Dugré; aussi, celui de Régis Dubuc, littéralement désincarné par son éducation; puis, la solitude de Mathieu et de Marcel Larocque qui, conscients de la médiocrité qui les entoure, repoussent les autres et sont à la fois rejetés par eux; enfin, la solitude choisie par Victor Debreux, au nom de l'indifférence, et par Céline, dans sa haine.

Les sentiments d'aliénation et d'isolement entraînent le désespoir: désespoir de l'enfance perdue, d'un monde privé de la joie et de la liberté, où la vie ne dépend pas de la volonté du personnage, mais de cette volonté antérieure à la sienne, stigmatisée par Anne Hébert:

> Les conflits du héros viennent de son incapacité soit de définir clairement des valeurs nouvelles: l'engagement politique, l'activité économique, la vie intellectuelle, l'amitié; soit d'affronter et de dominer les représen-

9 Adrienne Choquette, *Laure Clouet*, p. 20.
10 Gilles Marcotte, *le Poids de Dieu*, p. 186.

tants des valeurs anciennes: le prêtre, le grand-père, la mère de famille[11].

Les conflits du héros, - c'est là une cinquième caractéristique, - se situent au niveau de la conscience. Victor Debreux, au fond de sa crevasse, déchiqueté par l'épervier, de même que Mathieu, qui se compare à Prométhée[12], personnifient la conscience malheureuse des personnages. Le mythe de Prométhée, "l'histoire spécifique de l'éveil de la conscience[13]", marque l'opposition entre l'"esprit", principe d'organisation assimilé à Zeus, et l'"intellect", symbolisé par Prométhée, par lequel l'homme, individualisé et conscient, s'oppose à l'esprit. Analogiquement, il y a conflit entre la mentalité traditionnelle érigée en absolu, et la prise de conscience du personnage, exposé à "se pervertir", à délaisser ce qui, avant la conscience, apparaissait comme le sens, l'esprit.

C'est, en effet, à la recherche d'un nouveau sens, sens de la vie et sens de la souffrance, que se livre le personnage. Fondée sur le souvenir, à l'exception de **Chaînes** où l'intrigue et la prise de conscience se situent dans le présent, la conscience est liée à un recul vis-à-vis de l'événement, à une tentative d'objectivation, de mise en ordre d'une réalité morcelée, pour en dégager le sens ou en constater l'insignifiance. La récupération du passé se présente à la fois comme un bilan et une réponse à l'interrogation du personnage. Cette démarche est livrée au lecteur par trois types de narration.

Plusieurs romans, dont **Chaînes**, **le Temps des hommes**, **le Prix du souvenir**, **Laure Clouet**, **le Temps des jeux** et **le Poids de Dieu**, posent le narrateur omniscient comme témoin et introduisent le lecteur dans la conscience du héros qui scrute son enfance, son adolescence, son éducation, reliant le passé à la crise vécue dans le présent, établissant entre ces deux temps une relation de cause à effet.

Dans **le Poids de Dieu** et **le Prix du souvenir**, on retrouve aussi la narration à la première personne à travers les carnets personnels et les lettres. Ce n'est toutefois qu'avec **Mathieu**, ses trois cahiers et monologues intérieurs, puis avec **la Fin des songes** et le journal intime de Marcel Larocque, que le *je* concurrence le *il*. Dans **le Torrent** et **Cul-de-sac**, François Perreault et Victor Debreux font office de narrateur, et le roman s'écrit à la première personne. Dans tous les cas, néanmoins, relatée à la

---

11 Jean-Charles Falardeau, "l'Évolution du héros dans le roman québécois", p. 17-18.

12 Françoise Loranger, *Mathieu*, p. 138.

13 Paul Diel, *le Symbolisme dans la mythologie grecque*, Paris, Petite bibliothèque Payot, n° 87, 1966, p. 235.

troisième ou à la première personne, la prise de conscience est celle du héros et c'est elle qui va déterminer son agir.

À des degrés divers, le personnage est conscient de l'oeuvre de destruction opérée en lui par la domination des valeurs-refuges. Au plan intellectuel aussi bien que moral, il se reconnaît amputé d'une dimension essentielle et privé de communication avec autrui. Il se retrouve profondément insastifait.

L'inaptitude à vivre se traduit dans l'absence de confrontation immédiate du personnage avec la réalité. Se dressent toujours entre lui et la vie le mur des valeurs imposées et le refus initial qu'elles supposent. Dans **Aucune Créature**, M. Hautecroix avoue à son fils Georges que sa mère vivait sous le signe de la peur: "Elle édifiait une muraille entre la vie et nous. En voulant nous préserver des chocs, elle nous isolait de la réalité[14]". De la même façon, François (**le Torrent**) perçoit que ses années de collège ne lui ont pas permis d'accéder à la véritable connaissance, son attitude et son comportement lui étant dictés par sa mère Claudine:

> Fidèle à l'initiation maternelle, je ne voulais que retenir les signes extérieurs des matières à étudier. Je me gardais de la vraie connaissance qui est expérience et possession[15].

Comme la réalité et la connaissance, l'agir échappe au personnage. Depuis sa naissance, Mathieu se meurt de n'être pas aimé, d'être inutile, de "n'avoir rien à vaincre et rien à dominer[16]". Sa vie, comme celle de Laure Clouet, ne trouve en elle-même aucune justification, elle est sans objet. Une simple lettre aura révélé à Laure son absence au réel, provoquant chez elle une émotion suffisante pour qu'elle

> [...] s'étonnât [...] non du vide de son existence passée, mais de sa propre résignation à ce vide, et d'avoir vécu dedans sans vertige.
>
> Elle se demanda brusquement pourquoi elle avait laissé stagner sa vie telle une eau morte.
>
> Car enfin, songea-t-elle lentement, comment désigner autrement tant d'années sans

---

14 Robert Charbonneau, *Aucune Créature*, p. 50.
15 Anne Hébert, *le Torrent*, p. 23.
16 Françoise Loranger, *Mathieu*, p. 137.

> objet réel, sans cause vivante au bout,
> même pas la cause de son propre bon-
> heur[17]?

Même vie sans objet ni amour dans **le Poids de Dieu** pour
Claude Savoie qui se souvient de sa monotone jeunesse où la
vocation s'est imposée à lui, non sous le signe de l'amour et du
sacerdoce, mais sous celui de l'Absolu, lié au refus de la chair:
"Renoncer à la chair, cela veut dire renoncer au désir d'être
aimé[18]". C'est en vertu de cette faille initiale que l'abbé
Savoie est condamné à vivre sa vie dans l'imagination:

> L'amour humain, savait-il même ce que c'é-
> tait? Il est vrai que l'imagination suppléait
> l'expérience. Imagination, mon seul, mon
> beau tourment! Tout logeait là: le vice et
> la vertu, la souffrance et la joie. Lieu de
> tiédeur où la vie se laissait représenter par
> des espèces maniables, désespoirs mous et
> joies fugaces. Depuis quand vivait-il ainsi
> à l'écart de la vie[19]?

Privation d'amour aussi chez Régis Dubuc, dans **le Prix du
souvenir**. Tout au plus hésitera-t-il un instant avant de se
refuser lorsque Sylvia tente de le séduire: "Pour une fois,
saisir l'instant, suivre une impulsion, agir d'abord[20]!...
Mais Régis se ressaisait: "Le baiser à l'épaule n'aura pas
lieu[21]".

Non seulement le personnage est-il étranger à l'amour, il
vit dans la haine. Mathieu, Céline (**le Temps des jeux**)
sont convaincus d'avoir été enfantés dans la haine; Serge
(**Chaînes**) accusait sa mère de lui enlever la vie. Ils se
retrouvent séparés, coupés des autres. Il en est ainsi de
Debreux (**Cul-de-sac**) qui, même s'il se veut indifférent par
rapport à sa propre vie, en vient à constater, sous le succès
apparent, l'effet néfaste de son isolement:

> J'étais en quelque sorte détaché d'autrui.
> Ce fut peut-être le secret de mon succès
> d'alors comme ingénieur. L'autre, le succès
> humain, la réalisation de soi, ne firent
> aucun progrès en ces dix années[22].

17 Adrienne Choquette, *Laure Clouet*, p. 89-90.
18 Gilles Marcotte, *le Poids de Dieu*, p. 139-131.
19 *Ibid.*, p. 131.
20 Jean-Marie Poirier, *le Prix du souvenir*, p. 195.
21 *Loc. cit.*
22 Yves Thériault, *Cul-de-sac*, p. 115.

Pierre Dupas (**le Temps des hommes**) est un autre personnage qui s'est vu interdire la compréhension et l'amour des hommes. Il se retrouve les mains vides, pénétré d'un sentiment de totale inutilité.

Au terme du bilan qu'ils ont réalisé, les personnages retrouvent le vide et témoignent de leur insatisfaction, manifeste dans la réponse de Marcel (**la Fin des songes**) à son épouse qui lui demande s'il est satisfait de sa vie: "Non, je me laissais entraîné [sic], je ne vivais pas. Je subissais tout et je me repliais sur moi-même[23]". Ce constat prend des proportions monstrueuses dans **le Temps des jeux** où une adolescente de dix-sept ans, Céline, se souvient

> [...] qu'à l'âge de treize ans, il se passa toute une année où elle fut incapable de pleurer. Elle avait beau serrer les poings, enfouir sa tête dans l'oreiller, et attendre, il se produisait comme un vide au-dedans d'elle. Tout lui semblait morne. Déjà, à cette époque, elle avait songé à se jeter par la fenêtre et, depuis sa sortie du pensionnat, cet étrange besoin se faisait plus pressant[24].

Le héros du roman psychologique, aliéné, privé de la connaissance, de l'agir, de l'amour, à l'écart du monde et des autres, apparaît comme un être inachevé. La maturité qui se forge à l'expérience de la vie et de la liberté lui a été refusée, le rendant inapte à prendre en main son propre destin.

De fait, de nombreux événements se sont succédé qui ont sollicité le personnage. Il a refusé la vie par l'adhésion à sa situation aliénante, manifeste dans la soumission à la mère et le retrait dans l'absolu, d'une part, et l'évasion, dans l'aclool, la fuite, le songe, d'autre part. Dans l'un ou l'autre cas, l'impuissance à vivre subsiste.

La domination que la mère exerce se maintient malgré quelques soubresauts. François, à la suite de l'escapade qui lui a permis de rencontrer un visage d'homme, redeviendra une pâte malléable entre les mains de Claudine; Serge, qui devine les intrigues d'Eugénie pour l'éloigner de Véronique, ne va pas au bout de ses questions, souhaitant inconsciemment éviter l'affrontement; de même, Laure Clouet, sa mère morte, reste sous sa dépendance, maintenant les rites anciens, symbole de sa servitude.

---

23 Robert Élie, *la Fin des songes*, p. 209.
24 Diane Giguère, *le Temps des jeux*, p. 22.

116

Comme la mère, les valeurs désincarnées conservent leur force d'attraction à la fois source d'aliénation et refuge pour Régis Dubuc et Claude Savoie. Ainsi Régis aura recherché en Sylvia non pas une femme, mais un Idéal. Avec une ferveur non exempte de masochisme, il explore la "carte du tendre"' se refusant à la pensée même du désir.

Claude Savoie se réfugie aussi dans l'absolu, à l'abri de la doctrine, s'écartant par sa passivité des problèmes des hommes. Aumônier de syndicat, il doit se prononcer avant le vote de grève. Tenté de devenir un homme, il redevient clerc, rappelant que la grève est un moyen extrême, évoquant le respect de l'autorité... "Si j'agissais... Mais à l'assemblée comme ailleurs, je me suis retranché derrière la doctrine comme si elle était un rempart, une protection[25]".

Contrairement à ces personnages, Mathieu et Céline ne recherchent ni un refuge ni n'acceptent de se soumettre. Ils donnent l'impression d'avoir accédé à la révolte. Toutefois, ils se bornent à donner libre cours à leur désir de vengeance, contre la mère et le monde, faisant partager aux autres leur souffrance, toujours prisonniers de leur propre aliénation.

À cette lutte forcenée et stérile, d'autres ont préféré l'évasion. Mathieu lui-même s'épuisera de méchanceté pour ensuite trouver dans l'alcool "un moyen terme entre l'acceptation et la mort". Victor Debreux, pour sa part, cherche dans l'acloll une "forme d'invulnérabilité", incapable de se maintenir autrement dans l'indifférence. Marcel Larocque, lui, s'est réfugié dans ses songes, poursuivant "Un dialogue intérieur qui s'est peu modifié depuis vingt ans[26]". Enfin, Pierre Dupas a cherché refuge dans la forêt où il se cache pendant dix ans.

Dépossédé d'une part vitale de lui-même, tenu à l'écart, le personnage était condamné d'avance à l'échec initial, soit l'adhésion à sa situation, soit l'évasion. Cet échec se manifeste sur trois plans, tels que reconnus par André Gaulin dans l'univers langevinien: "L'échec de l'homme comme personne, l'échec dans sa relation avec l'autre, l'échec de l'homme comme être spirituel[27]". Lorsque Gaulin décrit l'échec comme "un acte inachevé", il définit à la fois le héros du roman psychologique - aussi bien Mathieu que Jean Cherteffe (**Évadé de la nuit**), Alain Dubois (**Poussière sur la ville**), ou Pierre Dupas - qui est un être inachevé. L'échec, rapport entre l'idéal et son degré de réalisation, est lié, par définition, à cet être, dont l'agir ne peut être que limité.

25 Gilles Marcotte, *le Poids de Dieu*, p. 82.
26 Robert Élie, *la Fin des songes*, p. 10.
27 André Gaulin, "le Thème de l'échec dans l'univers romanesque d'André Langevin". Thèse de D.E.S., Québec, Université Laval, 1971, f. 19-20.

LA RÉVOLTE. - Tôt ou tard, au-delà du refus initial, le héros atteint cette frontière où la conscience de la dépossession provoque l'adhésion entière à cette part de lui-même dont il a été dépouillé. Lorsqu'il dit non aux empêchements à vivre et revendique dans un même souffle sa liberté et son droit à la vie, il accède à la révolte, telle que définie par Camus:

> Qu'est-ce qu'un homme révolté? Un homme qui dit non. Mais s'il refuse, il ne renonce pas: c'est aussi un homme qui dit oui, dès son premier mouvement [...] Ainsi, le mouvement de révolte s'appuie, en même temps, sur le refus catégorique d'une intrusion jugée intolérable et sur la certitude confuse d'un bon droit, plus exactement l'impression, chez le révolté, qu'il est "en droit ...[28]"

L'intrusion intolérable, c'est celle des valeurs-refuges, la famille, la religion, le passé; le droit revendiqué, c'est celui de faire sa vie comme on l'entend. L'exemple, choisi par Camus, de l'esclave qui, d'abord, marche sous le fouet du maître puis, fait face, s'applique ici d'une façon analogique: le héros s'est d'abord plié aux ordres et interdits liés aux valeurs traditionnelles et a subi la domination de la mère, du clergé, du passé; ensuite, il décide de faire face dans un élan qui, précise Camus, est presque toujours "rétroactif". C'est-à-dire que l' "esclave" ne rejette pas uniquement l'ordre du "maître", mais l'état d'esclave. Ce mouvement a quelque chose d'absolu, il engage l'être tout entier:

> Le révolté veut être tout, s'identifier totalement à ce bien dont il a soudain pris conscience et dont il veut qu'il soit, dans sa personne, reconnu et salué - ou rien, c'est-à-dire se trouve définitivement déchu par la force qui le domine. À la limite, il accepte la déchéance dernière qui est la mort, s'il doit être privé de cette consécration exclusive qu'il appellera, par exemple, sa liberté[29].

La loi du tout ou rien devient celle du héros. Elle le conduit à la vraie vie ou à la mort, conséquences ultimes d'un engagement qui se refuse au compromis. Le personnage

---

28 Albert Camus, *l'Homme révolté*, Paris, Gallimard, 1951, p. 25. (Coll. Idées, n° 36).

29 *Ibid.*, p. 27.

reconnaît qu'il peut naître une seconde fois, en effectuant enfin un choix personnel. Laure Clouet aura compris, bien tardivement il est vrai, qu'il n'appartient qu'à elle, et à elle seule, de dire oui ou non à la vie. La lettre du jeune couple Brière lui apporte cette révélation: "Chaque être est pour chaque être un prétexte à vivre ou à mourir, mais la vie et la mort étaient déjà dans la main qui s'ouvre ou se referme[30]". De la même façon, Claude Savoie a pris le parti de Serge parce qu'il a découvert que si sa vocation est une fuite elle est aussi autre chose qui se nomme charité: "Le même mot: Vocation, avait un sens de vie et un sens de mort, inextricablement mêlés[31]".

Cette ambivalence, inhérente à toute situation, s'impose au héros par l'intermédiaire d'un personnage-prétexte qui provoque l'événement-limite, lequel transforme la conscience en agir. Ce personnage, c'est Danielle, pour Mathieu; Louise, pour Marcel Larocque (la Fin des songes); Amica, pour François Perreault (le Torrent); Véronique et son frère Alban, pour Serge Mathieu-Dugré (Chaînes); Laurier, pour Pierre Dupas (le Temps des hommes); Madeleine et Sylvia, pour Régis Dubuc (le Prix du souvenir); le couple Brière, pour Laure Clouet, Fabienne, pour Victor Debreux (Cul-de-sac); M. Moreuil, pour Céline (le Temps des jeux). Chacun de ces êtres agit comme un catalyseur de la révolte qui débouche sur l'échec, l'espoir ou la conquête.

L'échec est lié à l'incapacité fondamentale du personnage de retrouver en lui-même une source de vie que la domination n'aurait pas tarie. Le choix même qu'il croit consentir librement est prédéterminé par les valeurs aliénantes ou, dans le cas de Victor Debreux, l'aliénation est telle qu'elle l'empêche d'assimiler de nouvelles valeurs.

Parmi les romans de l'échec, le Torrent fournit l'illustration la plus terrible de la révolte. Le meurtre de la mère, symbole de domination, apparaît comme une tentative désespérée pour supprimer les empêchements à vivre. Pourtant, François n'est pas délivré par ce geste sans retour. Subsistent l'angoisse et la peur, même si le tumulte intérieur et le grondement du torrent ont fait place au calme et au silence. La mort de Claudine n'a pas rompu les chaînes: il était trop tard, rien ne pouvait remplir son vide intérieur:

> Je suis dissous dans le temps. Règlements,
> discipline, entraves rigides, tout est par
> terre. Le nom de Dieu est sec et s'effrite.
> Aucun Dieu n'habita jamais ce nom pour moi.
> Je n'ai connu que des signes vides. J'ai

---

30 Adrienne Choquette, *Laure Clouet*, p. 125-126.
31 Gilles Marcotte, *le Poids de Dieu*, p. 159.

> porté trop longtemps mes chaînes. Elles ont
> eu le loisir de pousser des racines inté-
> rieures. Elles m'ont défait par le dedans.
> Je ne serai jamais un homme libre. J'ai
> voulu m'affranchir trop tard[32].

Ayant reconnu que sa libération n'est pas possible, François
cède à la tentation de sa propre destruction, précipitée par
l'arrivée d'Amica:

> Le désir de la femme m'a rejoint dans le
> désert. Non, ce n'est pas une douceur.
> C'est impitoyable, comme tout ce qui m'at-
> teint. Posséder et détruire le corps et
> l'âme d'une femme. Et voir cette femme tenir
> son rôle dans ma propre destruction[33].

Ainsi que l'a souligné Pierre Pagé, la révolte de François,
symbolisée par le torrent, est "tellement désespérée qu'elle
tourne contre elle-même pour se détruire[34]". Le suicide
apparaît comme l'ultime soumission à la mère, symbole de l'aliénation:

> Au moment du suicide, toute la vie de
> François se rejoint dans la violence du
> torrent. Au centre de ces images, surgit la
> présence de la mère, et le suicide prend
> alors son sens le plus profond: c'est la
> dernière soumission d'un homme devant les
> forces d'aliénation dont la mère est le sym-
> bole. "François, regarde-moi dans les
> yeux". C'est la démission devant l'exis-
> tence, et François, en s'approchant jusqu'à
> s'identifier à lui, du visage de sa mère qui
> tourne au fond du gouffre, veut renier sa
> propre naissance. C'est la rencontre
> définitive de deux univers symboliques,
> celui de la mère et celui du torrent[35].

Même par le meurtre, François a été incapable de renverser
les barrières érigées entre lui et la vie. Seul le suicide peut
supprimer la confrontation qu'il ne peut plus soutenir. Sa
démission trouve un écho dans **la Fin des songes** où Marcel

---

32 Anne Hébert, *le Torrent*, p. 36.
33 *Ibid.*, p. 39.
34 Pierre Pagé, *Anne Hébert*, Montréal et Paris, Fides,
   1965, p. 40. (Coll. Écrivains canadiens d'aujourd'hui,
   n° 3).
35 *Ibid.*, p. 41.

se remet entre les mains de Louise, la soeur cadette de son épouse Jeanne. Lui aussi accepte de jouer le tout pour le tout, de défier la vie.

L'obstacle principal qui se dresse entre Marcel et la vie réside dans l'interdiction de la chair ou, plus précisément, dans la profanation de la chair qui, selon les moralistes, ne peut être innocente. Marcel dénonce ceux qui, dans son enfance, ont perverti en lui le sentiment que le corps est beau, mais son comportement a été irrémédiablement dévié.

En allant vers Louise, Marcel croit rechercher la victoire des corps qui lui confirmerait que la vraie vie n'est pas ailleurs; en cas d'échec, il accepterait la mort:

> Il faudra surprendre la vie, la rejoindre au delà du désespoir. Et si nous tombons dans le vide? Eh bien! nous aurons gaspillé notre dernière chance et nous saurons que la lutte est inutile. La mort, Louise, quand elle est inévitable, ne doit plus nous effrayer[36].

Le pari de Marcel Larocque, dépossédé de la chair dans son enfance, frustré par Jeanne qui s'est refusée à la volupté, se fonde sur une jeune fille dont les parents et les amies savent qu'elle éprouve pour l'amour physique une véritable répulsion[37]. Confusément, il pressentait l'échec. Après avoir décidé d'aller jusqu'au bout avec Louise, il a été tourmenté toute la nuit par cette pensée: "Pourquoi ce sentiment de vénération devant la chair, devant la vie, fait-il place sans transition à la haine et au désir de profaner un corps sans défense[38]?

Marcel, comme François avant lui, s'apprête à poser un geste définitif qui, s'il supprime le symbole de l'empêchement à vivre, ici l'interdiction de la chair, ne s'accompagne pas d'une conversion intérieure, comme en fait foi son interrogation, au moment d'agir. Après avoir possédé Louise, il reçoit son mépris en plein visage et voit la vraie nature de son désir confirmée:

> Louise, Louise, d'où viens-tu? Tu es noire, tu es amère. Ta haine me possède maintenant comme elle te possède. Je n'en avais jamais vu le visage. Tu me hais, tu hais Jeanne, tu hais la vie. C'est donc vers

---

36 Robert Élie, *la Fin des songes*, p. 181.
37 *Ibid.*, p. 26.
38 *Ibid.*, p. 181.

cela que j'allais en me cherchant, c'est donc
l'image de mon désir[39]!

Marcel s'est leurré lui-même. Ce qu'il cherchait inconsciemment, dans la chair, ce n'était pas l'amour et la vie, mais
l'image de sa propre haine, liée à sa perversion. La suppression du symbole demeure futile parce que le regard qu'il porte
sur le monde est toujours celui d'avant la conscience. Moins
lucide que François, il a néanmoins choisi en Louise l'instrument de sa propre destruction.

Contrairement à Marcel Larocque et à François Perreault,
l'amour a rejoint Debreux (**Cul-de-sac**), amour qui en
Fabienne est à la fois chair et charité. Pourtant, Victor connaîtra lui aussi l'échec. Si Fabienne a donné à sa vie le sens
qu'il cherchait, Debreux n'aura pas réussi à assimiler les valeurs incarnées par celle qu'il aime. Fabienne morte, il retrouve le néant. En ratant cette chance unique de recommencement, il aboutit au suicide moral et physique.

Entre Victor Debreux, incapable d'adhérer entièrement aux
valeurs nouvelles, Marcel et François qui échouent dans leur
tentative de dominer les valeurs traditionnelles, on peut situer
Serge (**Chaînes**) qui porte le poids d'un demi-échec. Serge
s'est laissé dépouiller de son amour pour Véronique. La jalou-
sie, lorsqu'il surprend son ami Alban dans les bras de sa
mère, est le vrai moteur de sa révolte. Et s'il quitte sa mère,
c'est malgré lui, parce qu'elle s'est éloignée de lui. Il emporte
la photo d'Eugénie et ignore celle de Véronique, signe qu'il n'a
pas rompu tous les liens avec sa mère.

Si la nouvelle de Jean Filiatrault, **"la Chaîne de sang"**, a
quelque chose d'inachevé, qui tient en partie à l'âge du personnage, **le Temps des hommes** trouve sa signification
profonde dans le demi-échec d'un homme mûr qui est, aussi,
prêtre. Ici, le drame ne se noue pas à l'aube d'une vie; il se
déroule en plein midi d'une vie adulte, chargée d'un lourd poids
humain, de pitié.

À dix ans d'intervalle, Pierre Dupas revit avec Laurier l'expérience vécue auprès d'un enfant moribond. Sa révolte était
née de la souffrance de l'enfant. Le prêtre avait nié Dieu pour
choisir les hommes. Or, le choix qu'il a posé était faussé au
départ par l'enseignement clérical qui dissociait l'âme du corps.
C'est en réaction contre cet enseignement qu'il a renoncé à son
sacerdoce. Il tente d'expliquer à Laurier comment il a trahi:

> Alors vois-tu ce que j'ai fait? J'ai nié la
> rédemption. J'ai dit à Dieu: les souf-
> frances de l'enfant sont inutiles, il est pur

---

39 *Ibid.*, p. 213.

> et vous le torturez en vain. Je ne crois
> plus en la rédemption, je crois en l'injustice.
> Guérissez-le. J'ai choisi l'enfant contre
> Dieu. Un prêtre choisit Dieu sans retour,
> Laurier. Moi, je me suis repris pour me
> donner à l'enfant. C'était comme si je
> n'avais plus été prêtre. Mon rôle était
> d'offrir ses souffrances à Dieu. Je n'ai pas
> accepté[40].

Le défi que Laurier pose à Dupas en le rejoignant dans sa
solitude, c'est de concilier le sacerdoce, qu'il avait rejeté, son
sentiment d'indignité et l'amour des hommes. Parce qu'il exige
de Dupas l'essentiel, il lui permet de retrouver cette part de
lui-même qu'il avait rejetée, d'établir un pont entre la souffrance humaine et Dieu. Pierre Dupas entrevoit enfin la voie
de sa libération:

> C'était par l'humilité, et l'humilité seulement,
> qu'il le rejoindrait. Par lui il retournait à un
> enfant. Il avait fui, mais une autre âme,
> d'une autre qualité, l'avait rejoint et il lui
> fallait s'en charger. Après une coupure de
> dix ans il recevait réponse à son *Domine,
> non sum dignus*[41].

En acceptant de soutenir Laurier, en offrant à Dieu sa faillite même, il assume le sacerdoce. Près du corps de Gros
Louis, Pierre Dupas devient prêtre:

> Une eau chaude l'inondait qui abolissait les
> ans, une ancienne démission, un recul,
> faisait fondre la glace accumulée durant tant
> de jours. Il priait. Il pouvait prier. Les
> mots n'étaient plus des mots seulement, mais
> un fil mince qui le reliait à Dieu, des ondes
> qui le faisaient vibrer, une communion.
> Humblement, sans plus sentir dans son
> corps une solidarité avec la vie, toute chair
> apaisée et consentante, il remettait à Dieu.
> Il exerçait son ministère[42].

Cette fois, Pierre Dupas a choisi librement, il a accepté de
répondre à l'appel, lui qui n'avait pas choisi le sacerdoce et
qui, par la suite, avait été trompé. Désormais, il peut assumer
la souffrance des hommes, parce qu'il lui reconnaît un sens.
De ce point de vue, il a remporté une victoire.

---

40 André Langevin, *le Temps des hommes*, p. 147.
41 *Ibid.*, p. 129.
42 *Ibid.*, p. 183.

D'un autre côté, il a échoué dans sa tentative de sauver
Laurier. C'est même lui qui, accidentellement, le tue. Doit-on
conclure, comme André Gaulin, à l'échec et à l'absurde?
"Pierre Dupas ne semble pas avoir terminé son cheminement et
le fait qu'on va lui amputer les jambes confine à l'absurde[43]". Bien sûr, à la suite de la mort de Laurier, Dupas
"perdait son âme, grain à grain derrière lui[44]", mais s'il
n'a pu abolir le fossé entre Dieu et les hommes, il a néanmoins
donné un sens à sa vie d'homme, par le sacerdoce enfin choisi
et par la pitié.

Bien que Pierre Dupas connaisse un demi-échec, Claude
Savoie réussira à se réconcilier pleinement avec la vie et avec
son sacerdoce. Comme pour lui, la vie devient possible pour
Céline, Laure Clouet, Mathieu et Régis Dubuc.

Comme Pierre Dupas, Claude Savoie (**le Poids de Dieu**)
s'est vu imposer le sacerdoce dès son enfance. Lui aussi se
révolte contre la séparation du matériel et du spirituel. Serge
Normand et son amie Marie lui fournissent l'occasion de s'engager totalement, de choisir entre la peur du monde qui a marqué son enfance et la vie:

> La voix qui, du plus lointain de son exis-
> tence réclame justice contre la peur, Claude
> aujourd'hui n'arrive plus à la faire taire.
> Elle s'empare de toutes les circonstances,
> des moindres événements de sa pauvre vie,
> pour les amplifier démesurément. À chaque
> instant, il s'agit du tout ou rien[45].

En acceptant de fiancer Serge, voué au sacerdoce, et Marie,
qui voit en sa maladie un châtiment de Dieu, il vise à abolir le
système rigide du curé et, chez Marie, le sentiment qu'elle
prive Dieu de Serge. Ce faisant, il permet aux jeunes gens de
chercher leur voie dans la liberté qui lui a été refusée. Cet
acte témoigne d'un changement profond d'attitude. Il marque
une rupture avec un sacerdoce qui avait un sens de mort, et
l'engagement dans la vie:

> Claude fait un effort acharné pour retrouver
> les raisons qui l'ont conduit à cette déci-
> sion. Elles se situent au delà, bien au delà
> de Serge et Marie. Il lui faut s'avouer que
> les deux jeunes gens ne sont plus pour lui

43 André Gaulin, "le Thème de l'échec dans l'univers romanesque d'André Langevin", p. 107.
44 André Langevin, *le Temps des hommes*, p. 230.
45 Gilles Marcotte, *le Poids de Dieu*, p. 159-160.

124

que les symboles, les pièces justificatives de
l'action désespérée qu'il a entreprise pour
affirmer son droit à la vie[46].

Au cours des fiançailles, interrompues par la crise de Marie,
Claude Savoie s'est enfui, non seulement parce qu'il se sentait
responsable de la mort de Marie, mais parce qu'il avait pris
conscience de la portée de son geste qui abolissait toute sa vie
antérieure. Il a trouvé refuge au monastère de Saint-Alban
où, lentement, il revient à la vie, s'efforçant de ne pas penser. Pendant cinq jours, il demeure seul avec sa souffrance.

Puis, grâce au Père Athanase, il apprendra à vivre sa
nouvelle vie. C'est lui qui lui a imposé une promenade au
cours de laquelle Claude Savoie s'émerveille devant la nature.
Les promenades se multiplient et, à travers l'angoisse, Claude
en arrive à s'accepter comme homme, avec son corps: "Quand
je rentrais, le soir, recru de fatigue, je connaissais que ce
corps malaisé, depuis longtemps méprisé, ne m'était pas
étranger[47]".

Poursuivant sa démarche, il parvient à se libérer de son
passé, à se situer dans le seul présent, écartant l'avenir,
limité à l'ici. Après s'être incarné, il circonscrit le temps et
l'espace pour en prendre possession:

L'ici, le maintenant, sont les seules catégories où je consens à me considérer. Je
nais aujourd'hui, et je naîtrai demain. À
quoi? Je l'ignore et ne m'inquiète pas encore
de l'apprendre[48].

Claude précise même, dans sa réflexion, que ce n'est pas le
prêtre qui se cherche, mais l'homme.

La révélation finale vient à Claude par l'intermédiaire du Dr
Marien, "chrétien sur le parvis", qui lui apporte un livre de
Camus, **Noces**. Ce roman le confirme dans le nouveau goût
de la vie qui s'empare de lui et lui permet de situer exactement
sa joie:

Il faut croire à la vie avant de croire en
Dieu; accepter tous les risques de la liberté pour oser le pari de la foi. Elle n'est
rien si elle n'inclut la possibilité, à chaque
instant éprouvée, de ne pas croire[49].

46 *Ibid.*, p. 153.
47 *Ibid.*, p. 196.
48 *Ibid.*, p. 199.
49 *Ibid.*, p. 206.

La vie n'est donc pas impossible, comme on le lui avait fait
croire, elle est la condition même de la foi. Claude Savoie
choisit de vivre dans la foi et le sacerdoce.

À l'évêque qui lui propose une nouvelle charge il demande
une semaine de réflexion, lui refusant une décision que lui-
même n'avait pas encore prise. Ce qu'il a refusé à l'autorité, il
l'accorde toutefois à la ville qui s'ouvre devant lui: "[...] ce
que j'avais refusé à l'évêque, la ville me l'a arraché[50]".
Phrase significative qui témoigne qu'après avoir assumé sa
liberté Claude Savoie peut habiter la ville, associée aux valeurs
nouvelles. Il s'est libéré des empêchements à vivre.

Dans **le Temps des jeux**, de l'autre côté des grilles
derrière lesquelles Jeanne se survit dans l'inconscience, Céline
se voit submergée par la douceur et s'abandonne à l'espoir de
trouver au tournant de la rue "une épaule où dormir, une
maison pour se reposer longtemps[51]". Celle qui n'avait pas
été aimée au temps des jeux et qui avait désespéré de la vie
voit poindre à l'horizon une lueur d'espoir, parce qu'elle a
connu la pitié.

Toutefois, le roman s'ouvre sur la tentation du suicide. Le
temps des jeux a pris fin: "Aujourd'hui, elle prenait brutale-
ment conscience de l'avenir. Sa vie attendait qu'elle lui donne
un sens[52]". Céline ne peut puiser ce sens que dans son
enfance, hantée par les aventures de sa mère qui recevait
chez elle ses amants et écartait du revers de la main la fillette
en quête d'affection, l'enfermait dans sa chambre où, pendant
des heures, le silence l'intriguait, où son imagination vagabon-
dait au hasard d'images troubles. Plus tard, parce qu'il deve-
nait difficile d'écarter Céline, Jeanne l'avait mise en pension.
Rien ne retient Céline à la vie, si ce n'est la haine qu'elle
éprouve à l'endroit de sa mère. Sa révolte contre la vie la
pousse à séduire M. Moreuil, à enlever à Jeanne son amant.
Faire souffrir l'autre, choisir le mal:

> Du fond de son être jaillissait une douleur
> inaccessible, insondable, comme si elle était
> loin de tout depuis toujours, comme si elle
> avait soudain choisi, dans sa folie, d'être le
> monstre qu'elle découvrait en elle-même, cet
> enfant refusé, cet inexplicable accident de la
> nature[53].

50 *Ibid.*, p. 213.
51 Diane Giguère, *le Temps des jeux*, p. 201.
52 *Ibid.*, p. 11.
53 *Ibid.*, p. 98.

126

Céline ne reculera pas même devant le meurtre. Après avoir fait croire à Moreuil qu'elle est enceinte, elle le pousse à tuer sa femme.

Cependant, la démesure entre l'acte et ses paroles la bouleverse. Elle cherche à se justifier. Si elle a menti, c'est qu'elle cherchait un refuge. Elle voudrait n'être pour rien dans cette affaire. Malgré cette tentative de justification, elle ploie sous le poids de sa culpabilité. Elle naît aussi à la pitié salvatrice:

> Ça lui faisait mal d'avoir pitié. Que c'était lourd, que c'était terrible et comme la pitié se manifestait d'une façon étrange. Il n'y avait pas que Jeanne qui lui arrachait le coeur, mais tout le genre humain. Jeanne, c'était toute la souffrance humaine incarnée, absurde et inutile souffrance. Elle ne voulait pas pleurer pour une cause insoluble. Mais les sanglots se perdaient dans sa gorge, dans sa poitrine. Soudain. [sic] elle se leva. Elle était décidée. Elle retournerait chez sa mère. Pour une fois, dans sa vie, elle eut l'impression de servir à quelque chose[54].

Incapable de poursuivre dans la voie du mal, Céline se reconnaît solidaire des hommes. Quelque chose s'est enfin produit dans sa vie, comme elle le désirait: elle va partager la souffrance de Jeanne et non plus la provoquer. Le mal qui l'avait dominée, elle le terrasse par la pitié. La douleur s'estompe devant la douceur nouvelle qui étreint Céline. Devant elle, l'espoir et la ville.

C'est en vain que l'on chercherait chez Laure Clouet les affres et les tourments de Céline. Laure n'est qu'absence. Un incident banal suffit à provoquer sa rébellion. Annine Moreau-Brière, qu'elle n'a pas vue depuis son enfance, lui demande son hospitalité pour elle et son mari. D'abord renversée d'une telle audace, Laure s'interroge sur sa vie.

Peu à peu, elle devient consciente de son absence au monde. Madame Boies à qui elle se confie lui reproche d'oublier le devoir de vivre. Le curé lui explique que sa mère, là ou elle est, voit les choses autrement. Brusquement, Laure décide d'ouvrir sa maison aux Brière, puis elle saisit la portée de sa décision:

54 *Ibid.*, p. 187-188.

127

> Elle avait dit cette phrase qui la liait et
> sur laquelle elle ne pouvait plus revenir.
> C'était une phrase qui sentait la rébellion
> envers tout un passé et elle n'avait pas
> craint de la prononcer à vingt pieds du
> portrait maternel[55]!

Laure est libérée du passé, du devoir, de son rôle de
continuatrice et elle en éprouve une joie intense. Après avoir
échappé à une mort lente, il lui reste à apprendre comment
affronter les périls de la vie.

La vie triomphe aussi dans **Mathieu**, malgré la mère.
On sait que Mathieu s'était d'abord abandonné à la haine, qu'il
avait ensuite fui dans l'alcool. Il songe enfin au suicide,
après avoir vu son père, détruit par une vie de plaisirs.
Constatant que son père n'a pas plus trouvé le bonheur dans
la jouissance que sa mère dans le devoir, il se dirige vers
l'abîme, dépouillé toutefois de sa haine et de sa rancoeur par
l'amitié deux fois offerte par Danielle et par la tendresse de son
oncle Étienne.

C'est dans une relative indifférence qu'il décide d'escalader
un rocher d'une trentaine de pieds, son échelle de Jacob,
raille-t-il. Il a compté sans la neige et le brouillard. Sus-
pendu entre ciel et terre, incapable d'avancer ou de reculer, il
oublie qu'il a choisi de mourir, lutte pour sa vie et parvient au
sommet. Pour la première fois, il prend conscience qu'il est
maître de sa vie et de sa mort: "Je vis!... J'aurais pu
crever, mais je vis!... J'ai triomphé! Tout seul! J'ai triomphé! Ma vie est à moi![56]"

À cette découverte s'en ajoute une autre, celle de la joie,
qu'il n'a jamais connue, que sa mère et les clercs ont niée,
mais en laquelle il n'a jamais cessé de croire au fond de lui-
même. Il doit rompre avec cet enseignement et chercher ailleurs le sens de sa vie:

> Puisque tout le reste m'a trompé, rien ne
> m'empêche d'essayer maintenant d'être
> heureux à ma façon... Puisque je sais
> aujourd'hui à quoi m'en tenir sur leur en-
> seignement fondé sur la souffrance, il n'y a
> qu'à le rejeter et chercher ailleurs...[57]

Mathieu a acquis la certitude que le bonheur existe. Il lui
reste à trouver la voie. Sa recherche le conduit dans les
Laurentides où il s'abandonne à cet accord instinctif avec la

---

55 Adrienne Choquette, *Laure Clouet*, p. 96.
56 Françoise Loranger, *Mathieu*, p. 212.
57 *Ibid.*, p. 219.

nature qui lui a été refusé dans son enfance. Il se réconcilie aussi avec ce corps qu'il méprisait. Il retrouve son unité et comprend qu'il doit s'approprier le monde:

> L'important est avant tout de chercher comment, moi, je pourrai atteindre la sagesse, ma sagessse. Je crois qu'il faut d'abord commencer par obtenir une parfaite coordination entre mes paroles, mes pensées et mes gestes. Tout ce que je dois faire, dire ou penser, doit être de moi, des centaines de personnes l'auraient-elles dit, fait, ou pensé avant moi. En un mot, tout recréer à mon usage[58].

Pour simple qu'elle soit, cete nécessité d'être soi s'impose à Mathieu comme une révélation capitale: jusque-là, une vie et un monde définis par d'autres l'aliénaient; à l'avenir, c'est lui-même qui s'impose à la vie.

La victoire de Mathieu réside dans la transformation intérieure qu'il assume. Elle tient dans cette phrase dont André Gaulin a relevé l'importance: "Et pourtant rien n'a changé, le monde est tel qu'il était. Mon regard seul est différent, qui me permet de le voir sous un autre jour[59]". Mathieu a réussi à éliminer les barrières que les valeurs traditionnelles dressaient entre lui et la vie: dans un monde de souffrance, il a trouvé la joie; aux ordres et interdits il oppose sa propre liberté; le mépris de la chair le cède à la découverte de la beauté et des joies du corps.

Il est, en outre, une autre vérité, aussi élémentaire, redécouverte par Mathieu, à savoir que rien n'est acquis une fois pour toutes, que l'immobilisme est un recul. La paix qu'il a conquise, comprend-il, ne pourra se maintenir que dans un perpétuel dynamisme:

> Dans un univers en perpétuel mouvement, en progression permanente, pourquoi l'homme aurait-il seul le droit de se figer dans l'immobilité? Il n'y a pas de véritable stagnation; le moindre arrêt est l'équivalent d'un recul. Une évolution aussi constante exige nécessairement un réajustement qui met en équilibre instable ma trop récente quiétude[60].

---

58 *Ibid.*, p. 326.
59 *Ibid.*, p. 347.
60 *Ibid.*, p. 340.

À la volonté de conservation et de durée, Mathieu oppose la
nécessité d'un dynamisme vital. Pour vivre, il a dû rejeter
systématiquement tous les éléments de la mentalité traditionnelle. Il est maintenant prêt à retourner à la réalité nouvelle, la ville[61]; il est prêt à rejoindre l'autre, Danielle,
et ce qu'elle représente, l'amour.

L'amour vient aussi dans **le Prix du souvenir**, comme la
conquête ultime d'une entreprise de réappropriation de la vie
menée par Régis Dubuc. Comme Mathieu, il aura dû se libérer
de son éducation, apprendre à accepter son corps associé au
péché et à s'adapter. Cependant, s'il peut revivre avec sa
femme Madeleine, sa peur de la vie et de l'amour l'aura poussé à
sacrifier Sylvia:

> Moi, j'ai eu peur de l'amour. Je croyais que
> le mariage était mort aux rêves et j'ai dé-
> couvert, trop tard, en voyant comment ma
> femme changeait pour le mieux, que le
> bonheur y est possible. Je voulais vous
> protéger contre la vie et je ne faisais que
> vous tenir captive dans mon gynécée inté-
> rieur. Je vous ai sacrifiée à une chimère
> monstreuse[62].

Ce cheminement, Régis ne l'a pas fait seul, contrairement à
Mathieu. Personnage moins consistant, il lui aura fallu deux
amis, deux consciences, pour découvrir qu'il aimait Sylvia et
pour reconnaître enfin dans son idéal les séquelles d'une éducation pudibonde. Madeleine, en naissant à l'amour, lui aura
permis de franchir le dernier pas, d'accepter enfin d'être
l'homme qu'il se refusait à être, ses mains "pleines de caresses
nouvelles".

UNE NOUVELLE GÉNÉRATION. - La volonté de libération de
tous ces personnages les conduit au rejet d'une certaine
idéologie dont certains signes avant- coureurs, autres que la
révolte individuelle, annoncent aussi qu'elle est révolue. **Le
Poids de Dieu, Cul-de-sac, Laure Clouet** et
Mathieu montrent qu'une vie nouvelle s'offre aux jeunes, en
qui le héros reconnaît celui qu'il aurait pu être, n'eût été de
l'aliénation provoquée par les valeurs-refuges.

Ainsi Claude Savoie découvre en Serge Normand un jeune
homme que la société oriente, comme lui, vers la prêtrise. Pour
le curé, la réponse à l'appel est une simple "question de géné-
rosité". Cependant, Serge possède cet instinct de liberté qui
a fait défaut à Claude. Il est aussi profondément incarné, ce
qui, à la fois, attire la sympathie de l'abbé et l'éloigne:

61 *Ibid.*, p. 347.
62 Jean-Marie Poirier, *le Prix du souvenir*, p. 302.

130

Il avait fini par admettre que ce qui le mettait sur ses gardes, devant Serge, c'était une sorte de force animale, une présence physique intense, qui offensait sa propre débilité. Une idée, chez Serge, prenait corps aussitôt, elle s'imposait comme un poids[63].

Incarné et libre, Serge Normand se distingue aussi de Claude, qui s'était refusé à aimer Jacqueline Demonge, en ce qu'il ne craint ni la femme, ni l'amour. Pour toutes ces raisons, Claude Savoie envie le jeune homme:

Il avait commencé de vivre et j'étais encore dans les limbes; le choix qu'il ferait de sa vocation aurait ce poids de responsabilité, de liberté, qui m'avait été refusé [...] il avait aimé. Cet amour - et non pas la mort de Marie - l'avait rendu à lui-même, à une liberté intérieure qu'il voulait employer au service des hommes[64].

Dans **Cul-de-sac**, Jean Guérin, libre d'entraves, a vécu sans effort la vie dont Victor Debreux a toujours rêvé. Sa jeunesse avait été fructueuse, il avait pu donner libre cours à sa curiosité, avait connu tous les milieux, et, ce qui étonne Debreux, il pouvait parler de sa famille sans aucune amertume:

Chacun des siens avait choisi sa voie, chacun vivait sa vie sans contraintes. Je voudrais pouvoir établir toutes les nuances de sa vie comparée à la mienne. Il accomplissait quelque chose, parce que dès son enfance cela lui avait été permis. Il admirait son père mais ne souscrivait pas à toutes ses opinions. De ce que j'ai pu deviner, il lui avait été possible de discuter librement.
Qu'était-il donc arrivé en mon pays qu'un Guérin ait pu éclore sans que rien ni personne le retienne[65]?

Cette question, **Mathieu** la pose aussi. Invité chez Danielle et Bruno, ses cousins, Mathieu est séduit par le charme de leur appartement, comme il avait d'abord été ébahi de constater leur gaieté, leur légèreté, la fraternité qui les liait

63 Gilles Marcotte, *le Poids de Dieu*, p. 68.
64 *Ibid.*, p. 199.
65 Yves Thériault, *Cul-de-sac*, p. 194.

131

aux autres artistes. Pourtant, ils avaient reçu la même éducation que lui, fondée sur les préjugés, les conventions, une religion extérieure:

> Mais alors, qui les avait dirigés? Qui leur avait appris qu'il y avait au monde d'autres valeurs que celles qu'ils tenaient de leur famille et des couvents et collèges où ils s'étaient instruits? Fallait-il croire qu'ils étaient parvenus seuls à sauter toutes les barrières et qu'ils avaient eu raison de chercher ailleurs leur véritable climat[66]?

La réponse se trouve pour une bonne part dans l'interrogation. Les jeunes, les artistes notamment, adhèrent à de nouvelles valeurs qui ont pour nom liberté, amour, réalisation de soi.

C'est parce qu'elle pressent ce renouveau que Laure Clouet éprouve à la vue du jeune couple enlacé, les Brière, "une joie sasissante, d'une pureté presque douloureuse, comme si elle faisait la découverte fortuite, en plein automne, d'un fruit intact, d'une fleur fraîche[67]". C'est, en effet, un nouveau printemps qu'annonce cette génération nouvelle. Nouvelle génération, qui assume sa liberté et ses responsabilités, affranchie des contraintes idéologiques familiales et cléricales, à la recherche de valeurs nouvelles qui correspondent à ses propres aspirations.

La révolte contre les valeurs-refuges n'a pas changé le monde, mais elle l'a éclairé d'un jour nouveau. Après avoir supprimé la domination exercée sur lui par les valeurs-refuges, le personnage peut enfin reconnaître la société de l'ici et du maintenant, reconnaissance préalable à une éventuelle adaptation que permet d'entrevoir le retour à la ville de Mathieu, de Claude Savoie et de Céline, ainsi que l'éclosion des Serge Normand, Jean Guérin, Danielle et Bruno Beaulieu, et du couple Brière.

Si le héros du roman psychologique a conquis la liberté individuelle ou a préféré la mort à une vie de mort-vivant, le héros du roman de contestation associe sa propre libération à celle de la collectivité tout entière. Ainsi le révolté s'efface devant le révolutionnaire.

---

66 Françoise Loranger, *Mathieu*, p. 35.
67 Adrienne Choquette, *Laure Clouet*, p. 89.

TROISIÈME PARTIE

LE ROMAN DE CONTESTATION

CHAPITRE V

LE MYTHE CANADIEN-FRANÇAIS

Aujourd'hui comme hier, écrit Fernand Dumont, "nous rôdons autour d'un même **empêchement**[1]", d'un empêchement à vivre qui confronte non seulement l'individu, mais aussi la collectivité. Évoquant la période des années 1930, le sociologue y voit l'agonie d'une longue histoire, une ambiguïté qui se traduit par le procès et par l'apologie de l'idéologie traditionnelle. Examens et psychanalyses qui, selon lui, nourrissent encore la littérature des années 1960, après avoir donné leur signification durable aux romans d'Élie et de Charbonneau:

> On retrouvait aisément chez eux ce que les psychanalystes appellent des **conduites d'échec**. La génération des années 30 aura fait apparaître notre culture, notre société comme un immense naufrage historique. Elle a soudainement récapitulé, actualisé une histoire déjà longue. En ce sens encore, les années 30 ne sont pas terminées[2].

Cette prise de conscience d'un naufrage historique déborde largement le phénomène littéraire et influence le développement des sciences de l'homme:

> Ce n'est donc pas par hasard que se sont développés aussi intensément au Québec, dans ces dix dernières années, l'enseignement et la recherche en sciences sociales. Ces développements font partie de cette transformation qui a conduit les Canadiens français à la recherche de leur identité individuelle et collective, et vers la décou-

---

1 Fernand Dumont, *la Vigile du Québec. Octobre 1970: l'impasse?*, Montréal, Éditions Hurtubise HMH, 1971, p. 21.
2 *Ibid.*, p. 25.

verte de solutions qui assurent l'amélioration
de leurs conditions de vie. L'ampleur des
recherches qui ont pris place dans ces dix
dernières années témoigne de cette volonté
de prendre conscience des réalités québécoises et d'en obtenir le contrôle[3].

Ainsi une prise de conscience historique suscite la recherche d'une identité nouvelle qui seule peut permettre à l'individu et à la collectivité de prendre en main leur destin. Dans
cette démarche, Jacques Grand'Maison reconnaît une véritable
révolution culturelle. Selon lui, en effet, le Canadien français,
défini par l'idéologie traditionnelle, est remplacé par un homme
nouveau, le Québécois:

> L'image du Canadien français aliéné par sa
> religion, terrien conservateur, émigré du
> monde contemporain, vaincu par les Anglais,
> né pour un petit pain, attaché plus aux
> sentiments qu'à la rationalité, replié sur son
> passé et apeuré devant un avenir incertain,
> cette image subsiste chez ceux qui veulent
> plier le réel à leurs préjugés. Le Québécois
> d'aujourd'hui se définit davantage par ses
> racines premières et son regard neuf sur
> une société originale à bâtir. Il retrouve le
> goût de l'aventure collective qui a marqué la
> première étape de son histoire[4].

En somme, le défi qui se pose à la société est de "réinventer
un visage collectif[5]". Au plan idéologique, la question de
l'identité, qui se pose ailleurs de façon épisodique, apparaît
chez nous comme "la question essentielle qui nous définit en
notre existence présente. Nous souffrons profondément d'avoir
perdu la faculté de dire, aux autres et à nous-mêmes, ce que
nous sommes[6]". Et cette difficulté subsiste malgré les
nombreuses analyses, parce que celles-ci se situent au niveau
des grandes représentations idéologiques, au stade où on dit
les conflits, sans s'éloigner des représentations élaborées hors
du réel.

---

3 Philippe Garigue, *Bibliographie du Québec (1955-
   1965)*, Montréal, les Presses de l'Université de Montréal, 1967, p. 8.
4 Jacques Grand'Maison, *Vers un nouveau pouvoir*,
   Montréal, Éditions HMH, 1969, p. 173-174, (Coll. Sciences
   de l'homme et Humanisme, no 2).
5 Fernand Dumont et Guy Rocher, "Introduction à une sociologie du Canada français. Le Canada français aujourd'hui
   et demain", dans *Recherches et Débats*, no 34,
   Paris, Fayard, 1961, p. 13.
6 *Loc. cit.*

L'une de ces zones de conflit, particulièrement significative, se situe dans la distinction qui a perduré entre le "national" et le "social". En effet, notre société s'est définie d'une façon privilégiée en tant que nation, masquant les réalités sociales, posant par le fait même un obstacle à une prise de conscience de soi qui corresponde au réel:

> La nationalisme a masqué trop longtemps ici, comme ailleurs, les problèmes posés par l'inégalité sociale pour que, dans ce combat pour une communauté plus profonde, nous ne trouvions pas à la fois des tâches d'hommes et le visage d'une patrie enfin devenue notre contemporaine[7].

Le carcan qu'impose la perception de la réalité sous son seul angle national se révèle notamment dans la représentation traditionnelle du Canadien français comme minoritaire. Pour Dumont, se définir ainsi équivaut à accepter une vision de soi parcellaire et périmée, qui fait abstraction de toute dimension sociale et empêche tout choix, réduisant la culture au destin. Ce résultat lui apparaît comme le fruit d'une systématisation univoque de l'histoire.

Pour le sociologue, la systématisation de l'histoire constitue un phénomène culturel, "celui précisément par lequel la culture se constitue comme totalité[8]". Celle à laquelle ont procédé nos historiens n'est toutefois pas à la mesure de la société ou de l'ensemble des groupes qui la composent. Dumont leur reproche de nous avoir légué un passé à la mesure de la crise de conscience de la bourgeoisie des professions libérales de 1840, celle qui a défini la nation et le nationalisme.

Comme notre tradition historiographique ne s'est pas modifiée depuis, nous avons hérité de cette représentation univoque qui nous définit comme minoritaires, le Québécois n'ayant d'autre alternative que de défendre cette représentation ou de la rejeter, d'où "deux formes de conscience malheureuse[9]", situées trop bas, ajoute Dumont, pour être créatrices. Par ailleurs, cette définition ne correspond pas à la réalité contemporaine, n'éclaire plus les consciences:

> Le patriotisme défini comme la piété envers la patrie convenait parfaitement à ces petites cultures traditionnelles du XIXe siècle; à

7 Fernand Dumont, "De quelques obstacles à la prise de conscience chez les Canadiens français", dans *Cité libre*, vol. VIII, no 19 (janvier 1958), p. 28.
8 *Ibid.*, p. 26.
9 *Ibid.*, p. 25.

la mesure de la société globale dans laquelle nous vivons, il ne signifie plus rien[10].

Enfin, l'ouvrier, qui constitue un élément quantitativement et qualitativement important de notre société, ne peut se reconnaître dans cette définition parcellaire. L'homme d'ici et d'aujourd'hui, tenté de se définir, se heurte à un obstacle fondamental "qui se situe à la jointure de la conscience et de la culture[11]". Sa conscience est brouillée par le passé univoque qu'on lui a imposé.

Toutefois, cette définition univoque, imposée par les historiens, s'estompe progressivement devant une nouvelle représentation de la réalité. Plusieurs sociologues, dont Marcel Rioux, introduisent dans l'analyse de la situation collective les concepts de domination et d'aliénation qui modifient radicalement la perspective.

C'est précisément vers cette représentation de la société, perçue comme "coloniale", de préférence à la représentation traditionnelle, que l'on s'est tourné au cours des années 1960. Le Canadien français est vu sous les traits d'un homme dominé. Cette nouvelle vision réunit les aspects national et social, jusque-là dissociés, d'une même problématique.

Cependant, cette nouvelle approche ne permet pas plus que la première de cerner les disparités sociales à l'intérieur de la société. La vision coloniale assimile la presque totalité des citoyens au prolétariat. On se situe toujours au niveau des grandes représentations idéologiques. Bien que grossière, une telle représentation correspond néanmoins à une certaine réalité. Guy Rocher notait en 1962 que les études sur le travail au Canada français étaient dominées par un thème majeur, "celui de la distribution différentielle des groupes ethniques dans la structure des emplois[12]". Il remarquait que ce sont surtout des sociologues anglophones qui ont abordé ce thème et que "toutes ces recherches ont montré l'une après l'autre la position privilégiée de la population anglophone dans le Québec et le statut défavorisé des Canadiens français[13]". Cette situation, la Commission royale d'enquête sur le bilinguisme et le biculturalisme, présidée par MM. Laurendeau et Dunton, devait non seulement la confirmer mais aussi contribuer à la faire connaître d'un large public.

---

10 *Ibid.*, p. 27.
11 *Ibid.*, p. 25.
12 Guy Rocher, "les Recherches sur les occupations et la stratification sociale", dans *Situation de la recherche sur le Canada français*, sous la direction de Fernand Dumont et Yves Martin, Québec, les Presses de l'Université Laval, 1962, p. 177.
13 *Loc. cit.*

Dès l'automne 1963, année de la parution de la troisième partie du rapport de cette Commission, naît la revue **Parti pris**. Révolutionnaire, politique et culturelle, la nouvelle revue s'engage "à promouvoir simultanément le laïcisme, le socialisme et l'indépendance au Québec sans priorité quelconque de l'un des trois buts sur l'autre[14]". **Parti pris** consacrera notamment deux numéros doubles aux aspects de la colonisation au Québec. Puis, en 1966, André d'Allemagne publie **le Colonialisme au Québec**. **Parti pris** édite en 1968, puis réédite en 1969, **Nègres blancs d'Amérique**, de Pierre Vallières. Ce titre coiffe l'un des chapitres de l'ouvrage de Gérard Bergeron, **le Canada-Français** [*sic*] **après deux siècles de patience**, dans lequel l'auteur n'hésite pas à traiter de la situation du Québec en termes de colonialisme et de domination, tout comme Marcel Rioux, Guy Rocher et d'autres! Jean-Marc Léger, par exemple, considère que le néo-nationalisme québécois correspond à "[...] ce qui s'est appelé ailleurs la décolonisation[15]".

Cette nouvelle perception de la réalité témoigne d'une conscience nouvelle. Le constat d'une tragique carence culturelle, liée à une définition de soi réduite à la dimension nationale, dont le complexe du minoritaire apparaît comme une manifestation symptômatique, débouche sur la reconnaissance de la domination, assimilée à une situation coloniale. La crise culturelle révélée à travers la quête d'identité, la plupart des romans parus entre 1960 et 1965 l'expriment à des degrés divers. Poursuivant la démarche des aînés, le romancier témoigne d'une prise de conscience historique.

Pour caractériser cette période romanesque, la critique littéraire a eu volontiers recours à des termes dynamiques: ébullition, explosion, éclatement... Il y a d'abord l'explosion quantitative. À compter de 1960, on publie régulièrement au moins une vingtaine de romans annuellement, soit jusqu'au double de la production annuelle moyenne des années antérieures, exception faite des années 1945, 1946 et 1948, où l'on atteignait la vingtaine de romans.

Éclatement de la forme romanesque, aussi. Si le roman traditionnel conserve un certain nombre d'adeptes, un nouveau mode d'écriture s'impose. Ainsi, en 1962, Gérard Bessette décrit **l'Aquarium**, de Jacques Godbout, comme le premier

---

14 Lise Gauvin, *Parti pris littéraire*, Montréal, les Presses de l'Université de Montréal, 1965, p. 12. (Coll. Lignes québécoises).
15 Jean-Marc Léger, "le Néo-nationalisme. Où conduit-il?", dans *les Nouveaux Québécois*, Québec, les Presses de l'Université Laval, 1964, p. 58.

anti-roman écrit par un Canadien[16]. Suivront, parmi les oeuvres marquantes, **l'Or des Indes** (Pierre Gélinas), **Amadou** (Claire Maheux-Forcier), **le Poisson pêché** (Georges Cartier), **la Jument des Mongols** (Jean Basile), **Quelqu'un pour m'écouter** (Réal Benoît), **l'Incubation** (Gérard Bessette)...

Jusqu'à la langue littéraire qui éclate sous la pression du "joual", affiché sans pudeur par les partipristes", dont André Major. L'entrée du "joual" en littérature est plus un signe des temps qu'une révolution de salon, le roman "joual" apparaissant comme l'une des voies d'exploration de la réalité d'ici, l'une de celles qui a suscité le plus de controverses parce qu'elle remet en question non seulement l'art, mais aussi la réalité québécoise.

Au niveau des thèmes, la diversité éclate. On assiste, en particulier, à une véritable libération de la sexualité. André Renaud y voit les premiers balbutiements de l'amour dans notre roman[17] et note que cette entreprise de libération semble le fait de romancières: Monique Bosco (**Un amour maladroit**), Yolande Chéné (**Au seuil de l'enfer**), Suzanne Paradis (**Il ne faut pas sauver les hommes**), Marie-Claire Blais (**le Jour est noir**), Paule Saint-Onge (**Ce qu'il faut de regrets**).

Plus librement, Claire Martin traite d'une liaison (**Quand j'aurai payé ton visage**); Claude Jasmin aborde l'homosexualité (**Délivrez-nous du mal**); Louise Maheux-Forcier; le lesbianisme (**Amadou**); Minou Petrowski, l'avortement (**Un été comme les autres**). Enfin Roger Fournier (**Inutile et Adorable**), Claire Mondat (**Poupée**), et Bertrand Vac (**Histoires galantes**) traitent allègrement de la chose sexuelle.

Les romans se multiplient aussi dont le cadre se situe à l'étranger, témoignant d'une nouvelle ouverture sur le monde, comme **l'Aquarium, l'Or des Indes, le Poisson pêché, Amadou**... Dans chacune de ces transformations romanesques, on perçoit une même volonté de libération, vis-à-vis d'un certain roman, d'une certaine société, d'une certaine vie, d'un certain espace. Le renouvellement s'inscrit dans le roman québécois qui secoue avec frénésie toutes les vieilles images et les idées reçues. Littérature en ébullition, littérature d'interrogation.

Plus justement, il y a lieu de parler de littérature de contestation, le roman des années 1960-1965 traduisant un

16 Gérard Bessette, "l'Aquarium" de Jacques Godbout, dans *Livres et Auteurs canadiens*, 1962, p. 18.
17 André Renaud, "Romans, Nouvelles et Contes 1960-1965", dans *Livres et Auteurs canadiens*, 1965, p. 10.

141

changement profond de perspective vis-à-vis de l'art et de la réalité sociale. Selon Normand Cloutier, l'on assiste à une "dé-ontologisation" de la littérature québécoise. D'une part, la littérature "dé-conditionne l'homme québécois; elle tente de désintégrer l'homme trop mythique qui le fascine encore[18]". D'autre part, "elle annonce un homme nouveau, désaliéné culturellement et disponible à l'expérience et à l'histoire[19]".

Ce changement de perspective s'inscrit dans les romans de tradition réaliste, tels **Une saison dans la vie d'Emmanuel**, **le Cassé**, **Pleure pas, Germaine**, **Éthel et le terroriste** et **Ashini**, ce dernier roman comportant, selon Gérard Bessette, une "structure propre au mythe" et un "revêtement réaliste[20]". Dans chacun de ces romans, à des degrés divers, se manifeste le pouvoir dissolvant de la dérision. De ces oeuvres, seul **Éthel et le terroriste** dépasse le stage du dévoilement de l'aliénation pour évoquer une conquête possible.

Ce sont, en effet, les romans issus de la tradition esthétique qui semblent les plus aptes à évoquer l'avenir, tels **Prochain Épisode**, **le Couteau sur la table**, **la Ville inhumaine**, qui esquissent une histoire possible. Ces romans marquent le passage d'un mythe à un contre-mythe.

Fondamentalement, le roman de contestation illustre la difficulté que l'on éprouve à se réinventer un visage collectif. À travers des oeuvres diverses, animées par une même conscience, on peut retrouver, sous leurs différentes facettes, une réalité et une définition en train de se faire, réalité et définition qui s'inscrivent en faux contre la représentation traditionnelle du Canadien français.

C'est précisément à cette difficulté que se heurte le héros qui est à la recherche de son identité. La définition de soi dont il a hérité ne correspond plus à la réalité et l'empêche de se reconnaître. Le dilemme auquel il fait face est le suivant: rejeter la définition antérieure, ce qui constitue une privation, ou se situer hors du réel. La deuxième difficulté qui le confronte est le vide culturel, associé à une maladie collective, qui le prive de points de repère susceptibles de le guider dans sa recherche. Ainsi, se reconnaissant comme minoritaire, il ne perçoit aucune issue à sa situation. Ce n'est qu'en se situant dans une perspective nouvelle, celle de la domination et de la

---

18 Normand Cloutier, "la Contestation dans le nouveau-roman canadien français [sic], dans *Culture vivante*, vol. I, n⁰ 2 (1966), p. 10.
19 *Loc. cit.*
20 Gérard Bessette, *Une littérature en ébullition*, Montréal, Éditions du Jour, 1968, p. 209.

colonisation, défini ou se définissant comme prolétaire et colonisé, qu'il parvient à se reconnaître enfin, non par rapport à une représentation élaborée hors du réel, mais par rapport à la réalité même.

LA QUESTION DE L'IDENDITÉ. - Si le roman de moeurs urbaines a décrit la situation socio- économique en termes de domination, si le roman psychologique a assimilé les valeurs-refuges à des empêchements à vivre, le roman de contestation tente de définir un homme nouveau, le Québécois:

> Les romans les plus significatifs de ces
> dernières années ont pour dessein non pas
> tant de décrire la réalité, de la délimiter ou
> de l'appréhender, que de situer l'homme
> canadien-français et de connaître son uni-
> vers. Autrement dit, les romanciers sont en
> quête d'identité, et cette quête s'est mani-
> festée à divers niveaux[21].

Cette orientation du roman ne suscite pas l'adhésion unanime des critiques. Ainsi, Jean Éthier-Blais, évoquant les oeuvres de Marie-Claire Blais et d'Hubert Aquin, ne voit-il "dans cette recherche d'un homme mythique, l'homme d'ici, qu'un processus de fuite vers l'intérieur[22]". Pour sa part, Jacques Cotnam considère que le roman des années 1960 s'inscrit dans une évolution normale, tant sociale que littéraire, l'artiste et la collectivité ayant franchi une étape importante dans la voie de la libération. Émile Drolet, Galarneau (**Salut Galarneau!**, de Jacques Godbout) et les autres s'éveillent à la conscience et éprouvent le besoin de s'expliquer:

> "S'expliquer", non pas tant pour être
> compris des autres comme pour se mieux
> comprendre soi-même; prendre conscience
> de sa propre aliénation, puis de celle des
> siens, la dire et l'assumer, n'est-ce pas là
> franchir les plus importantes étapes du
> chemin conduisant à la libération souhaitée,
> c'est-à-dire au "Prochain épisode", à l'Évé-
> nement que plusieurs appellent[23]?

S'expliquer ou, comme l'a justement exprimé Jean Éthier-Blais dans le dédale de ses réticences, "se donner pour "mission"

21 Naïm Kattan, "Canada: une littérature d'interrogation", dans *Preuves* (Paris), vol. XVII, nº 93 (mars 1967), p. 78.
22 Jean Éthier-Blais, "Une explosion créatrice", dans *Québec 70*, vol. VII (mars 1970), p. 78.
23 Jacques Cotnam, "le Roman québécois à l'heure de la Révolution tranquille", p. 277.

143

d'éclairer sa conscience historique[24]".

Parmi les romanciers, Claude Jasmin est l'un de ceux qui pose le plus explicitement le problème: "Et demain, j'aimerais bien savoir qui je suis. Qui suis-je devenu[25]?" Comme Paul le terroriste, le philosophe de Saint-Quentin s'interroge:

> - D'où venons-nous?   Qui sommes-nous?
> Que devenons-nous?
> Y ramasse un caillou et le lance dans l'eau en
> criant:
> - Qui sommes-nous, monsieur[26]?

C'est dans cette même perspective que **la Ville inhumaine**, **le Couteau sur la table** et **Prochain Épisode** projettent leurs narrateurs à la recherche de leur identité, identité confuse à l'image de celui qui incarne un destin collectif incertain. Cette quête constitue la trame de fond du roman d'Hubert Aquin.

Prochain Épisode propose à la réflexion quatre récits, à des niveaux différents, reliés entre eux par des plongées et des remontées successives. À un premier niveau, un révolutionnaire incarcéré écrit pour tuer le temps; il se propose d'inventer une intrigue d'espionnage, mais il en vient à projeter son propre drame révolutionnaire dans ce récit; à un troisième niveau, on retrace le cheminement d'une double révolution, celle de l'amour et de la lutte armée, l'une et l'autre indissociables et fondées sur le pays; enfin, **Prochain Épisode** propose une réflexion sur l'écriture, qui ne saurait faire abstraction du drame collectif.

Contrairement à ce que l'on pourrait croire, le roman d'espionnage n'est pas qu'un prétexte. Il constitue un guide, une clé de lecture, dans la recherche de l'identité: un membre d'un réseau révolutionnaire doit supprimer un ennemi; celui-ci est le double du héros et, en outre, il possède une triple identité qui recoupe trois composantes de la problématique québécoise:

> Cet homme qui pleure devant moi, qui est-ce
> enfin? Est-ce Carl von Ryndt, banquier
> pour la couverture mais surtout agent
> ennemi; ou bien H. de Heutz, spécialiste
> wallon de Scipion l'Africain et de la

---

24 Jean Éthier-Blais, "Une explosion créatrice", p. 18.
25 Claude Jasmin, *Éthel et le terroriste*, Montréal, Librairie Déom, 1964, p. 121. (Coll. Nouvelle Prose, n⁰ 1).
26 Id., *Pleure pas, Germaine*, Montréal, Éditions Parti pris, 1965, p. 25-26. (Coll. Paroles, n⁰ 5).

contre-révolution; ou encore serait-il plus simplement le troisième homme du nom de François-Marc de Saugy, en proie à une crise suraiguë de dépossession[27]?

Von Ryndt, le banquier, représente la puissance économique étrangère et sa force répressive; il tient la nation en état de sujétion. H. de Heutz, personnage complexe, lui-même minoritaire - il est Wallon - représente un passé ambigu, caution d'une façon d'être: il est l'homme du **statu quo**. Quant à Saugy, il incarne le traumatisme psychologique provoqué à la fois par la domination, incarnée par von Ryndt, et l'aliénation culturelle dans laquelle l'enferme H. de Heutz.

La lutte qui s'engage entre le révolutionnaire et cette "noire trinité" aboutit à l'impasse. Michel Bernard a démonté quelques rouages importants de ce mécanisme qui se trouve faussé dès le départ. Ainsi le héros se lance initialement à la poursuite de von Ryndt, qui représente la puissance étrangère, mais, précise Bernard:

> [...] celui-ci demeure **inaccessible**, ce qui est finalement rattrappé [sic], c'est le personnage des super-structures, la culture bourgeoise traditionnelle qui conjugue l'histoire au passé. Or, plus le héros approche du personnage du professeur, plus il a de mal à le haïr. Ce n'est pas dans une banque qu'il pénètre, mais dans un château où il a très envie de s'installer et de vivre. Il reconnaît en de Heust [sic] ses valeurs, auxquelles lui-même demeure attaché[28].

Pour le révolutionnaire, tuer le banquier, c'est-à-dire supprimer l'oppresseur, c'est à la fois renier une certaine histoire, certaines valeurs, se dissocier d'une façon d'être. Par ailleurs, accepter le *statu quo*, c'est maintenir l'ambiguïté, vivre en névrosé, à la façon de de Saugy. D'où l'hésitation du héros à se définir, à poser le geste irrémédiable. Tel est le dilemme proposé par **Prochain Épisode**.

La quête de l'identité sous-tend aussi toute l'intrigue du **Couteau sur la table**, ce dont l'auteur prévient le lecteur dans une note liminaire. Ici encore, l'anecdote ou l'intrigue se pose comme l'une des clés donnant accès à une nouvelle façon

27 Hubert Aquin, *Prochain Épisode*, Montréal, le Cercle du livre de France, 1965, p. 87.
28 Michel Bernard, "Document. *Prochain Épisode* ou l'autocritique d'une impuissance", dans *Parti pris*, vol. IV, nos 3-4 (novembre-décembre 1966), p. 84.

d'être collective:

> Ce livre est, d'abord, l'histoire d'une rup-
> ture. Entre des êtres qui s'aiment, bien
> sûr, mais aussi le récit, par **ce qu'il ne
> dit pas**, marque une autre rupture:
> aujourd'hui il est des choses, des
> événements, des faits, qu'un Canadien
> français ne veut plus s'expliquer (il ne
> s'agit pas de lassitude, mais à force de
> s'expliquer on oublie de vivre)[29].

Cette rupture, elle se manifeste dans une double perspective, le narrateur se situant par rapport à Madeleine et à
Patricia. Madeleine incarne le Canada français traditionnel,
par sa religion, sa langue, son statut social, ses rêves et son
impuissance. En elle, le narrateur retrouve "ce pays conquis"
qui est le sien. Or, Madeleine témoigne de son inaptitude à
vivre en se suicidant.

Patricia, Canadienne anglaise, représente le Canada anglais,
mais aussi par extension l'Amérique entière et sa civilisation
dans laquelle le narrateur est souventes fois tenté de s'englou-
tir:

> Patricia est un peu ce clinquant, cet univers
> de parvenus, ce chrome qui parle anglais.
> Ce factice. C'est toute une race d'Améri-
> cains - et de Canadiens anglais - qui
> accorde autant d'importance à un musée de
> l'automobile qu'au Parthénon [...].
> Patricia, c'est mon côté faible, ma mare, le
> moyen par lequel j'entre en contact charnel
> avec les cent quatre-vingt-dix millions
> d'individus qui m'entourent[30].

Comme dans **Prochain Épisode**, le narrateur est déchiré par
son désir de posséder deux univers qui s'excluent l'un l'autre.
Ici encore, quel qu'il soit, son choix l'amputera d'une partie de
lui-même. En cherchant à se définir, le narrateur prend
conscience de l'ambiguïté de sa situation qui ne peut être résolue que par une rupture.

Dans **la Ville inhumaine**, le même scénario se répète:
Émile Drolet, impuissant et désespéré, tente un effort ultime
pour s'objectiver et accéder à la conscience. Incapable de
donner quelque signification que ce soit à sa vie passée, c'est
dans l'incohérence qu'il tente de trouver son identité. Il

---

29 Jacques Godbout, *le Couteau sur la table*, Paris,
Éditions du Seuil, 1965, p. [9].
30 *Ibid.*, p. 27-28.

parvient néanmoins à exposer dans une lettre à son ami Thério le projet qui le hante, bien qu'il ne puisse lui donner forme dans le roman qu'il s'efforce vainement d'édifier:

> Ton Afrique, c'est l'avenir du monde, non? Eh! eh! tu m'as toujours reproché de me fermer au monde. Que veux-tu... Je saisis aujourd'hui que je tentais d'être un homme avant d'être autre chose... Et d'être un homme signifiait me situer, respirer dans mon pays...[31]

Tout en prenant conscience de la difficulté du choix qu'il s'apprête à poser, le héros se heurte à un obstacle majeur. La culture, fondement de l'identité, lui apparaît vide, dépourvue de toute signification, d'où la confusion et l'incohérence qui s'inscrivent dans l'oeuvre. La conscience du héros est brouillée par l'aliénation culturelle. C'est ce vide culturel, évoqué par Hubert Aquin, Jacques Godbout et Laurent Girouard, qu'explore **Une saison dans la vie d'Emmanuel**.

Si Émile Drolet en vient à regretter d'avoir cherché à être conscient, c'est qu'il débouche sur la constatation qu'il est sans culture. À la taverne, avec ses amis Marchand et Thério, ivres, il voit en eux le reflet de la nullité de son pays:

> Je n'aurais jamais dû sortir de ma condition de brute. Les brutes ont toujours eu l'avantage d'être inconscientes. Qu'est-ce que j'ai à foutre dans cette patrie-fantôme? Tout à chacun [sic] s'est torturé l'imagination pour déceler les dominantes de notre culture. Eh! oui. Une question de foi. Ils y croient. Moi pas. Une culture nourrit son homme... On en vit. Transfusion. Notre culture à nous pompe notre sang... Une cloche où l'on fait le vide[32].

Le constat de Drolet, le narrateur du **Couteau sur la table** l'énonce aussi, plus vertement encore. Hanté par le désir de revoir Patricia qu'il a à peine vue depuis quelques semaines, il dénonce sa condition et celle de toute une collectivité: "Au fond: dans ce bordel on sert de l'eau bénite et on couche avec le vainqueur. Moi, je vous le dis: nous vivons dans de la merde[33]".

---

31 Laurent Girouard, *la Ville inhumaine*, Montréal, Éditions Parti pris, 1964, p. 124.

32 *Ibid.*, p. 42.

33 Jacques Godbout, *le Couteau sur la table*, p. 121.

Les allusions à une certaine religion et à la colonisation identifient les deux principales sources de l'aliénation culturelle, aliénation qui transparaît aussi dans **Prochain Épisode**. Ici encore, le narrateur dénonce une façon d'être qui l'empêche de s'appartenir:

> Je ne veux plus vivre ici, les deux pieds sur la terre maudite, ni m'accommoder de notre cachot national comme si de rien n'était. Je rêve de mettre un point final à ma noyade qui date déjà de plusieurs générations. Au fond de mon fleuve pollué, je me nourris encore de corps étrangers, j'avale indifféremment les molécules de nos dépressions séculaires, et cela m'écoeure. Je m'emplis de père en fils d'anti-corps; je me saoûle, fidèle à notre amère devise, d'une boisson nitrique qui fait de moi un drogué[34].

Le cachot, les corps étrangers, les dépressions, tout un vocabulaire qui suggère le mal collectif; "pays désaxé", dira Drolet, tandis que le narrateur du **Couteau sur la table** rappelle "un déclic qui manque quelque part" et que celui de **Prochain Épisode** fait état de la "névrose ethnique". Toutes ces expressions traduisent le "naufrage culturel", une psychose collective, évoquée notamment par Jacques Grand' Maison[35] et analysée par Gérard Bergeron[36].

Cette maladie collective ou cette carence culturelle ramenée à la surface par la conscience du narrateur, Marie-Claire Blais la remet en jeu, selon l'expression de Gilles Marcotte. Parodie de l'idéologie traditionnelle, **Une saison dans la vie d'Emmanuel** trahit un vacuum culturel qui aspire la vie dérisoire des personnages. Seul Emmanuel préfigure l'émergence d'une conscience nouvelle, ce qui permet à Michel Brûlé de dire que "Marie-Claire Blais semble dépasser une révolte pour assumer une réalité révolutionnaire (même si elle doit être tranquille)[37]".

La saison de la famille rurale décrite par Marie-Claire Blais apparaît à bien des égards révélatrice de la carence de vie

---

34 Hubert Aquin, *Prochain Épisode*, p. 36.
35 Jacques Grand'Maison, *Vers un nouveau pouvoir*, p. 178-179.
36 Gérard Bergeron, "le Canada-Français [sic] après deux siècles de patience, Paris, Éditions du Seuil, 1967, p. 154-199.
37 Michel Brûlé, "Introduction à l'univers de Marie-Claire Blais", dans la *Revue de l'Institut de sociologie*, (Bruxelles), vol. XLII, no 3 (1969), p. 509.

collective. L'"effet de réel" de l'oeuvre, comme le souligne Gilles Marcotte, résulte d'une "référence à un texte majeur de notre culture, celui du roman de la terre ou de l'idéologie terrienne[38]". Le critique établit, d'ailleurs, de nombreux rapprochements significatifs avec **Trente Arpents**: la domination de l'"habitant" sur sa terre assurée par l'enfant; la mère reproductrice; le rôle de tante Mélie, similaire à celui de Grand-mère Antoinette; la vocation d'Oguinase Moisan et celle de Jean-Le Maigre, tous deux morts de tuberculose; le départ d'une fille d'Euchariste et d'Héloïse pour le bordel; la conclusion des deux romans, le printemps, le recommencement.

Reconnaissant en **Une saison dans la vie** d'Emmanuel l'expression mûrie, puissante et objective de notre vie collective, Madeleine Greffard étudie le mythe qui y est inscrit, son envers, ainsi que les personnages, pour en conclure que ce roman procède à "une liquidation de tous les vieux mythes canadiens-français en mettant à jour de façon saisissante, la vie dérisoire qu'ils recouvraient[39]".

Remise en jeu ou liquidation de l'idéologie traditionnelle? Pour Michel Brûlé, il s'agit plutôt d'un inventaire. De fait, le roman projette, sans continuité, des tranches de vie d'une famille terrienne, catholique et française, repliée sur elle-même, autosuffisante. Apparemment, elle constitue le modèle de la famille traditionnelle. Cependant, Madeleine Greffard l'a montré, la vie de cette famille est dérisoire: elle est condamnée à la pauvreté; elle ne connaît ni l'amour ni la réalisation de soi; qui plus est, elle existe plutôt qu'elle ne vit, ravalée au niveau de la vie animale.

Cette réduction de vie se manifeste en particulier chez le père, qui n'est littéralement qu'un reproducteur; la mère est aussi réduite à une fonction biologique; les jeunes filles, sauf Héloïse, sont assimilées à des vaches. Chez ces personnages, point de valeurs ni de conscience. Ne subsiste que la vie à l'état brut, ce qui remet en cause l'idéologie traditionnelle à laquelle se réfère cette famille modèle.

Jean-Le Maigre lui-même, le poète - mauvais d'ailleurs, selon Gilles Marcotte - témoin et participant de la vie des siens, ne parvient pas à transformer cette vie par l'imagination. Il ne peut que la reproduire, prisonnier d'un schéma univoque. Se réclamant d'une race supérieure, se croyant immortel, il adhère

---

38 Gilles Marcotte, *le Roman à l'imparfait. Essais sur le roman québécois d'aujourd'hui*, Montréal, la Presse, 1976, p. 126. (Coll. Échanges).

39 Madeleine Greffard, *"Une saison dans la vie d'Emmanuel", kaléidoscope de la réalité québécoise*, dans Cahiers de Sainte-Marie, no 1, Montréal, les Éditions de Sainte-Marie, 1967, p. 19.

au mythe et à l'ordre qu'il préside, incapable d'imposer une vision du monde qui soit sienne. En ce sens, il participe de l'aliénation de la famille.

Seul Emmanuel semble en mesure d'échapper à ce monde en voie de décomposition, de poser sur cet univers un regard neuf. "Conscience prématurée", dit Madeleine Greffard, Emmanuel se situe à l'extérieur de ce monde comme le narrateur. C'est Emmanuel qui perçoit, sous l'image mythique de Grand-mère, incarnation de l'idéologie traditionnelle, la vieille femme malingre, vision qui le libère de sa crainte:

> Il voulait suspendre ses poings fragiles à ses genoux, se blottir dans l'antre de sa taille [sic] car il découvrait qu'elle était si maigre sous ces montagnes de linge, ces jupons rugueux, que pour la première fois, il ne la craignait pas[40].

Comme Emmanuel, le narrateur, dès la première page du roman, réduit la Grand-mère immortelle à des dimensions humaines, révélant notamment sa "blessure secrète à la jambe[41]", disant d'elle non pas qu'elle dirige le monde mais semble le diriger, non pas qu'elle est immortelle mais se croit telle. Grand-mère Antoinette elle-même, après la mort de Jean-Le Maigre, prend peu à peu conscience qu'elle n'est pas intacte, que le temps a prise sur elle:

> Pourtant, il lui semblait aussi que l'hiver était plus long que d'habitude, que les jours finissaient trop tard, que la nuit ne lui apportait plus le même repos. Sans doute commençait-elle à vieillir. Sans doute, avait-elle déjà beaucoup vieilli en quelques jours...[42]

Grand-mère Antoinette, le narrateur et Emmanuel constatent l'écroulement d'un monde, tandis que l'ensemble des personnages s'affairent à leur existence dérisoire. Dans cette perspective, **Une saison dans la vie d'Emmanuel** ne liquide pas les vieux mythes, il constate plutôt leur liquidation. Ce qui apparaît de toute évidence, c'est que l'idéologie traditionnelle ne parvient pas à guider les êtres dans leur conduite et dans leur pensée. Au contraire, elle avale l'homme, le vide de sa substance et le condamne à vivre par procuration.

---

40 Marie-Claire Blais, *Une saison dans la vie d'Emmanuel*, Montréal, les Éditions du Jour, 1965, p. 8. (Coll. Les Romanciers du Jour).

41 *Ibid.*, p. 7.

42 *Ibid.*, p. 92.

Comment expliquer la totale inconscience des personnages sinon par une culture déficiente dont l'idéologie traditionnelle est le produit? "Prendre conscience de soi, écrit Fernand Dumont, c'est la plus profonde des révolutions intellectuelles: puisque c'est cesser de se fondre dans le monde des choses et dans le milieu social[43]". Si on considère que la prise de conscience est solidaire de la culture, définie comme l'outillage mental dont disposent les individus d'une société pour se guider, la vie dérisoire et l'inconscience des personnages trahissent une carence culturelle. Fernand Dumont, pour sa part, a écrit que "la culture canadienne-française laisse fâcheusement l'impression du sable mouvant ou du marais stagnant[44]". Exception faite de la révolution intellectuelle que laisse entrevoir Emmanuel, ce jugement peut s'appliquer à la lettre à l'univers reconstitué par le roman de Marie-Claire Blais.

LE MINORITAIRE. - La représentation du Canadien français comme agriculteur, catholique et français, réanimée par **Une saison dans la vie d'Emmanuel**, ne supporte plus la vie. Ce n'est plus qu'une abstraction, voire un contre-sens. Le dernier élément de cette définition, le caractère de minoritaire, qui semble toujours exercer une fonction déterminante, s'oppose lui aussi à une nouvelle prise de conscience. **Ashini, la Ville inhumaine, le Couteau sur la table**, et nombre de romans de cette période posent le problème.

Ashini propose à la réflexion la disparition éventuelle d'un groupe minoritaire, les Montagnais, menacés de perdre "librement" leur identité. Sous l'allégorie, on peut percevoir la menace qui pèse sur les francophones d'Amérique. Ashini, dans l'indifférence générale, se rend compte que sa langue, ses traditions, ses dieux mêmes se meurent, que son peuple se laisse dépouiller de son identité. La tentation de l'assimilation à laquelle succombent les Montagnais, nous la verrons réapparaître dans plusieurs romans. Ashini, pour sa part, accomplira le sacrifice suprême, dans l'espoir de susciter une nouvelle naissance.

Parallèlement à la condition du minoritaire décrite dans **Ashini**, on retrouve dans plusieurs romans le complexe du minoritaire, facteur d'impuissance; dans un réflexe d'auto-défense, le narrateur ou le personnage est porté à se comparer à d'autres minoritaires, ce qui le rassure ou le confirme davantage dans son infériorité, ou encore pose les bases d'une solidarité nouvelle.

Ainsi l'impuissance liée au complexe du minoritaire se manifeste dans **la Ville inhumaine**. Émile Drolet, convaincu

---

43 Fernand Dumont, "De quelques obstacles à la prise de conscience chez les Canadiens français", p. 22.
44 *Ibid.*, p. 23.

de l'absurdité de son existence dans un contexte français en Amérique, se refuse à tout engagement. Pressé par son ami Thério d'adhérer à la philosophie marxiste, il se dérobe:

> Si j'étais autre chose que Français nord-américain peut-être serais-je ce soir dans une assemblée syndicale à gueuler des bobards sur l'avenir paradisiaque. Je ne peux tout de même pas devenir marxiste africain. Toi, tu le pourrais. Moi pas. Je suis pris par l'écroulement[45].

Comme Drolet, le narrateur du **Couteau sur la table** se sent hors-jeu, du fait qu'il se définit comme minoritaire. À Patricia qui lui reproche son épuisement de Français déçu de n'avoir pas inventé la civilisation du XIXe siècle, il répond en ces termes:

> [...] si j'avais la peau noire, le nez sémite! Mais voilà de grandes cultures universellement reconnues! Je parle français en Amérique, c'est là la grande connerie, la **faute**, je serais fils putatif des Folies-Bergère et du Paris by Night que la Salvation Army n'en serait pas plus émue...[46]

Se situant par rapport aux Juifs et aux Noirs, minoritaires comme lui, le narrateur se sent inférieur à eux, faute d'une culture reconnue; mais cette comparaison est moins écrasante que celle qu'il pourrait établir avec les Américains et les Français, par exemple, qui ne sont pas minoritaires.

Éthel et le terroriste établit une solidarité entre minoritaires, ce qui permet de vaincre la sensation d'isolement qui étreint Paul et Éthel. À New York, ils doivent prendre contact avec Slide, un Noir, membre de leur réseau révolutionnaire. Paul rappelle le lien de nature établi entre eux par Éthel:

> Des rats, les bêtes puantes de l'Amérique du Nord: une juive, un noir et toi pauvre "canoque" - c'était le surnom. Elle baptisait ainsi tous les petits moutons, tous les rats de ma petite race de rats - les canayens-qui-jasent-français, des "canoques", tous des "canoques"[47].

Ce phénomène d'identification à ces cultures minoritaires déborde largement le cadre des romans analysés dans cette

---

45 Laurent Girouard, *la Ville inhumaine*, p. 152-153.
46 Jacques Godbout, *le Couteau sur la table*, p. 71.
47 Claude Jasmin, *Éthel et le terroriste*, p. 18.

étude. Outre Éthel et Patricia, dont le père est d'origine juive, les personnages juifs prolifèrent dans le roman des années 1960, personnages qui remplissent une fonction bien précise, liée à l'affirmation d'une identité:

> Le romancier canadien-français cherche à élargir son horizon par l'affirmation de son identité. Il n'est donc pas surprenant qu'il mette en scène des personnages juifs. Ceux-ci ne menacent pas son statut de minoritaire. De plus, le Juif a su conserver son identité à travers les âges. L'exemple est rassurant[48].

À la suite de Naïm Kattan, Ronald Sutherland évoque le même phénomène:

> It is of interest to note, moreover, that almost all the recent French-Canadian novels which discuss relations between ethnic groups have involved Jewish characters. These novels include Claire Martin's **Quand j'aurai payé ton visage**, Jacques Godbout's **le Couteau sur la table**, Robert Goulet's **Charivari**, Claude Jasmin's **Éthel et le terroriste**, and the book which nearly won France's Prix Goncourt, Réjean Ducharme's **l'Avalée des avalés**. It is evident, however, that in each of these novels the Jewish figure operates as a symbol with which the French Canadian can identify, and that in effect the authors are more of less vicariously exploring the situation of the French-speaking Canadian in North America[49].

Ainsi le Juif est étroitement associé à la quête de l'identité, comme symbole et miroir, quête qui, selon Sutherland, est inhérente à la condition du Canadien francophone. Aux romans déjà mentionnés, il convient d'ajouter **Un amour maladroit**, de Monique Bosco, dont le personnage central, Marguerite, est une jeune Juive émigrée au Canada. Liée d'amitié avec Louise, elle constate que sa situation et celle de cette Canadienne française sont similaires. Marguerite, qui éprouve la honte et la crainte de ses origines, ne se résigne pas à tout recommencer: "Cette nouvelle chance offerte, de recommencer à neuf,

---

48 Naïm Kattan, "Canada: une littérature d'interrogation", p. 79.
49 Ronald Sutherland, "The Body-Odour of Race", dans *Canadian Literature*, n° 37 (Summer 1968), p. 60.

je la repoussais avec terreur[50]". Comme quoi on n'échappe pas facilement à son passé.

L'analyse, toujours recommencée de la situation minoritaire, ne change toutefois rien à la situation et quelques romans disent l'inutilité de cette démarche. Lorsque Patricia reprend l'idée que les Juifs et les Canadiens français se ressemblent, le narrateur laisse clairement percer son agacement:

> J'opine de la casquette. Mais cette analyse mille fois recommencée, mille fois inutile, reprise d'une génération à l'autre, amenant chaque fois quelques adolescents à la révolte et puis au sommeil, bien entendu. Deux cents hivers semblables[51].

De la même façon, Émile Drolet, dans une perspective plus globale cependant, remet en question son projet d'écrire pour identifier les sources de son aliénation, comme si tout était d'avance voué à l'échec: "Est-ce vraiment utile de penser, parler, écrire? Pourquoi spontanément rassembler ces aliénations? Imiter les analystes qui l'ont fait avant moi[52]". Il semble que la définition de soi, comme minoritaire, ne permette aucune emprise sur le réel et condamne les personnages et les narrateurs à tourner en rond.

LE PROLÉTAIRE ET LE COLONISÉ. - Pour briser ce cercle vicieux, il fallait introduire dans la représentation de soi d'autres éléments, tirés de la situation existentielle. C'est cette ouverture que propose le roman "partipriste". Vingt ans plus tôt, **Au pied de la Pente douce** et **Bonheur d'occasion** avaient écarté la vie rurale du roman. Puis, dans les années 1950, les valeurs-refuges sont remises en question. A compter des années 1960, le roman de contestation ne retient de la définition traditionnelle du Canadien français que le terme "minoritaire". Puis, les "partipristes" entreprennent de redéfinir l'homme d'ici, à partir de la condition qui lui est faite, celle d'un "cassé". Notion caricaturale, qui fait référence à la domination et à l'aliénation. Le "cassé" est, en effet, un être dominé.

Le prolétaire-type, c'est celui devant qui Jacques Renaud s'efface dans **le Cassé**, Ti-Jean, qui pourrait être le frère de Pomme, du Septième, d'Héloïse, venus grossir les rangs des parias de la ville, le frère de ces porteurs d'eau que Paul rappelle à Éthel; ce Ti-Jean, c'est le prolétaire canadien-français, le colonisé qui s'ignore, celui qu'illustrent aussi **le Cabochon**, d'André Major ou "Télesse", de Gérard Godin.

---

50 Monique Bosco, *Un amour maladroit*, Paris, Éditions Gallimard, 1961, p. 164-165. (NRF).
51 Jacques Godbout, *le Couteau sur la table*, p. 93.
52 Laurent Girouard, *la Ville inhumaine*, p. 117.

154

Avec **le Cassé**, le "monde ordinaire", avec ses carences les plus profondes, accède à la littérature - certains préfèrent dire que la littérature le cède à la réalité - posant crûment un problème d'ordre économique, social et culturel.

Plus que la domination économique, abondamment décrite par les romans, la domination culturelle et l'aliénation qui en découle doivent retenir l'attention, car c'est d'abord celles-ci que dénoncent les "partipristes"; en se heurtant au "joual", Malcolm Reid, un anglophone, a compris non seulement la signification de ce langage, mais aussi la perception renouvelée du monde qu'il incarne:

> It is this quality of putting onto paper what everybody always knew, what was always staring us in the face, but which always escaped our definition, that gives such enormous persuasiveness to the politics of **parti pris**'s literature[53].

Le "joual" existait, au vu et au su de tout le monde, mais il échappait à notre représentation de nous-mêmes. C'est le mérite et la force de **Parti pris** d'avoir mis noir sur blanc ce que tout le monde savait mais se refusait à voir. Le "joual" n'est toutefois qu'un révélateur, un symptôme, celui de la pensée et de la vie fracturées du "cassé". Ici encore, à travers le sens même du mot "cassé", Reid dégage le sens profond de l'oeuvre, qui déborde largement la question économique:

> The word **cassé** is the past participle of the verb to break, hence an English inspired joualism for broke, penniless. But since, unlike the English **broke**, it is not an incorrect form assigned a special meaning, it has all the other meanings of the verb, too: broken, smashed, dispirited, crippled, destroyed. Even fractured, as in fractured French[54].

Effectivement, le "cassé" est un être brisé, infirme, privé de toute dimension humaine, à l'image des personnages d'**Une saison dans la vie d'Emmanuel**. Ti-Jean aussi s'apparente à une bête, réduit à ses instincts et aux nécessités du corps. Il ne s'explique pas, il en est bien incapable: il se trahit, dans chacun de ses gestes, dans chacun de ses mots, il trahit son aliénation.

---

53 Malcolm Reid, *The Shouting Signpainters*, Toronto, McClelland and Stewart Limited, 1972, p. 70.
54 *Ibid.*, p. 68.

À l'image du "cassé", l'intrigue est pauvre, inachevée, mais révélatrice. Ti-Jean n'a pas le sou; sa chambre misérable lui est une prison, à l'image de la ville hostile qui l'étouffe; il attend Philomène, une caissière, la chose qu'il a enlevée à un autre et qui est devenue sa chose à lui; mais voilà qu'Yves, jaloux, apprend à Ti-Jean que Philomène est allée chez Bouboule, celui qui passe de la drogue; Philomène s'est refusée à lui parce qu'elle a peur de Ti-Jean; ce dernier ne sait pas et, emporté par une violence aveugle, tue celui qu'il croit être son rival; quant à Philomène, il la retrouve dans les bras de Berthe et se contente de la battre, désarmé par la scène qui s'offre à lui; puis, il marche dans les rues de la ville, toujours "cassé".

Intrigue apparemment inachevée parqu'il n'y a pas de poursuite policière, pas de coups de feu. Quelle importance?, dit Reid. Perd ou gagne, il jouait déjà perdant en naissant dans les bas-fonds de l'Est de Montréal. Le meurtre même de Bouboule, la méprise fondamentale, suffit à dire l'aliénation de Ti-Jean:

> His victim is not his oppressor, nor even a representative figure for his oppressor; he is a French-Canadian slum product who cuts a better figure than Ti-Jean: as a hoodlum of sorts, selling goofballs to the wealthy likes a Berthe, throwing around the money this provides, he will be thought by the police to have been wiped out by the underworld, not by the nobody who is Ti-Jean[55].

De fait, Ti-Jean, c'est personne. C'est un inconscient, tout à fait incapable d'identifier le dominateur, la véritable cause de son mal. Il s'abandonne aux apparences et à ses instincts et supprime un "cassé" comme lui. Loin de le libérer, ce meurtre nourrit sa soif de vengeance, aveugle et destructrice.

La nuit suivant le meurtre de Bouboule, la conscience effleure Ti-Jean pour se dissoudre immédiatement dans le procès de Philomène et l'auto-accusation. Scrutant la ville alitée, Ti-Jean songe aux gens qui dorment ou ne dorment pas, aux enfants, aux pouponnières, et il en vient à poser la question essentielle, celle de l'appartenance:

> Des pouponnières que les assassinats ne videront jamais, n'arriveront jamais à vider, des pouponnières ou des orphelinats qui regorgent de beaux bébés, des malingres, des gras, des malades, des boursouflés,

55 *Ibid.*, p. 74.

> toutes sortes. Des enfants qui appartien-
> nent à quelqu'un ou qui, de toutes maniè-
> res, ne s'appartiendront jamais. Quand
> est-ce qu'on va pouvoir s'appartenir rien
> qu'un p'tit peu? J'aurais pas tué Bouboule
> si Philomène m'aurait pas tenu par les gos-
> ses. C'est d'sa faute! Ou la faute que
> chus maquereau. Ha! Ch'sais pus!...
> Chus pas tout à moé[56].

Le "cassé" n'est, en effet, pas tout à lui. Mais, ce constat qui s'impose à Ti-Jean n'est pas assumé par lui. Le Cassé, c'est la transcription brute et impitoyable de l'aliénation Ti-Jean, chômeur canadien-français. C'est sa révolte hurlée, viscérale, qui se situe en deçà de la conscience.

Pas plus que Ti-Jean, Gilles Bédard n'est en mesure d'assumer sa révolte. **Pleure pas, Germaine** reprend essentiellement le schéma du **Cassé**, et fournit plusieurs indications intéressantes relativement à une prise de conscience progressive de l'aliénation.

Gilles Bédard, c'est aussi un chômeur, celui à qui la ville n'appartient pas. Ouvrier sans spécialité, sans instruction, forcé de déménager chaque année, cherchant à la taverne l'oubli et l'évasion, il suit une longue route cahoteuse qui ne le mène nulle part. La mort de Rolande, l'aînée, vient de boulverser la monotonie de son existence et celle de sa famille. Tous se mettent en route pour la Gaspésie où Gilles croit pouvoir retrouver celui que son ami Léon a désigné comme le meurtrier de Rolande, Michel Garant. Or, c'est à Léon que Rolande s'était vendue. Engrossée par lui, elle se fait avorter par un ivrogne qui travaille comme un boucher; puis, elle se suicide sous les yeux de Garant. C'est ce que Michel raconte à Gilles lorsque ce dernier le retrouve. Le meurtre qu'allait commettre Gilles Bédard, c'était celui du "cassé". Comme Ti-Jean, il visait un "innocent".

Dans **Pleure pas, Germaine**, on retrouve trois "cassés", trois degrés de l'innocence et de la conscience: d'abord, Gilles Bédard, la simplicité d'esprit, la sotte crédulité, l'aliénation pure; puis, le philosophe de Saint-Quentin, privé de moyens lui aussi, celui qui par candeur ignore le mal et, par consé-quent, la vengeance; enfin, Michel Garant, celui qui n'est pas coupable, d'une part, et qui, d'autre part, prône la révolu-tion. Le lien est manifeste entre le "cassé" obsédé par son idée de vengeance dirigée contre un innocent, le philosophe qui pose la question de l'identité et Garant qui incarne la révolu-tion projetée, réponse absolue à l'aliénation absolue.

56 Jacques Renaud, *le Cassé*, 3e édition, Montréal, Éditions Parti pris, 1968, p. 77-78. (Coll. Paroles).

Le philosophe de Saint-Quentin souffre d'un mal non identifié. On le soigne, mais il sait qu'il ne guérira pas: "C'est en
dedans. J'ai quelque chose à dire, à faire, je sais pas comment. J'ai pas d'outil. J'ai pas de moyens[57]". Il n'est
pas fou, dit-il, mais les médecins ne comprennent pas. Il
raconte à Gilles son histoire: à dix-huit ans, il a craché sur
la pays et s'en est allé en Europe où il a connu le mal du pays.
Il ne partira plus jamais.

En posant la question de l'identité, le philosophe montre
que, contrairement à Gilles, il est conscient. En plus de la
conscience, Michel Garant détient des moyens d'action et propose une solution. Il est significatif que Michel soutienne
Gilles lorsqu'ils redescendent tous deux du sommet de l'île vers
la berge, la méprise reconnue, une solidarité nouvelle établie:

> On descend la passerelle côte à côte. Y me
> tient le bras parce qu'y fait noir, p'is je
> connais pas le chemin. Faut s'aider entre
> tout nus. Faut s'aider. Y grimpe dans le
> yatch [sic] à moteur. Y le fait
> partir, y connaît le chemin par coeur[58].

De Gilles Bédard, le cassé, en passant par le philosophe qui
symbolise la conscience, on en arrive à Michel Garant, le révolutionnaire.

Si le Cassé illustre l'aliénation de façon absolue,
Pleure pas, Germaine rend compte de la prise de conscience
progressive de cette aliénation et la relie explicitement à la
domination. De la même façon, le narrateur du Couteau sur
la table stigmatise la domination, tout en mettant en évidence
l'état de sujétion dans lequel est tenue la collectivité. Repro-
chant à Patricia de posséder tant d'argent, il crie son humiliation:

> [...] toi, tu es le capital, mon peuple en a
> assez souffert et j'ai pour maîtresse la fille
> d'un ennemi [...].
> Ce n'est pas vrai: mes compatriotes man-
> gent à leur faim. Mais toi, tu peux te saou-
> ler la gueule et leur cracher dessus; vous
> êtes les plus forts, oui vous gagnerez, oui
> nous sommes lâches[59].

Tandis que le roman de moeurs urbaines observe la domination économique, le roman de contestation met en évidence ses
conséquences culturelles et historiques. Le roman identifie

---

57 Claude Jasmin, *Pleure pas, Germaine*, p. 26.
58 *Ibid.*, p. 164-165.
59 Jacques Godbout, *le Couteau sur la table*, p. 43.

explicitement domination et colonialisme, et le héros prend conscience qu'il se situe hors de l'histoire, privé d'un véritable pays, membre d'une collectivité dont l'identité même est menacée.

Le caractère historique et collectif de la domination, perçue comme une réalité globale, apparaît dans **Éthel et le terroriste**, sous la forme d'une parodie:

> "Sommes-nous des baveux, de pauvres rats, sommes-nous les caves de l'Histoire, sommes-nous des chiens ou de simples et pauvres domestiques?
> Ethel sourit quand je chante. Je continue:
> "Nos enfants seront-ils des petits baveux de caves de domestiques, de rats de valets..."
> "Nos pères furent-ils des cons d'abrutis, des porteurs d'eau et des valets [...][60]"

Cet asservissement collectif et historique prend allure de drame dans **Prochain Épisode**, dont le héros évoque "la nuit coloniale"[61] associée à l'échec collectif:

> En moi, déprimé explosif, toute une nation s'aplatit historiquement et raconte son enfance perdue, par bouffées de mots bégayés et de délires scripturaires et, sous le choc de la noire lucidité, se met soudain à pleurer l'immensité du désastre et l'envergure quasi sublime de son échec[62].

Ce désastre, le héros l'assimile à "un suicide qui n'en finit plus[63]", idée reprise par Emile Drolet: le peuple "se suicide... on le suicide... par aliénation...[64]" Lui aussi associe le mal collectif à la colonisation: "si je vivais dans un pays non-colonisé[65]". Plus encore, il ressent la privation d'un véritable pays et dénonce l'illusion qui masque la réalité:

> J'ai vécu une vie d'homme (j'aime à le dire) dans un pays sans frontières où les autres hommes s'amusaient à se leurrer et à se croire une race supérieure[66].

60 Claude Jasmin, *Éthel et le terroriste*, p. 46.
61 Hubert Aquin, *Prochain Épisode*, p. 74.
62 *Ibid.*, p. 25.
63 *Ibid.*, p. 26.
64 Laurent Girouard, *la Ville inhumaine*, p. 139.
65 *Loc. cit.*
66 *Ibid.*, p. 162.

159

Le **Couteau sur la table** dénonce lui aussi l'illusion et fait explicitement mention du colonialisme, lorsque le narrateur effectue le compte rendu d'un attentat terroriste perpétré par le Front de libération du Québec:

> On sait que le FLQ, depuis la destruction du monument Wolfe dans les plaines d'Abraham, n'a cessé de harceler les forces armées, la R.C.M.P., et que ses membres ont juré qu'ils détruiraient le colonialisme et ses symboles[67].

Dans ce roman encore, l'aliénation culturelle, conséquence de la domination, est soulignée fortement par le narrateur qui a conscience de l'identité perdue:

> [...] des bâtards: les plus grands bâtards que la terre ait portés! Tu sais j'ai entendu des Belges se plaindre de la même chose, eh bien ils peuvent aller se rhabiller les Belges, les purs Bâtards! C'est nous[68]"

L'identité collective menacée, c'est aussi la préoccupation majeure d'Ashini qui dénonce l'échec, l'asservissement des Montagnais et leur expulsion de l'histoire, par la voie de l'assimilation:

> C'était de franc et commun socage que se formuleraient nos vies. Serfs de maîtres nouveaux, n'exigeant aucun labeur mais asservissant tout l'appareil futur de notre identité raciale[69].

Voilà précisément ce que constate le roman de contestation. Au-delà de la domination socio-économique, il y a l'asservissement collectif, la perte de l'identité. Lorsqu'Émile Drolet évoque ce "pays qui n'a jamais existé[70]" ou que le narrateur de **Prochain Épisode** se définit comme "chef national d'un peuple inédit[71]", ils résument un discours majeur du roman de contestation, l'évacuation hors de l'histoire de tout un peuple. Or, selon Albert Memmi, la carence la plus grave subie par le colonisé, c'est d'être placé **hors de l'histoire** et hors de la cité. La quête d'identité débouche sur le constat de l'inexistence collective.

---

67 Jacques Gobdout, *le Couteau sur la table*, p. 162.
68 *Ibid.*, p. 98-99.
69 Yves Thériault, *Ashini*, p. 74.
70 Laurent Girouard, *la Ville inhumaine*, p. 98.
71 Hubert Aquin, *Prochain Épisode*, p. 25.

L'aliénation n'est véritablement reconnue que lorsque le roman, délaissant une certaine histoire, projette du héros une image qui correspond à une certaine réalité, celle d'un prolétaire, d'un colonisé. Le "cassé" devient le reflet absolu de l'aliénation collective, tandis que le révolutionnaire s'apprête à poser un choix définitif, réponse absolue à la domination collective. La destruction du mythe canadien-français précède la naissance du Québécois.

CHAPITRE VI

LE QUÉBÉCOIS

Entre 1960 et 1965, la production romanesque comprend encore nombre de romans de facture traditionnelle. Que l'on songe, par exemple, aux romans d'Yves Thériault, de Gabrielle Roy, de Claire Martin, de Jean-Paul Pinsonneault, d'Adrien Thério, de Reine Malouin. Parmi ceux-ci, peu d'oeuvres marquantes, exception faite de quelques romans qui s'inscrivent dans la tradition du roman psychologique. Les oeuvres majeures de cette période traduisent plutôt un changement profond de perspective vis-à-vis de l'art et de la réalité sociale.

Le renouvellement esthétique du roman québécois, au cours des années 1960, n'est pas étranger à l'évolution du roman occidental. Le temps semble révolu du roman balzacien, fondé sur une illusion sociologique "où les trois pôles de l'individu, de la société et de l'histoire, corrélatifs les uns aux autres, paraissaient composer un système propre à rendre compte de toute la réalité humaine[1]". L'illusion perdue, le roman ne saurait plus prétendre clarifier et ordonner la condition humaine par la constitution d'un système historique fini et isolé. Il se propose désormais "de découvrir le sens d'une réalité complexe et mouvante, et d'exprimer par conséquent ce sens par des formes particulières[2]". Comme la vision du monde qu'elle traduisait, la forme romanesque traditionnelle s'écroule, avec ses règles et ses canons. Le romancier, s'il veut opposer la vérité de l'individu à "la fatale réalité sociale", doit dorénavant élaborer une technique nouvelle, consciemment signifiante, le personnage ne pouvant

> [...] être vrai que s'il est présenté comme perdu, incertain, hésitant et étonné dans un monde qui n'est maintenant qu'un kaléidoscope. Loin de devoir rendre la vie intelligible, le roman et ses figures traduiront

---

1 Michel Zéraffa, *Roman et Société*, p. 26.
2 *Ibid.*, p. 24.

au contraire des relations interpersonnelles qui ressemblent à des tourbillons d'atomes sitôt qu'on les dégage des conventions, des rites, des contraintes, en un mot des rapports sociaux officiels. Les hommes ont malheureusement une histoire (inhumaine), mais l'homme a heureusement un devenir (authentique). À la fatale réalité sociale de la personne doit être opposée sa vérité, qui se compose de contacts directs avec autrui, et avec soi. Loin de consoler le lecteur en lui présentant le confort (même mortel) d'un ordre et d'une raison, le roman aura pour rôle de traduire la non-finitude essentielle de l'existence[3].

Ce roman n'est guère rassurant. Loin d'expliquer la vie et la société, il les interroge. Rien d'étonnant donc à ce que le critique et le lecteur, déconcertés et inquiets devant cette nouvelle littérature, expriment leurs regrets face à la disparition du roman traditionnel:

L'histoire de la critique, au XXe siècle, est jalonnée de regrets successifs de ne pas voir réapparaître des Julien Sorel, des Prince André ou des Raskolnikoff. Cette attente nostalgique, ni Dos Passos, ni Bernanos, ni Nathalie Sarraute ne pouvaient la satisfaire, s'ils voulaient en même temps être des artistes et montrer tel aspect essentiel, donc nouveau, de la "société" de leur époque[4].

Gilles Marcotte exprime de semblables regrets, après avoir exploré le roman québécois des années 1960. Tout en reconnaissant la valeur esthétique des oeuvres qu'il étudie, il déplore qu'elles s'écartent - sans retour possible - lui semble-t-il, de la tradition du roman réaliste, pour entrer dans ce qu'il désigne sous le vocable de "nouvelle prose". Cette métamorphose lui apparaît comme une privation dans le contexte particulier de la littérature québécoise:

Dans un "grand pays" - en France par exemple - on peut se permettre de massacrer joyeusement la forme historique du roman, précisément parce que cette forme a été vécue, exprimée, épuisée. Au Québec, par contre, quand le récit prend congé de l'histoire, du devenir, du progrès, on a

3 *Ibid.*, p. 27.
4 *Ibid.*, p. 30-31.

quelque raison de ressentir ce congé comme
une privation, dans la mesure où nous
n'avons fait que traverser en coup de vent
l'expérience historique et romanesque
proposée par le XIXe siècle[5].

Cette privation, selon Gilles Marcotte, se manifeste dans
l'absence de ce qui aurait été notre "grand roman de la maturité". Le critique développe et illustre sa pensée en établissant
une comparaison entre **Trente Arpents** et **Une saison
dans la vie d'Emmanuel**, puis en rappelant le scénario qui
aurait pu constituer la trame du grand roman tant attendu:

> Dans l'un et l'autre cas, nous passons, à
> travers des événements semblables, d'une
> vision du monde à une autre, qui semble
> caractérisée en première instance par le
> flou, l'indéterminé, l'**im-parfait**. Or,
> quand nous rêvions d'une maturité roma-
> nesque, du "grand roman de la maturité",
> n'était-ce pas à la première de ces visions
> du monde que nous nous référions, à la
> forme classique, conquérante, du roman
> occidental? Le scénario extrait par Jean Le
> Moyne du **Poids du jour** de Ringuet, ou
> tout autre scénario semblable, exigeant une
> vision totale, solidement articulée, abon-
> dante en causes et en effets, de la société
> et de son évolution, découvrant les libertés
> personnelles aussi bien que les déterminis-
> mes sociaux, se conçoit mal hors de cette
> forme. On est amené à penser que si les
> romanciers, depuis 1960, l'ont presque tous
> abandonnée - ou ne l'ont pratiquée qu'avec
> des réserves et des déviations qui en
> minaient l'esprit - , c'est qu'ils sont habités
> par une autre image de la société; il nous
> parlent différemment, parce qu'ils nous
> parlent d'un autre monde[6].

S'il faut être d'accord avec le critique lorsqu'il affirme que le
romancier québécois des années 1960 nous parle différemment
parce qu'il nous parle d'un autre monde, on peut s'interroger
sur la conclusion qu'il dégage de l'évolution romanesque:
"Coupé du modèle historique [le roman québécois] persiste à
raconter des histoires, à nourrir la fable[7]". Ne peut-on
prétendre, au contraire, que le grand roman réaliste de la
maturité, souhaité par Marcotte, eût été, au Québec, en 1960,

---

5 Gilles Marcotte, *le Roman à l'imparfait*, p. 54-55.
6 *Ibid.*, p. 16.
7 *Ibid.*, p. 190.

une fable, au mieux une utopie? Michel Brûlé, par exemple, reconnaît précisément dans **Une saison dans la vie d'Emmanuel** le sens de l'Histoire et le refus de l'utopie:

> Nous ne pensons pas faire erreur en rattachant l'oeuvre romanesque de Marie-Claire Blais à toute cette période de contestation et de dégel que nous avons vécue et que nous vivons encore, quoique beaucoup moins intensément. Ce qui, à notre avis, contribue en bonne part à la valeur de cette oeuvre, c'est le sens de l'Histoire manifesté par Marie-Claire Blais, son refus de l'utopie, noire ou rose[8].

Les interprétations contradictoires d'**Une saison dans vie d'Emmanuel** que proposent Michel Brûlé et Gilles Marcotte soulèvent une question fondamentale: le récit, selon les termes de Gilles Marcotte, prend-il carrément congé de l'histoire ou illustre-t-il plutôt, comme le soutient Michel Brûlé, "l'impossibilité de ne vivre qu'avec les valeurs du passé [...] tout en montrant la difficulté de vivre au présent", et en entrevoyant un "avenir problématique mais non point illusoire[9]"? Cette question ne se pose pas uniquement à propos du roman de Marie-Claire Blais. Elle touche la spécificité même du nouveau roman québécois. Ainsi Gilles Marcotte conteste la dimension historique de **Prochain Épisode**, dont le caractère lui semble ambigu:

> Voilà bien cependant une étrange forme de conscience historique, qui abolit le passé et non seulement fait de l' "événement" un acte sans racines temporelles, un pur surgissement, mais encore le prive de tout développement. Car l'événement, selon le narrateur de **Prochain Épisode**, sera "absolu et répété"; il n'engendrera pas une continuité historique, mais il s'insère d'avance dans la structure mythique de l'éternel recommencement. L'ambiguïté loge, ici, dans le déplacement de sens qui s'opère à l'intérieur du mot histoire, qui signifie tantôt la prise en charge d'une réalité collective en évolution (ou en révolution) et tantôt l'événement primordial qui fonde, et ne cesse pas de fonder, l'existence de la collectivité[10].

---

8 Michel Brûlé, "Introduction à l'univers de Marie-Claire Blais", p. 512.
9 *Loc. cit.*
10 Gilles Marcotte, *Le Roman à l'imparfait*, p. 179.

Patricia Smart, pour sa part, interprète différemment cette oscillation constante entre le mythe et l'histoire dans le roman d'Hubert Aquin. Plutôt que d'y voir une ambiguïté, elle y découvre une tension entre la perspective de l'artiste et celle du révolutionnaire:

> La tension entre lyrisme et prose dans **Prochain Épisode**, c'est aussi la tension entre mythe et réalité, entre la prise de possession du pays par le verbe et la constatation de l'impuissance du verbe à transformer le réel, entre la perspective de l'artiste et celle du révolutionnaire. Ainsi peut-on dire que, par rapport à la poésie "de fondation et d'appartenance" des années 1960 au Québec, le roman d'Aquin représente à la fois une continuité et une rupture. Tandis que les passages lyriques du roman reprennent les thèmes principaux de cette poésie (telles la célébration de la femme-pays, l'ascension aux sommets et la plongée vers le centre de la terre, la litanie incantatoire des espaces géographiques du pays), les retombées dans la "prose" ramènent le lecteur vers le vide infini de la "préhistoire" qui est le temps québécois[11].

Le narrateur se trouve ainsi écartelé entre deux pôles que Patricia Smart défini comme "le vide intemporel de la colonisation et la santé organique de l'Histoire[12]". Le dilemme posé ne peut être résolu par la seule littérature:

> La solution de ce dilemme appartient finalement à l'histoire, non pas à l'art: le caractère vraiment révolutionnaire du roman d'Aquin est de nous en faire prendre connaissance. Plutôt que d'offrir une solution compensatoire, il renvoie le lecteur au réel avec une nouvelle conscience de son propre rôle dans le dépassement du vertige collectif et dans la prise en main de l'histoire[13].

11 Patricia Smart, *Hubert Aquin, agent double. La dialectique de l'art et du pays dans "Prochain Épisode" et "Trou de mémoire"*, Montréal, les Presses de l'Université de Montréal, 1973, p. 31. (Coll. Lignes québécoises).
12 *Ibid.*, p. 35.
13 *Ibid.*, p. 64.

Dans cette perspective, on ne peut affirmer que Prochain Épisode récuse l'histoire. Au contraire, le roman pourra trouver une fin logique une fois que l'histoire même aura été écrite. Ce roman, pas plus que le Couteau sur la table ou la Ville inhumaine, par exemple, ne rejette l'histoire ou l'ordre social de façon absolue. Ces romans refusent une certaine histoire, un certain ordre. Comme le souligne Patricia Smart, c'est "la place de l'art dans un pays qui n'a pas encore pris en main sa destinée dans l'histoire[14]" qui est problématique.

Ce n'est pas le roman qui prend congé de l'histoire, à l'expression de Gilles Marcotte, c'est plutôt l'absence de l'histoire qui provoque l'éclatement de la forme romanesque, l'avènement de l'Événement pouvant seul lui restituer sa dimension historique.

S'il y a analogie entre la forme du nouveau roman français, par exemple, et celle du nouveau roman québécois, il y a entre les deux une différence fondamentale, le premier refusant d'ordonner la condition humaine par la constitution d'un système historique, le second souhaitant l'avènement de l'histoire comme fondement de l'art.

En ce sens, on peut affirmer que le roman québécois des années 1960 est "celui de notre conscience sur le point d'être réconciliée dans le destin collectif[15]". Son évolution même semble indissociable de celle de la conscience collective:

> Il me paraît, en effet, que l'éveil d'une conscience esthétique chez le romancier québécois n'est pas étranger à celui d'une conscience collective et que les questions qu'il pose de même que les voies (sans issue apparente parfois) dans lesquelles il s'engage ne sont point sans refléter les préoccupations et les hésitations d'une société pour qui sonnera bientôt l'heure d'une option définitive[16].

Hésitation, exploration, roman d'interrogation. Il est significatif que les héros de romans qui ont le plus retenu l'attention au cours des années 1960 apparaissent, tel Jean-Le Maigre, "comme l'affirmation d'un être en l'absence de coordon-

---

14 Ibid., p. 9.
15 Jacques Allard, "le Roman québécois des années 1960 à 1968", dans Europe (Paris), vol. XLVII, nos 478-479 (février-mars 1969), p. 50.
16 Jacques Cotnam, "le Roman québécois à l'heure de la Révolution tranquille", p. 284.

nées qui lui donneraient un sens[17]". Ainsi, dans **Quelqu'un pour m'écouter**, Rémy brise symboliquement un cadre, une gravure représentant une famille heureuse, à laquelle se superpose une autre image, projetée par sa mémoire. Il se reconnaît, hier petit garçon apeuré, aujourd'hui "navigateur solitaire qui la nuit ne peut faire le point...[18]". Navigateur privé de point de repère, Rémy est emprisonné dans un cadre vide de signification. Comme dans **Une saison dans la vie d'Emmanuel**, la vie antérieure est dépourvue de sens. Ce constat établi, une nouvelle saison s'annonce: "[...] il pressa le pas, l'été l'appelait[19]". De façon similaire, **l'Incubation** recherche à travers l'anecdote, un sens possible:

> Nous sommes non dans la description mais
> dans l'interrogation: intensité frénétique de
> l'effort pour voir clair dans le brouillamini
> d'une aventure troublante à peine ache-
> vé[20].

C'est une démarche similaire que proposent **l'Or des Indes**, de Pierre Gélinas, et **l'Aquarium**, de Jacques Godbout.

Dans **le Poisson pêché**, Pascal Richer s'exerce aussi à la lucidité. Son expérience personnelle, son alliance avec Joan, une Canadienne anglaise, sont explicitement reliées à la problématique collective. Il s'agit pour lui de se situer dans un pays:

> La lucidité est tranchante, mais essentielle.
> Il ne faut pas faire erreur sur nous-mêmes:
> immense est la distance entre nous, même si
> nous sommes du même pays. Notre langue,
> notre culture nous séparent. Quoi nous
> unit, hors un paysage commun? Et encore!
> Je l'ai dit: qu'y a-t-il de commun entre
> l'Ouest et l'Est canadiens? Chacun à sa
> façon, nous sommes tous deux perdus ici.
> Mais il ne faut pas que notre amour soit
> l'inconsistante fusion de notre perdition. Je
> refuse, d'ores et déjà, une inconsistante
> alliance[21].

---

17 Madeleine Greffard, *"Une saison dans la vie d'Emma-nuel*, kaléidoscope de la réalité québécoise, p. 23.
18 Réal Benoit, *Quelqu'un pour m'écouter*, Montréal, le Cercle du livre de France, 1965, p. 118.
19 *Ibid.*, p. 125.
20 Réjean Robidoux, "Gérard Bessette et la technique roma-nesque à l'occasion de *"l'Incubation"*, dans *Livres et Auteurs canadiens*, 1965, p. 38.
21 Georges Cartier, *le Poisson pêché*, Montréal, le Cercle du livre de France, 1964, p. 81-82.

On retrouve dans ce roman, sur un registre différent, le thème du **Couteau sur la table**. Ces deux oeuvres, comme le roman de contestation en général, posent la question de la signification de l'existence individuelle, en même temps que celle de l'existence collective. C'est, en particulier, la démarche adoptée par le roman "joual". Dans cette superposition des destins individuel et collectif, Jacques Allard a reconnu une conscience sur le point de se réconcilier dans le destin collectif.

Ce destin collectif est problématique. C'est pourquoi les personnages-types du roman de contestation, le "cassé" et le "révolutionnaire", qui trahissent ou dévoilent l'aliénation collective, expriment à travers la violence un désir fondamental de changement. Cette aliénation se manifeste tant dans le **Cassé** que dans **Prochain Épisode**. La différence essentielle entre les deux romans tient dans le "Chus pas tout à moé" de Ti-Jean et le "Je suis hors de moi"[22] du héros de **Prochain Épisode**. Une même réalité s'exprime, sauf que la parole chez Ti-Jean se dissout dans les mots, tandis qu'elle se fait conscience chez le révolutionnaire.

DU "CASSÉ" AU RÉVOLUTIONNAIRE. - Par son inconscience, le "cassé" rappelle le "rêveur", personnage-clé du roman de moeurs urbaines, illustré par Azarius Lacasse. Comme Azarius, Ti-Jean est chômeur, non-instruit, impuissant et inconscient. Il est toutefois une distinction fondamentale entre ces deux personnages. Le rêve ne suffit plus au cassé. La violence lui est nécessaire. Ainsi Ti-Jean est possédé par son désir de vengeance, littéralement dévoré par son obsession:

> Ti-Jean les voit surgir les maudits nerfs, se ramasser en boule dans la gorge, une boule qui s'enfle à mesure que Philomène rit... Comme des vers de terre bruns, rougeâtres, luisants... La boule enfle, enfle... Elle prend maintenant toute la place de la tête...[23]

C'est aussi l'idée fixe de vengeance qui anime Gilles Bédard, dans **Pleure pas, Germaine**, tandis que Le Septième, dans **Une saison dans la vie d'Emmanuel**, est habité par la hantise du vol et que Télesse, héros du récit de Gérald Godin, bat sa maîtresse chaque fois qu'il s'enivre. Le "cassé" se caractérise par une violence aveugle, primaire.

Le "cassé" se libère aussi de ses frustrations en donnant libre cours à ses instincts sexuels. **Le Cassé**, "Télesse", **Une saison dans la vie d'Emmanuel** disent la sexualité sans

---

22 Hubert Aquin, *Prochain Épisode*, p. 136.
23 Jacques Renaud, *le Cassé*, p. 41.

amour, une suite d'actes sans signification, tels ceux posés par Gilles Bédard, dans son adolescence.

Le "rêveur" se réfugiait dans la cuisine où il berçait sa désillusion et ruminait son échec. Ti-Jean, Gilles Bédard et Télesse trouvent refuge à la taverne. C'est là qu'ils renouent avec le rire, oublient leurs complexes de pauvres et se construisent un univers où ils sont enfin des êtres supérieurs.

En somme, si le "rêveur" demeure profondément humain, par une certaine douceur, une tendresse réelle qu'il manifeste envers les siens, par tous les sentiments qu'il éprouve, le "cassé", existe essentiellement au niveau de l'instinct et se caractérise par la violence qui l'habite.

Ce personnage en appelle un autre, le révolutionnaire. Lui aussi est un être violent, mais, contrairement au "cassé", il reconnaît son aliénation et ses causes qu'il vise à supprimer par la violence. Il se distingue du "cassé" par la conscience et par la reconnaissance du fait que son histoire individuelle est indissociable de l'histoire collective. Ainsi Ashini n'a de signification que comme sauveur de son peuple. De même le héros de **Prochain Épisode** se définit, symboliquement, comme le chef de son peuple:

> Chef national d'un peuple inédit! Je suis le symbole fracturé de la révolution du Québec, mais aussi son reflet désordonné et son incarnation suicidaire[24].

Dans **le Couteau sur la table**, le narrateur prend aussi conscience d'une tâche collective à accomplir:

> [...] j'atteignais l'âge de la majorité et je me surprenais de plus en plus à me préoccuper d'une tâche collective, je parlais des foules des devoirs, avec des envolées électorales[25].

Émile Drolet lui-même n'échappe pas à la tentation de jouer un rôle au plan collectif:

> La tentation de sauver un peuple, le sien, (si peu), du désastre national, peut griser. Ça captive beaucoup de forces, de puissance, qui demeuraient inutilisables avant la prise de conscience du cataclysme final. Il y en a plusieurs qui ont perdu des années à cette illusion... il y en aura

24 Hubert Aquin, *Prochain Épisode*, p. 25.
25 Jacques Godbout, *le Couteau sur la table*, p. 88.

encore... jusqu'à la fin, quelle qu'elle soit.
Je m'y serai amusé quelques années[26].

Paul, le terroriste, porteur de bombes, espère lui aussi que
sa société pourrie par la colonisation va être transformée par la
révolution, même s'il y faudra du temps: "C'était ainsi avant
nos pétards, nos pauvres feux d'artifice. Ce sera ainsi longtemps[27]".

Dans **Pleure pas, Germaine**, la révolution que prépare
Michel Garant témoigne d'une foi nouvelle qui soulève le père
Jobidon:

> Y ont comme une foi, une foi terrible ces
> jeunes-là, ça fait que j'empêche pas, du
> moins je nuis pas. Y tiennent même des
> réunions dans maison, dans mes bâtiments,
> j'pense même qu'y cachent des armes. Je
> regarde pas trop, je veux pas savoir. Je
> sais rien qu'une chose, y ont la foi. Y ont
> confiance, c'est mieux que nous autres, non?
> Nous autres, on se laissait vivre dans misè-
> re, on se laissait vivre sans rien espérer.
> Eux-autres, m'sieur, y espèrent, y ont
> encore confiance. J'pense que ça a pas de
> prix, l'espérance, la confiance. Pas
> vrai[28]?

Il s'agit bien de foi, en effet, car dans aucun de ces romans
la libération n'est pleinement achevée. À des degrés divers, les
romans dressent le bilan des aliénations ou s'ouvrent sur un
projet collectif encore mal défini. Dans les deux cas, le
processus de désaliénation est nettement engagé. Bilan des
aliénations, à travers le cassé, évocation de l'événement à
venir, à travers le révolutionnaire.

La violence, lucide chez l'un, aveugle chez l'autre, devient
un thème majeur du roman. Le comportement du cassé, comme
celui du révolutionnaire s'apparente à celui du colonisé. Ainsi,
dans **le Cassé** et **Pleure pas, Germaine**, comme dans **la
Nuit** et **Papa Boss**, de Jacques Ferron, ou dans le
Journal d'un hobo, de Jean-Jules Richard, Robert Major
reconnaît cette agressivité qui

> [...] ne peut se comprendre pleinement qu'à
> la lumière des analyses essentielles de Fanon
> sur l'impulsivité criminelle des colonisés.

26 Laurent Girouard, *la Ville inhumaine*, p. 138-139.
27 Claude Jasmin, *Éthel et le terroriste*, p. 68.
28 *Id.*, *Pleure pas, Germaine*, p. 150.

> Surtout pour éclairer le comportement des
> personnages de Major, Renaud, Girouard et
> Jasmin[29].

Le critique ajoute:

> Mais pour les protagonistes aliénés, enfer-
> més dans l'enfer d'un Québec colonisé, la
> violence n'a aucun sens et aucun but; elle
> éclate sauvagement et soudainement, reflet
> monstrueux d'une situation intenable. Elle
> frappe aveuglément; non pas un véritable
> adversaire, mais le plus souvent un autre
> colonisé, identique à l'agresseur: un bouc
> émissaire [...][30]

On aura reconnu, à travers cette description, le comportement
de Ti-Jean et celui de Gilles Bédard qui, en Bouboule et en
Michel Garant, attaquent, par méprise, des êtres qui, comme
eux, subissent la domination.

Quant aux narrateurs-héros de **Prochain Épisode**, du
Couteau sur la table, d'**Éthel et le terroriste**, en particulier, ils expriment le refus absolu du colonisé, "c'est-à-dire
non seulement **révolte**, mais dépassement de la révolte,
c'est-à-dire **révolution**[31]".

La violence traduisant, chez le cassé comme chez le révolutionnaire, une exigence fondamentale de changement, nous
verrons comment se comporte le révolutionnaire à qui se
présentent deux solutions pour échapper à sa condition.

La démarche suivie par le révolutionnaire s'apparente à celle
du colonisé qui, refusant sa condition, voit deux issues
s'ouvrir devant lui, ainsi que le constate Albert Memmi: devenir autre ou reconquérir toutes ses dimensions.

Ces deux options, successives ou parallèles, marquent le
refus de tout un passé, d'une définition univoque de soi qui
fait que l'on retrouve, selon Gérard Bergeron, "au niveau de
l'inconscient collectif canadien-français, un Québécois mal à
l'aise dans sa peau, qu'il a pourtant blanche[32]". L'historien
précise en ces termes la nature de ce malaise:

---

29 Robert Major, *Parti pris: idéologies et littérature*,
   Montréal, Éditions Hurtubise HMH, 1979, p. 239. (Cahiers
   du Québec, Coll. Littérature, n° 45).
30 *Loc. cit.*
31 Albert Memmi, *Portrait du colonisé*, p. 174.
32 Gérard Bergeron, "le Canada-Français [sic] après
   deux siècles de patience, p. 192.

172

La tension intérieure n'est pas "raciale",
mais provient d'une conscience ethnique
précaire et doutant d'elle-même. Ce n'est
plus tellement le sentiment de la "conquête"
qui cristallise cette hargne lyrique, teintée
de masochisme; ce n'est pas seulement la
honte d'avoir subi un "dépouillement": c'est
le refus total de devoir se considérer à
jamais comme des "infériorisés collectifs"
(Miron) ou des "dépressifs explosifs"
(Aquin)[33].

Ayant affirmé ce refus, le héros doit opter soit pour l'assimilation, c'est-à-dire "changer de condition en changeant de
peau[34]", soit pour la révolte, "la **rupture**, l'éclatement, tous les jours plus explosif, de ce **cercle** infernal[35]".   Ces deux options, on les retrouve dans le
Couteau sur la table, **Éthel et le terroriste**, **Prochain Épisode,**
la Ville inhumaine et **Ashini**.

La tentation de s'approprier l'identité de l'autre, le narrateur du **Couteau sur la table** l'éprouve d'une façon suraiguë, comme en témoigne son désir, maintes fois exprimé,
d'habiter, à travers Patricia, un univers qui n'est pas le sien.
Se remémorant ses premières rencontres avec celle qui lui a
donné asile peu après qu'il eût quitté le régiment, il
s'interroge sur le besoin qu'il avait d'une étrangère:

(Encore aujourd'hui je n'arrive pas à
m'expliquer ce besoin que j'avais d'une femme
qui me fût à ce point étrangère. A cette
époque d'ailleurs je me plaisais à répéter
machinalement en baisant la pointe de son
sein: une peau nordique, puis promenant
mes lèvres sur son visage: des yeux du
nord, des cheveux d'un blond nordique,
une langue du nord, comme si pour le prix
d'un tel mannequin j'allais pouvoir m'acheter
une identité)[36].

Il est effectivement en quête d'une identité et il éprouve,
littéralement, le désir de changer de peau décrit par Albert
Memmi et par Gérard Bergeron.   Il manifestera la volonté de
s'annihiler pour devenir totalement autre, pour dominer par la
puissance de l'argent et se fondre dans le sable du continent.
Mal à l'aise dans sa peau, il veut détruire en lui le dominé pour
se faire dominateur:

---

33 *Loc. cit.*
34 Albert Memmi, *Portrait du colonisé*, p. 148.
35 *Ibid.*, p. 156.
36 Jacques Godbout, *le Couteau sur la table*, p. 36.

Être chez soi sans y être.

> Je suis bien en toi, dans toi, collé à ton
> corps je t'aime Patricia j'aime ta peau, le
> grain de ta peau à fleur de doigt, l'odeur
> que ton corps donne au parfum. Je suis
> bien dans ta peau.
>
> Dans la mienne, je me sentais mal à l'aise, de
> plus en plus mal à l'aise. Comme si j'étais
> chez moi sans y être. À chaque printemps
> les mêmes espoirs déçus. **Nous ne savions
> pas**, ni Madeleine ni moi. (De même sans
> le savoir tout un peuple toute une ville
> s'acharnaient à mériter l'espace que d'autres
> avaient conquis, la lumière par d'autres
> inventée)[37].

Peu à peu, le narrateur prend conscience que son rêve est
impossible, non seulement parce qu'il n'est pas conquérant mais
conquis, mais aussi parce qu'il se rend compte qu'il ne pourra
jamais renoncer à ce qui, en lui, évoque une certaine enfance.
En le harcelant, "You're completely stup: be an American and
feel at ease[38]", Patricia lui ouvre les yeux:

> Dans ces instants curieux je saisissais d'un
> seul coup (au disque qu'elle glissait dans
> l'électrophone Philco, **music to love by**)
> tout l'apport riche étrange d'une enfance,
> d'une culture précise, d'un chant appris il y
> a longtemps (La Tour prends garde, La
> Tour prends garde), d'un nom familier, de
> l'évocation -- et comme chacun vit suivant la
> mémoire qu'il a d'un certain rythme, d'une
> danse complice. Nous étions avalés par nos
> mots, nos mots d'enfants[39].

La confusion s'estompe. Ni lui ni Patricia ne peuvent
échapper à une certaine enfance, à une certaine identité.
"Pour détruire la volière, **choisir[40]**". Il a tout expliqué
à Patricia qui n'a pas compris. Aucune importance, juge le
narrateur, puisque des millions ont compris que le Front de
libération du Québec a fait exploser une bombe. Le couteau
sacrificiel fera son oeuvre, car le narrateur a choisi d'adhérer
totalement à une certaine façon d'être, non pas telle que l'idéologie la définit, mais telle que l'enfance l'éprouve.

---

37 *Ibid.*, p. 120.
38 *Ibid.*, p. 112.
39 *Loc. cit.*
40 *Ibid.*, p. 157.

Une situation similaire se produit dans **Éthel et le terro-riste**. Paul a fui vers New York, accompagné d'Ethel, à la suite de l'explosion de la bombe qu'il a déposée à Montréal. Hanté par la crainte sans cesse ramenée à la surface par Éthel d'avoir provoqué la mort de l'un des siens, il veut oublier. Un moment, il éprouve la tentation de se perdre avec Éthel dans l'Amérique, le paradis terrestre, au sud, à Miami, à Central Park où, subitement, ce rêve s'évanouit pour le céder à un autre, plus fort que le premier:

> Et puis je ne sais ce qui m'a pris. Tout
> s'est cassé. Je vois New York reprendre
> son spectacle. Je vois la silhouette des
> cierges ponctués de lumières jaunes. J'aime
> ce spectacle et pourtant, un air me vient,
> de loin, du fond de l'âme. Ma mère chante,
> en vieux français. Et c'est très doux. Mon
> père prie, et ce me semble moins ridicule
> qu'avant, plus attendrissant. Je suis
> changé. Tout le pays avec ses neiges et
> son énorme glace descend vers moi, comme
> un paquebot tout blanc. Je suis pris,
> soudain. Soudainement, j'ai mal. Je ne
> connaissais pas ça. Ce mal au ventre, au
> coeur... où exactement[41]?

Paul poursuivra la révolution, après avoir été tenté de fuir. Si on le force à déposer une autre bombe, aux Nations-Unies cette fois, c'est sans hésitation qu'il accepte de se rendre à la prochaine assemblée de l'organisation, une semaine après l'explosion qui a fait une victime. Malgré le mort, qui devait les séparer à jamais, Éthel revient à Paul. Tout laisse croire que ce dernier n'a pas abandonné ce qu'il appelle "mon vieux rêve, notre chère cause[42]". La révolution, malgré ses vicissitudes, malgré les réticences même de Paul, s'impose. Tout compte fait, Paul et Ethel préfèrent leur désordre à eux à un ordre étranger.

La crise d'identité qui fonde **Prochain Épisode** est aussi liée au désir du narrateur d'habiter le château, l'univers de l'autre: "Ah, vraiment je veux vivre ici, dans cette retraite empreinte de douceur et où s'exprime un vouloir-vivre antique qui ne s'est pas perdu[43]". Le révolutionnaire admire malgré lui H. De Heutz et s'avère incapable de le tuer. Néanmoins, l'événement se produira fatalement: "H. de Heutz reviendra au château funèbre où j'ai perdu ma jeunesse. Mais, cette fois, je serai bien préparé à sa résurgence[44]".

41 Claude Jasmin, *Éthel et le terroriste*, p. 109.
42 *Ibid.*, p. 120.
43 Hubert Aquin, *Prochain Épisode*, p. 128.
44 *Ibid.*, p. 173.

Cette prochaine fois, les combats terminés, et donc l'autre renversé, le narrateur croit pouvoir sortir vainqueur de son intrigue et inscrire le mot "fin".

Bien que tenté d'habiter le château, le révolutionnaire résiste à la tentation de se faire autre et exprime le désir de s'installer dans une petite maison, "tout près de La Nation", d'habiter pleinement ce pays où il retrouvera lui aussi l'amour et l'enfance:

> Où est-il le pays qui te ressemble, mon vrai pays natal et secret, celui où je veux t'aimer et mourir? Ce matin, dimanche inondé de larmes d'enfant, je pleure comme toi mon enfant de ne pas être déjà rendu dans les champs ensoleillés de cette campagne qui rayonne autour de la Nation, dans la chaude lumière de notre pays retrouvé[45].

Le déchirement du narrateur qui oscille entre deux univers à habiter, entre son admiration pour le colonisateur et le désir de le supprimer pour s'affirmer lui-même, c'est, selon Patricia Smart, la tension entre la colonisation et l'histoire. H. de Heutz - Michel Bernard l'avait remarqué - est relié au passé. Patricia Smart précise la signification de ce personnage à travers sa spécialité, l'histoire ancienne. À partir de la conférence de ce dernier sur "César et les Helvètes", elle démêle un réseau de liens révélateurs:

> La corrélation décelée par le narrateur-héros entre sa propre situation et celle des Helvètes suggère évidemment un rapport analogique entre la situation du Québec et celle des nations conquises par César au cours de son expansion de l'empire romain. Tandis que la figure de César se relie à celle de l'adversaire H. de Heutz et aussi, indirectement, à celle du général Wolfe (p. 130), l'on déduit facilement que le narrateur, dans cette "équation", se place du côté des Helvètes, des peuples gaulois et des héritiers de Montcalm. Mais, comme toutes les oppositions absolues de **Prochain Épisode**, celle-ci n'est simple qu'en apparence. Son ambiguïté provient, d'une part, de la fascination exercée par la figure du conquérant et, d'autre part, de l'impossibilité de dissocier l'identité des peuples conquis de celle de leur conquérant. En outre, lorsqu'on y ajoute le fait que les descendants des **victimes** (Helvètes et

---

45 *Ibid.*, p. 78.

Gaulois) représentent une des forces colo-
nisatrices contre lesquelles le Québec
cherche à affirmer sa propre identité, et
lorsqu'on songe aux implications
fédéralistes de l'allusion à l'histoire
helvétique, l'on se retrouve égaré dans un
labyrinthe de significations
contradictoires[46].

La contradiction et l'ambiguïté tiennent au fait que le
narrateur-héros s'identifie tantôt au conquérant, tantôt au
conquis. Plus encore, il s'oppose au dominateur von Ryndt
mais admire les valeurs incarnées par H. de Heutz, lui au
du côté du dominateur. Sans relever cette distinction établie
par Michel Bernard, Patricia Smart parvient néanmoins
expliquer le mystérieux attrait exercé par H. de Heutz sur le
révolutionnaire. Se référant à un autre ouvrage d'Hubert
Aquin, la **Mort de César**, elle montre que tuer H. de Heutz
équivaut pour le héros à se détruire lui-même:

> À la différence de **Prochain Épisode**, la
> **Mort de César** montre l'accomplissement de
> l'acte de révolte; mais dans les deux
> ouvrages la destruction de l'adversaire
> politique apparaît comme une destruction de
> soi. Si, dans le contexte de **Prochain
> Épisode**, l'acte de révolte a une teinte de
> parricide, c'est que le narrateur, en affir-
> mant sa propre identité et celle de son
> peuple, doit se mettre en opposition avec les
> forces mêmes qui l'ont façonné - en particu-
> lier les cultures britannique, européenne et
> canadienne-anglaise. Et puisque certains
> éléments de ces cultures ont été intériorisés
> chez le Canadien français, celui-ci ne peut
> les extirper de son moi sans se détruire
> lui-même[47].

Se définir une identité nouvelle, c'est ainsi rejeter l'autre
qui est devenu une partie de soi, cet autre que le narrateur a
été tenté de devenir tout entier. Face à ce dilemme, on
comprend mieux le narrateur quand il soutient qu'il parviendra
à se libérer une fois la révolution faite. En supprimant von
Ryndt, la puissance étrangère, la domination, il supprimerait à
la fois sa conséquence, l'aliénation culturelle.

Émile Drolet, dans la **Ville inhumaine**, tente sans succès
de s'arracher à son sol natal et de faire abstraction de la

---

46 Patricia Smart, *Hubert Aquin, agent double*, p.
35-36.
47 *Ibid.*, p. 36.

problématique collective. S'il éprouve, comme le narrateur de **Prochain Épisode**, la tentation de s'approprier une culture étrangère, il en vient à refuser, lui aussi, l'assimilation:

> S'il avait eu au moins l'espoir de pouvoir se
> libérer de son pays! Même sous la cloche à
> vide, dans le ghetto sociologique, dans
> l'antre de l'asile intellectuel, il n'a jamais pu
> dire comme des centaines de ses frères
> concentrationnaires: "Voilà! le point de
> saturation est atteint. Dans trois mois je
> partirai pour la France. Trois mois de
> préparatifs. Je n'aurai tout juste de loisir
> que pour solutionner les détails. Je m'en
> vais en Europe. Je tente de m'y adapter...
> et je n'ai du reste plus rien d'autre à foutre
> ici..." Il n'a jamais eu la force. Il n'était
> peut-être qu'un masochiste délirant. **Je
> suis encore parmi vous**[48].

Si Drolet s'inscrit en faux contre ce qu'il appelle l'inconscience de tout un peuple, analogue à celle des Montagnais, Ashini affirme que l'assimilation est impossible et que les siens deviendront "inéluctablement de faux blancs éternels[49]". Aussi le vieux chef indien choisit-il de s'enfoncer dans la forêt des ancêtres pour y retrouver le lieu originel, le lieu habitable destiné de tout temps aux siens par les dieux: "Était-il ainsi le monde premier que Tshe donna à l'homme? Avais-je repéré le canton parfait où mener ma tribu[50]"?

Pour le héros, la quête de l'identité se confond avec la recherche d'un lieu habitable, qui ne saurait être l'univers de l'Autre. Même Gilles Bédard, dans son inconscience de "cassé", rend compte, sans l'investir toutefois d'une dimension collective, de ce besoin fondamental. Si le narrateur de **Prochain Épisode** veut s'établir dans ce canton parfait qu'est la maison sise près de la Nation, Gilles rêve aussi de s'installer "pour de bon":

> Je me bâtirai une maison, de mes mains, de
> mes deux mains, avec une chambre pour
> chacun de mes enfants. On aura un jardin
> avec tout, des tomates, des patates, du blé
> d'Inde, tout. J'sus pas un chien quand
> même[51]!

---

48 Laurent Girouard, *la Ville inhumaine*, p. 186.
49 Yves Thériault, *Ashini*, p. 66.
50 *Ibid.*, p. 100.
51 Claude Jasmin, *Pleure pas, Germaine*, p. 133.

Le héros, incapable de s'approprier l'identité de l'autre, ou s'y refusant, choisit de s'affirmer et de conquérir un espace habitable. Cette conquête implique à la fois la suppression du Canadien français, par le rejet d'une certaine culture, et celle de l'autre, le dominateur, qui s'est approprié l'espace habitable.

Aussi, pour que naisse et s'affirme le Québécois, porteur d'une identité nouvelle, fondée sur un sentiment d'appartenance au pays, sur une intuition surgie de l'enfance, il faut que meure le vieil homme, le Canadien français, le colonisé, celui que l'idéologie traditionnelle a défini comme minoritaire. Le révolutionnaire ayant choisi de s'affirmer, on assiste à la destruction d'un mythe et à l'élaboration d'un contre-mythe.

DE MYTHE AU CONTRE-MYTHE. - L'entreprise de démystification du roman de contestation appelle un recommencement. Soit que le narrateur-héros prenne conscience de l'aliénation individuelle et collective, soit que le roman parodie l'idéologie traditionnelle ou une certaine réalité, tout un univers s'écroule sous le pouvoir magique du mot, de l'image, de la conscience.

Comme l'a si justement exprimé le narrateur du **Couteau sur la table**, le roman procède à la destruction d'un mythe pour en créer un autre. Ou encore, selon les termes mêmes de l'auteur, le roman se présente comme un "phénomène de réappropriation du monde et d'une culture".

Ce phénomène est analogue au processus de décolonisation qui, selon Fanon, est "véritablement création d'hommes nouveaux[52]". Cette régénération du monde qu'appelle le roman de contestation s'exprime, notamment, par l'évocation de mythes du retour aux origines ou par celle du chaos, antérieur à la création.

Ainsi, Ashini, animé d'une vision messianique, reproduit le scénario de la régénération du monde, le vieux chef indien assumant le rôle eschatologique du Roi-Dieu. Il ne s'agit toutefois pas uniquement d'un retour à un *illo tempore* mythique. Il y a, en effet, dans **Ashini**, superposition du mythe et de l'histoire, le retour aux temps mythiques constituant une réponse à la situation existentielle des Montagnais, la colonisation:

> [...] la fin d'un Monde - celui de la colonisation - et l'attente d'un Monde Nouveau impliquent un retour aux origines. Le personnage messianique est identifié avec le Héros culturel ou l'Ancêtre mythique dont on

---

52 Frantz Fanon, *les Damnés de la terre*, p. 6.

attendait le retour. Leur arrivée équivaut
à une réactualisation des temps mythiques
de l'origine, donc à une recréation du
Monde. L'indépendance politique et la liberté culturelle proclamées par les mouvements
millénaristes des peuples coloniaux sont
conçues comme une récupération d'un état
béatifique originel. En somme, même sans
une destruction apocalytique visible, ce
monde-ci, le vieux monde, est symboliquement aboli et le Monde paradisiaque de l'origine est instauré à sa place[53].

Ce rapport qui s'établit entre le mythe de l'origine et la
décolonisation, dans **Ashini**, se double d'une relation entre
la situation des Montagnais et celle des Canadiens français. Il
s'agit, en effet, de deux collectivités minoritaires et menacées
dans leur existence même. Au-delà de la fable, on retrouve
dans ce roman un symbole:

> [...]il existe dans notre littérature une
> [...] forme déguisée, symbolique, de
> contestation globale de la société que nous
> trouvons, par exemple, dans le **Ashini**
> d'Yves Thériault [...] Ashini dont le nom
> signifie "roc" et qui ambitionne d'être
> "l'ordonnateur d'une destinée nouvelle pour
> les [siens]" Le héros Ashini ne serait-il pas
> le symbole de la suprême contestation, de
> l'ambition de récupérer en une pleine
> possession et une parfaite autonomie une
> totalité sociale dont on a été déposs-
> sédé[54]...?

Dans **le Couteau sur la table**, c'est à travers le mythe du
Quetzalcoatl que s'impose le thème de la re-création du monde.
Le Quetzalcoatl, oiseau sacré, symbole de liberté, puisqu'il ne
survit pas en captivité, est chez les Aztèques le dieu civilisa-
teur dont le peuple entend périodiquement l'appel qui l'engage
à se mettre en marche vers la terre promise, le centre du
monde, où le dieu lui enseignera l'art de vivre. Le nom de
Quetzalcoatl, "serpent-oiseau précieux", peut se traduire par
l'expression "jumeau précieux[55]".

---

53 Mircea Éliade, *Aspects du mythe*, Paris, Gallimard,
1963, p. 91. (Coll. Idées).

54 Jean-Charles Falardeau, "les Milieux sociaux dans le roman
canadien-français contemporain", p. 37.

55 Pierre Grimal (sous la direction de), *Mythologies des
montagnes, des forêts et des îles*, Paris, Librairie
Larousse, 1963, p. 195.

Or, dans **le Couteau sur la table,** le narrateur et Patricia sont assimilés à "un couple d'oiseaux noirs entêtés[56]", et le narrateur lui-même compare sa compagne au serpent-oiseau mythique:

> Patricia s'offre au monde: mais le monde
> entier s'en fout et ne vient pas; seuls ses
> yeux, comme des écureuils en cage... (il y
> avait, au Musée national de Mexico, un
> serpent de pierre verte qui, dans cette
> même attitude d'attente, d'angoisse maîtri-
> sée, de force, de séduction...)[57]

À la toute fin du roman, le narrateur exprime enfin le besoin de détruire la volière dans laquelle lui-même et Patricia ne peuvent que s'entre-déchirer.

Il devient alors évident que le nouveau monde ne peut surgir de la fusion de ces deux univers que représentent Patricia et le narrateur. Ce dernier, qui se reconnaît "vaincu au commerce et à la guerre[58]", offrira un sacrifice au dieu qui "présidait au commerce, à la guerre", dont le "culte était ensanglanté par de nombreux sacrifices humains[59]". La victime, qui doit être livrée au couteau sacrificiel, pour nourrir le Soleil, la mort étant condition de vie, c'est Patricia. Cet événement inéluctable, qui seul peut détruire l'ancien monde, le narrateur l'avait pressenti antérieurement, en rêve:

> (J'ai fait un cauchemar absurde: quelqu'un,
> un ennemi peut-être, ou un dieu indien, ou
> tout simplement un serpent des lacs, avait
> retiré le bouchon au fond de l'étang et le
> Lake, mis à nu et à sec, offrait son ventre
> de vase aux passants ahuris. Ici et là,
> agonisaient des barbottes dans de grands
> coups de reins. Peu à peu, la vase prenait
> les empreintes des truites et des brochets,
> comme si le fond du Lake devenait à ciel
> ouvert une page d'illustration des périodes
> révolues. La nôtre, cette fois[60].)

56 Jacques Godbout, *le Couteau sur la table*, p. 107.
57 *Ibid.*, p. 117-118.
58 *Ibid.*, p. 113.
59 Eduard Adolf Jacobi, *Dictionnaire mythologique universel ou Biographie mythique*, traduit de l'allemand, refondu et complété par Th. Bernard, Paris, Librairie Firmin-Didot et cie, 1878, tome II, p. 418.
60 Jacques Godbout, *le Couteau sur la table*, p. 58-59.

Comme **Ashini**, **le Couteau sur la table** conteste globalement
la société et affirme qu'il n'est de renouveau possible que dans
la suppression absolue des vestiges d'une période révolue.

La folle équipée de la famille Bédard, dans **Pleure pas,
Germaine**, symbolise elle aussi un recommencement. Il s'agit,
en effet, d'une odyssée, d'un retour au pays des origines, pays
de la mère, de la nature-mère. Provoqué par une méprise, ce
voyage préside à une reconquête du pays,

> [...] une redécouverte géographique du
> Québec, de Montréal à la Gaspésie; une
> redécouverte qui signifie l'abandon définitif
> de l'espace des misères montréalaises et la
> décision d'approprier l'édénique région
> maritime qui est le pays d'origine de la
> mère[61].

Cette redécouverte du pays, ce retour au pays d'origine,
s'effectue dans un temps qui échappe en quelque sorte à la
durée et constitue "un moment privilégié[62]". En effet,
l'intrigue se noue dans la nuit de la Saint-Jean, jour de la fête
nationale, et se dénoue cinq jours plus tard, lors du feu de
joie de la Saint-Jean, reporté à cause du mauvais temps. C'est
donc de façon analogique, dans un temps mythique que
s'effectue le retour au lieu originel, à "l'île de la bonne aventure".

Dans **Éthel et le terroriste**, Claude Jasmin raconte une
autre fuite qui revêt un caractère mythique. Après avoir
déposé une bombe, Paul se dirige vers New York, en compagnie
d'Ethel. La ville américaine prend figure de terre promise:

> Nous entourerons le parc de grilles. Nous y
> ferons un petit éden magnifique, un jardin,
> une oasis. J'ai envie d'un paradis terrestre.
> Je t'ai trouvée Eve. Il ne manque que cet
> endroit sur terre[63].

L'idée d'un recommencement absolu est aussi traduite dans cette
légende que le narrateur veut écrire à Éthel, dans laquelle elle
devient la déesse de la révolution:

---

61 Jean-Charles Falardeau, "l'Évolution du héros dans le roman
   québécois", p. 24.
62 Maurice Arguin, "la Société québécoise et sa langue jugées
   par cinq écrivains de Parti pris". Thèse de maîtrise ès
   arts, Québec, Université Laval, 1970, f. 171-172.
63 Claude Jasmin, *Éthel et le terroriste*, p. 107.

> Je t'écrirai une histoire, une légende. Je
> dirai qu'on a creusé beaucoup, très creux,
> que tu es la reine, la princesse des forêts,
> de nos champs mouillés et stériles, que tu es
> la déesse des "canoques" ou la nièce du
> Messie, de l'Antéchrist, de Québec-la-
> révolution[64].

Le roman, tout en appelant un monde nouveau, évoque
aussi la disparition du monde ancien, dans cette scène apoca-
lyptique décrite par Paul:

> Nous chanterons nos cantiques millénaires.
> Nous danserons les pas ancestraux, pour la
> suite du monde à faire, nous organiserons
> une battue funeste. Nous nous emparerons
> de tous les amoureux de la ville et des
> enfants et des vieillards et des filles et nous
> ferons une grande marche, un pèlerinage
> final. Une sublime procession.
> - Oui. Nous les ferons monter à l'Empire
> State, et là, un à un, nous les jetterons
> dans les rues, en guise de sacrifice, comme
> ces anciens Américains d'avant Christophe
> Colomb. Il fera un soleil aveuglant. Et les
> récits de mes vieux se réaliseront[65].

Il y aussi, dans **la Ville inhumaine**, un monde à
détruire, pour que se réalisent les récits des ancêtres et que
soit retrouvée la vallée promise. Pour que la nouvelle vie soit
possible, il faut supprimer le vieil homme. L'auteur de **la
Ville inhumaine** écrivait, en effet: "On a peut-être pressenti
que le meurtre du canadien-français [sic] libérerait le
nouvel homme. Le nouvel homme? Oui, le Québécois[66]".
Émile Drolet, lui, écrit:

> J'avais quelqu'un à tuer pour vivre demain.
> Je vivais en un état primitif, en marche
> vers la conscience [...]
>   Pourquoi ai-je préféré me détruire moi-
> même? Cela est dû en une certaine mesure
> à mon impuissance. Je m'illusionne sou-
> vent. Je crois à certains moments d'opti-
> misme que l'écrasement du vieil homme faci-
> litera la vie future. Même dans la mort, je
> me hisse au-dessus de votre indifférence.

---

64 *Ibid.*, p. 39.
65 *Ibid.*, p. 112-113.
66 Laurent Girouard, *Considérations contradictoires*,
   p. 8.

> Derrière vous, derrière mon cadavre,
> miroitent les oasis de mon enfance. Au-delà
> de la bêtise, de l'hypocrisie, s'étend la
> vallée promise.
>   J'avais quelqu'un à oublier. Je tâche
> d'enterrer tous les mythes, toutes les folies,
> tout l'absurde de mes frères, d'envelopper
> dans le linceuil [sic] de mon pays et
> son histoire et son insignifiance. Lorsque
> j'aurai bien enfoui tout cela sous la neige et
> le sable je pourrai marcher à la conquête de
> la connaissance.
>   Je méprise vos sourires complices. Je
> méprise votre silence sur la Grande Mort.
> Je laisse à vos enfants le soin de vous haïr,
> de vous maudire.
>   J'avais quelqu'un à tuer. Je l'achève
> péniblement[67].

Ainsi la suppression de Langoustinal, cet homme, "bête superbe de race viscérale, mi-réel, mi-fantastique[68]", expression de "notre plus petit commun dénominateur[69]", "d'origine et d'éducation cato-cana-française[70]", issu d'un pays dépourvu de signification, apparaît comme condition de vie et de conquête. Ici encore, la régénération passe par la mort.

Un processus similaire se déroule dans **Prochain Épisode**, enclenché le jour de la fête nationale par l'événement que constitue la rencontre entre K et le narrateur:

> Il faisait chaud, très chaud en ce 24 juin.
> Il nous semblait, mon amour, que quelque
> chose allait commencer cette nuit-là, que
> cette promenade aux flambeaux allait mettre
> feu à la nuit coloniale, emplir d'aube la
> grande vallée de la conquête où nous avons
> vu le jour et où, ce soir d'été, nous avons
> réinventé l'amour et conçu, dans les
> secousses et les ruses du plaisir, un
> événement éclatant qui hésite à se produi-
> re[71].

Comme Émile Drolet, le narrateur-révolutionnaire a quelqu'un à tuer, projet encore inachevé. À la suite d'un premier échec, le narrateur reconnaît son impuissance et appelle l'évé-

---

67 *Id.*, *la Ville inhumaine*, p. 166-167.
68 *Ibid.*, p. 46.
69 *Ibid.*, p. 47.
70 *Ibid.*, p. 48.
71 Hubert Aquin, *Prochain Épisode*, p. 74.

nement absolu, le chaos qui, dans sa "violence matricielle", peut seul lui permettre de renaître:

> Ah, que l'événement survienne enfin et engendre ce chaos qui m'est vie! Éclate événement, fais mentir ma lâcheté, détrompe-moi! Vite, car je suis sur le point de céder à la fatigue historique...[72]

Le narrateur a d'ailleurs la certitude que surviendra le cataclysme qui lui permettra "de tuer H. Heutz une fois pour toutes[73]".

Par l'évocation du chaos, du mythe ou des personnages messianiques, le roman appelle un recommencement absolu, lequel exige la mort du vieil homme, le sacrifice. Cette renaissance est, comme dans le mythe, celle d'une collectivité. Celle-ci, dont l'existence est problématique à cause de la domination qu'elle subit, ne peut être sauvée que par un événement absolu, la révolution, qui lui rendra son indépendance et sa liberté, processus qui est analogue à celui de la re-création du monde, ainsi que le souligne Mircea Éliade.

Comme dans les rites anciens, la vie naît de la mort, d'où le sacrifice d'Ashini et l'immolation de Patricia, l'hécatombe évoquée par Paul dans **Éthel et le terroriste,** la suppression anticipée de Langoustinal et de H. de Heutz.

Cette destruction du monde antérieur apparaît aussi dans **Une saison dans la vie d'Emmanuel** où le mythe s'auto-détruit en quelque sorte, la renaissance étant rendue possible par la présence d'Emmanuel, messie potentiel, et par le retour du printemps, saison de vie.

Dans **le Cassé,** toutefois, rien ne laisse entrevoir un recommencement véritable, Ti-Jean étant condamné à tourner en rond. Dans ce ghetto, où la conscience ne parvient pas à s'infiltrer, où les gestes dépourvus de signification se reproduisent sous la seule poussée de l'instinct, il n'y a pas d'avenir possible. **Le Cassé** constitue un réquisitoire, une dénonciation de la triste réalité qui est le lot du prolétaire colonisé. **Le Cassé** dit l'aliénation d'avant la révolution.

VERS UNE TRIPLE CONQUÊTE. - Si le "cassé" s'abandonne à une violence aveugle et à ses instincts, le révolutionnaire canalise ses forces vitales en fonction d'une volonté de conquête. Cette conquête a une triple dimension et se nomme révolution, amour, écriture.

---

72 *Ibid.*, p. 139.
73 *Ibid.*, p. 193.

185

La régénération du monde passe par la révolution, ce qui confère au changement sa dimension collective; au plan individuel, la renaissance du héros est associée à l'amour, notamment dans **Prochain Épisode, le Couteau sur la table** et **Éthel et le terroriste**; enfin, au plan artistique, vient la libération de l'écrivain, conditionnée par celle de la collectivité et de l'homme. En d'autres termes, le roman de contestation appelle la triple conquête du pays, de la femme, de la parole.

Mircea Éliade assimile la conquête de leur indépendance par les peuples coloniaux à la récupération de l'état originel, phénomène illustré par **Ashini**. Jacques Grand'Maison souligne, pour sa part, que le mythe plus que l'idéologie est apte à rendre compte de l'acte révolutionnaire: "Si le mythe a pour fonction d'exprimer des expériences qui échappent aux prises conceptuelles habituelles, il est tout à fait normal de le rencontrer sur la route des révolutions[74]". Le sociologue définit, en effet, la révolution comme un moment privilégié et stratégique, qui implique un refus et un projet fondés sur une nouvelle vision du monde:

> Sur le plan phénoménologique, il implique une rupture radicale et un refus global vis-à-vis de la situation présente, d'une part, et une sorte de projet total d'une société et d'un homme nouveau ou tout autre, d'autre part. Il comporte non seulement une vision neuve du monde, mais aussi une volonté de le transformer à la lumière d'un nouveau système de valeurs et d'un projet historique défini[75].

Ce projet historique, on le retrouve, en particulier, dans **Ashini, Prochain Épisode, le Couteau sur la table, Pleure pas, Germaine, Éthel et le terroriste** et **la Ville inhumaine**. Antérieurement, Rex Desmarchais avait inscrit le projet révolutionnaire dans la **Chesnaie**, à la suite de monseigneur Félix-Antoine Savard. Dans les années 1960, Robert Charbonneau (**Aucune Créature**), Jacques Godbout (**l'Aquarium**) et Pierre Gélinas (**l'Or des Indes**) abordent aussi le thème de la révolution.

Au sens strict, la révolution, c'est la rupture absolue qui brise le cercle infernal de la relation coloniale. C'est "[...] la seule issue à la situation coloniale[76]", la seule voie que

---

74 Jacques Grand'Maison, *Stratégies sociales et Nouvelles Idéologies*, Montréal, Hurtubise HMH, 1970, p. 217.
75 *Loc. cit.*
76 Albert Memmi, *Portrait du colonisé*, p. 155.

peut emprunter un peuple colonisé pour entrer dans l'histoire dont il est exclu. Tel est le projet du narrateur de **Prochain Épisode**:

> C'est vrai que nous n'avons pas d'histoire. Nous n'aurons d'histoire qu'à partir du moment incertain où commencera la guerre révolutionnaire. Notre histoire s'inaugurera dans le sang d'une révolution qui me brise et que j'ai mal servie: ce jour-là, veines ouvertes, nous ferons nos débuts dans le monde[77].

Ashini, le vieux chef indien, n'a point d'autre ambition. Lui aussi rêve pour les siens de liberté et d'un pays habitable:

> Ne pouvais-je, moi, m'inspirer du loup de légende, de Huala l'inventeur des meutes, m'inspirer aussi des expéditions anciennes ou l'homme-chef menait sa propre meute à la curée?
>
> Regrouper les Montagnais. Homme-loup, homme-chef, si temporairement que cela soit, rassemblant les biens [sic], prenant leur tête, les menant, libres enfin, vers ce pays que j'allais leur garantir[78]?

Cette libération collective, ce pays à conquérir, sont aussi la raison d'être de Paul le terroriste et de Michel Garant. Le **Couteau sur la table** et la **Ville inhumaine** rappellent l'action du Front de libération du Québec et les narrateurs ont conscience de vivre à l'heure de la révolution. Non pas nécessairement la révolution armée, mais, au sens étymologique, un changement brusque et violent qui transforme les choses.

Ce changement, en effet, s'il implique la destruction symbolique de l'autre, consiste fondamentalement, nous l'avons vu dans le chapitre précédent, à détruire une identité pour être investi d'une identité nouvelle:

> À l'exemple du phoenix, l'écrivain canadien-français s'auto-détruit pour renaître de ses cendres plus fort que jamais, car il se croit enfin en possession d'une identité. S'il récuse son identité canadienne-française, identité lourde d'une histoire paralysante qui ne peut que lui rappeler les conséquences d'une défaite écrasante, c'est pour

---

77 Hubert Aquin, *Prochain Épisode*, p. 94.
78 Yves Thériault, *Ashini*, p. 114-115.

mieux affirmer son identité québécoise, riche d'espoir et la seule qu'il désire dorénavant assumer[79].

Ainsi, au-delà de la lutte armée, le thème de la révolution dit un avenir collectif possible, fondé sur la conscience, génératrice d'une façon nouvelle d'être, à soi et au monde.

Régénération collective, mais individuelle aussi, à travers l'amour, thème longtemps absent de notre littérature romanesque. Ce n'est, en effet, qu'à compter des années 1960 que se multiplient les romans qui traitent de l'amour. Et comme Michel van Schendel associait la peur de l'amour à la peur de posséder, André Renaud associe l'amour à la libération: "L'aventure que vivent beaucoup de personnages du roman d'amour devient une entreprise de libération[80]".

L'amour et la sexualité ne sont plus désormais des sujets tabous et, bien que la quête de l'amour conduise parfois à l'impasse, elle peut aussi mener à la conquête. Si la sexualité se manifeste sour le signe de la perversion et de l'humiliation dans **Une saison dans la vie d'Emmanuel** et dans **la Ville inhumaine**, elle devient une expérience positive dans **Prochain Épisode**, **le Couteau sur la table**, **Éthel et le terroriste** et **Pleure pas, Germaine**. Au-delà du plaisir physique et de la sexualité, l'amour apparaît comme un commencement: "Ton corps nu me redit que je suis né à la vraie vie et que je désire follement ce que j'aime[81]". Après avoir connu Éthel, Paul s'écrie: "Je vivais. Je venais au monde[82]". Par l'amour se manifeste enfin l'émancipation des personnages face aux interdits, ainsi que la possibilité d'une communion véritable entre l'homme et la femme. Fait à souligner, l'expérience amoureuse positive est fréquemment associée à un projet de libération collective.

Ainsi, dans **Prochain Épisode**, "K" représente à la fois la femme et le pays à conquérir, le projet individuel apparaissant comme indissociable du projet collectif: "Notre amour décalque, en son déroulement, le calendrier noir de la révolution que j'attends follement, que j'appelle de ton nom[83]".

Cette association, systématique dans le roman d'Hubert Aquin, constitue le fondement du roman de Jacques Godbout qui, dans le prologue du **Couteau sur la table**, laisse

---

79 Jacques Cotnam, "le Roman québécois à l'heure de la Révolution tranquille", p. 293.

80 André Renaud, "Romans, Nouvelles et Contes 1960-1965", dans *Livres et Auteurs canadiens*, 1965, p. 10.

81 Hubert Aquin, *Prochain Épisode*, p. 153.

82 Claude Jasmin, *Éthel et le terroriste*, p. 17.

83 Hubert Aquin, *Prochain Épisode*, p. 144.

entendre clairement que la rupture entre deux êtres qui
s'aiment recoupe l'histoire collective. Ainsi la mort de
Madeleine ou du Canada français et l'immolation de Patricia ou
du Canada anglais préfigurent la naissance du Québec qui
prend les traits de Monique, soeur cadette de Madeleine, qui a
séduit le narrateur.

Dans **Éthel et le terroriste**, la femme aimée, la Juive,
constitue un obstacle à la révolution. Paul est déchiré entre
son amour et la cause qu'il défend. Représentant l'être minoritaire, Éthel réagit contre les excès possibles de la révolution. On pourrait s'attendre que la mort provoquée par
l'explosion de la bombe déposée par Paul conduise à la rupture.
Or, Paul dépose une deuxième bombe et retrouve Éthel qui, à
son insu, l'a rejoint. C'est sans doute première fois dans le
roman québécois que l'amour l'emporte sur l'idéologie.

Comme l'amour, comme la révolution, le roman québécois des
années 1960-1965 se fait conquête. Conquête de l'art, intimement liée à une prise de possession de la réalité et à la
réflexion du romancier sur l'écriture. On retrouve ainsi chez
l'écrivain la conscience aiguë que "la notion de forme concerne
tout autant la réalité sociale que l'oeuvre d'art elle-
même[84]". Cette conscience apparaît comme l'une des
caractéristiques essentielles du nouveau roman québécois:

> [...] ce qui frappe dans l'évolution
> récente du roman, c'est le fait qu'à une
> prise de conscience accrue de la réalité
> sociale par les romanciers, correspond une
> maîtrise accrue de l'écriture et des
> techniques du roman[85].

Comment se manifeste dans le roman cette nouvelle conscience esthétique? En premier lieu, la volonté de reconnaître
la réalité sociale apparaît, à travers les oeuvres les plus
diverses, comme une constante:

> Il serait vain de chercher un dénominateur
> commun aux dizaines de romanciers révélés
> ces dernières années. Il est cependant
> possible de déceler dans cette diversité un
> même besoin: celui d'inventorier le
> réel[86].

Deuxièmement, le romancier amorce une réflexion sur le roman
qui, fréquemment, est livrée à l'intérieur même de l'oeuvre par
la médiation d'un héros-écrivain.

---

84 Michel Zéraffa, *Roman et Société*, p. 12.
85 Michel Bernard, "le Roman canadien-français", p. 87.
86 Naïm Kattan, "Canada: une littérature d'interrogation", p.
   78.

189

Dans la mesure où la reconnaissance du réel est considérée comme un élément essentiel du roman, dans la même mesure le roman identifié à la fiction ou à l'évasion est rejetée. En effet, l'auteur prend ses distances face au romanesque. Il refuse de considérer son oeuvre comme une création artificielle, cherchant plutôt à transposer la réalité appréhendée, en fonction d'une expérience personnelle. Le roman est à la fois prise de possession et dévoilement de la réalité.

Cette conception du roman elle se révèle, comme nous le verrons, à travers le narrateur-héros, à travers l'auteur même qui intervient dans le roman, ce roman qui devient synonyme de conscience.

L'un des personnages typiques du roman de contestation est le héros-écrivain; comme le "cassé" et le "révolutionnaire", il se retrouve dans les oeuvres les plus marquantes. Mireille Servais-Maquoi a vu dans ce phénomène "l'innovation la plus caractéristique du roman québécois des années 60[87]". Elle cite, en exemple, **Quelqu'un pour m'écouter**, de Réal Benoit, ainsi que **Prochain Épisode**, d'Hubert Aquin. Déjà, en 1968, Jean-Charles Falardeau avait signalé ce qu'il décrit comme une variante de l'une des constantes du roman québécois:

> Le roman a glissé vers quelque chose d'autre que lui-même.
>
> Il est devenu monologue au cours duquel l'écrivain-narrateur parle pour lui-même et se cherche en s'exprimant - variante contemporaine de l'une des constantes de notre roman: le cas du héros-écrivain. De plus en plus, l'écrivain reprend à son compte la technique de Gide dans les **Faux-Monnayeurs** et incorpore à son récit la description de la genèse de l'oeuvre en train de se faire: ainsi Réal Benoit (**Quelqu'un pour m'écouter**), Hubert Aquin (**Prochain Épisode**), Laurent Girouard (**la Ville inhumaine**), Jacques Godbout (**Salut Galarneau!**)[88].

À ces oeuvres on pourrait encore ajouter **le Libraire** et **la Bagarre**, de Gérard Bessette, de même que **le Poisson pêché**, de Georges Cartier. On retrouve aussi le héros-écrivain dans **Doux-Amer** (Claire Martin), **Tête Blan-**

87 Mireille Servais-Maquoi, "l'Aliénation en littérature: le roman québécois", f. 345.
88 Jean-Charles Falardeau, "l'Évolution du héros dans le roman québécois", p. 26.

che et **Une saison dans la vie d'Emmanuel** (Marie-Claire Blais), **le Couteau sur la table** (Jacques Godbout), **le Cabochon** (André Major).

Si la prolifération des héros-écrivains constitue en elle-même un phénomène intéressant, son discours l'est d'autant plus qu'il exprime le refus d'un certain roman, d'une certaine conception de l'écrivain.

Ainsi le narrateur de **Prochain Épisode** écrit: "Je laisse les vrais romans aux vrais romanciers[89]". Emile Drolet recommande à son éditeur de présenter son oeuvre comme "un roman qui n'en est pas un[90]". Dans **le Couteau sur la table**, le narrateur dénonce l'écrivain, "Cet être faux qui a l'air plus vrai que nature[91]". Avec plus de véhémence encore, Pascal Richer dit de l'écrivain qu'il n'est "qu'un invalide qui se réfugie dans les phantasmes d'un monde imaginaire, en s'enfermant entre les quatre murs d'une pièce[92]"!

Ce que rejette le héros-écrivain, c'est un roman qui ne serait que fiction, sans rapport avec la réalité, le vécu. Émile Drolet, à qui son éditeur demande ce qu'il a inventé, ce qu'il apporte de neuf, répond: "Je n'invente rien" et il ajoute: "Je ne suis qu'un hygiéniste[93]". Rémy exprime la même idée: "[...] pourquoi éviter le je, je n'invente pas d'histoire, je raconte ce que j'ai vu, senti, vécu, je ne peux plus jouer à l'auteur détaché, au jeu du camouflage[94]". Un constat similaire s'impose dans **Prochain Épisode**: "Ce que j'invente m'est vécu; mort d'avance ce que je tue. Les images que j'imprime sur ma rétine s'y trouvaient déjà. Je n'invente pas[95]". Bref, comme dirait Gilles Bédard: "Y me semble qu'y faudrait que je prenne des notes, que tout est marqué d'avance[96]". Le héros-écrivain dénonce la fiction romanesque et se propose de traduire la réalité vécue.

Comme le héros-écrivain, le romancier dénonce la fiction romanesque et se refuse à fournir au lecteur un instrument d'évasion. Des écrivains aussi différents que Jacques Renaud, André Major, Jacques Godbout, Jean Basile, Georges Cartier et Laurent Girouard s'acharnent à détruire systématiquement l'illusion. Ainsi, dans une introduction ou dans un prologue au roman, plusieurs auteurs servent une mise en garde à leurs

---

89 Hubert Aquin, *Prochain Épisode*, p. 14.
90 Laurent Girouard, *la Ville inhumaine*, p. 133.
91 Jacques Godbout, *le Couteau sur la table*, p. 90.
92 Georges Cartier, *le Poisson pêché*, p. 36.
93 Laurent Girouard, *la Ville inhumaine*, p. 164.
94 Réal Benoit, *Quelqu'un pour m'écouter*, p. 77.
95 Hubert Aquin, *Prochain Épisode*, p. 90.
96 Claude Jasmin, *Pleure pas, Germaine*, p. 19.

lecteurs, dévoilent les procédés romanesques qu'ils utilisent ou affichent leur parti pris.

Laurent Girouard prévient son lecteur, dès le départ, que le roman qu'il s'apprête à lire n'en est pas un et se permet d'afficher le mépris le plus total et pour son personnage et pour son lecteur:

> Émile Drolet aurait voulu faire un roman. L'auteur est intervenu à temps.
>
> Si l'auteur est intervenu directement (mais à de rares moments), c'est par exaspération ou par mépris pour Drolet... pour le lecteur...[97]

Dans l'avertissement qui précède son roman, Jean Basile n'hésite pas à vendre la mèche, à introduire son lecteur dans les coulisses:

> Je tiens à préciser que, selon un procédé qui m'est cher, je n'invente rien, ni héros, ni décor, ni situations. Mais je transpose beaucoup, je condense ou, au contraire d'un personnage initialement unique, j'en peux faire trois. D'autre part, l'anecdote est toujours symbolique[98].

Jacques Renaud, dans "une manière d'introduction" au Cassé, dit d'abord la difficulté d'écrire, pour ensuite afficher son parti pris contre la société et l'Église et enfin conclure: "Et que la postérité m'éternue[99]".

Cependant, le romancier ne se limite pas à cette seule intervention et n'hésite pas, d'une façon délibérée, à faire irruption dans l'oeuvre même. Robert Major a remarqué l'utilisation répétée de ce procédé dans les premières oeuvres "partipristes":

> Ces auteurs pratiquent de façon systématique la distanciation: à l'égard d'eux-mêmes, à l'égard des lecteurs, et à l'égard de leurs propres personnages dans le cas des prosateurs.

97 Laurent Girouard, la Ville inhumaine, p. [7].
98 Jean Basile, la Jument des Mongols, Montréal, les Éditions du Jour, 1964, p. [7]-8. (Coll. les Romanciers du Jour).
99 Jacques Renaud, le Cassé, p. 11.

192

En somme, le but visé est d'éveiller le sens
critique du lecteur. Celui-ci doit être tenu
à distance de l'oeuvre, conserver sa lucidité, ne pas sombrer dans la délectation ou la
jouissance empathique[100].

La distance qu'il maintient face à son oeuvre, le romancier
l'impose aussi à son lecteur. En intervenant dans le récit, il
détruit l'illusion et empêche le lecteur de s'évader dans la
fiction. Jacques Renaud se permet même de l'apostropher
cavalièrement. Évoquant les ébats de Ti-Jean et Louise, il
s'abstient de livrer la description attendue: "Le lecteur
s'attend sans doute à une description cochonne. Qu'il se réfère à ses expérience personnelles ou à défaut de celles-ci, qu'il
sacre[101]". Dans le **Poisson pêché**, le héros-écrivain
retrace pour Joan l'évolution de ses relations avec Louise, puis
s'interrompt brusquement:

Ce qui suivit directement l'époque **antérieure** ne présente aucun intérêt. Le
décrire serait écrire pour le public, c'est-
à-dire répondre à sa curiosité, y céder avec
veulerie[102].

Si le romancier interpelle le lecteur, d'une façon ponctuelle
et anecdotique, à traver la narration, il l'interpelle, par
ailleurs, au niveau des thèmes, des personnages et , aussi, au
niveau linguistique:

Le joual, quant à lui, concourt à cet effet
d'interpellation du lecteur, tout en participant au dévoilement de la réalité québécoise. Il veut mettre à nu toutes les aliénations car "l'état d'une langue, comme le dit
Miron, reflète tous les problèmes
sociaux[103]".

De fait, l'introduction du "joual" dans le roman, ce langage
populaire et familier, farci d'incorrections, donne l'impression
que la littérature s'efface devant la réalité observée. Ce
vérisme linguistique écarte, en effet, de l'oeuvre, en partie du
moins, la langue littéraire.

Au plan idéologique, le "joual" littéraire comporte une
double signification. D'une façon positive, il est un signe

100 Robert Major, *Parti pris: idéologies et littérature*,
p. 290.
101 Jacques Renaud, *le Cassé*, p. 25.
102 Georges Cartier, *le Poisson pêché*, p. 124.
103 Robert Major, *Parti pris: idéologies et littérature*,
p. 308.

d'affirmation de soi, y compris l'affirmation de ses carences mêmes. Introduire le "joual" en littérature, c'est, d'une certaine façon, se reconnaître et s'accepter totalement. On remarque un phénomène analogue dans les sociétés colonisées:

> [...] le colonisé ne connaissait plus sa langue que sous la forme d'un parler indigent. Pour sortir du quotidien et de l'affectif les plus élémentaires, il était obligé de s'adresser à la langue du colonisateur. Revenant à un destin autonome et séparé, il retourne aussitôt à sa propre langue. On lui fait remarquer ironiquement que son vocabulaire est limité, sa syntaxe abatardie[104].

Malgré tout, le colonisé revendique avec passion cette langue qui est sienne.

D'une façon négative, le "joual" illustre l'aliénation culturelle issue de la domination économique. Évoquant la domination linguistique de l'anglais au Québec, Albert Memmi rapproche ce phénomène du bilinguisme colonial:

> La carence linguistique n'est donc pas seulement un problème idéologique ou purement culturel. Ici on trouve d'ailleurs un cercle: la domination économique et politique crée une subordination culturelle et la subordination culturelle vient entretenir la subordination économique et politique[105].

Ainsi le "joual" littéraire apparaît comme un symptôme de la domination qu'il a pour objet de dénoncer.

L'oeuvre à faire étant perçue comme un moyen de dévoiler la réalité, le romancier récuse le roman-artifice et le roman-évasion, il n'accepte pas que le roman donne pour réel ce qui est imaginaire. Cette réalité qu'il veut dévoiler est toutefois subjective, car elle résulte de la transposition d'une expérience personnelle, l'écriture devenant un processus conscient par lequel l'auteur cherche à se reconnaître. Les questions auxquelles il cherche une réponse sont celles que formulait Gauguin, en 1897, reprises textuellement dans **Pleure pas, Germaine**, mais aussi dans **le Poisson pêché**: "D'OÙ SOMMES-NOUS? QUE SOMMES-NOUS? OÙ ALLONS-NOUS[106]"?

104 Albert Memmi, *Portrait du colonisé*, p. 162.
105 *Id.*, *l'Homme dominé*, p. 89-90.
106 Georges Cartier, *le Poisson pêché*, p. 89.

Que le roman soit indissociable de l'expérience personnelle, le héros-écrivain de **Prochain Épisode** l'illustre en s'identifiant à son oeuvre: "Je suis ce livre d'heure en heure au jour le jour" et, précise-t-il, ce livre "est cursif et incertain comme je le suis[107]".

Ce livre, qui lui est dicté par un "modèle antérieur" est aussi un moyen d'explorer le futur: "[...] il épouse la forme de mon avenir: en lui et par lui, je prospecte mon indécision et mon futur improbable[108]". Emile Drolet, qui dit écrire "sans but artistique (ou polémique)", tente de retrouver "ces souvenirs cruciaux" qui lui permettront de s'expliquer: "Si je savais au moins que ce sera la dernière fois que je tenterai de m'expliquer naïvement[109]". Pascal Richer, qui rêvait d'écrire "un grand roman", vit une expérience similaire à celle de Drolet:

> Et me voici à griffonner des esquisses dans l'espoir de me reconnaître. Une sorte de confession sans repentir, de romantisme disloqué; bidule qu'un éditeur qualifierait de roman seulement pour mieux en assurer la vente. Quant à moi, je mettrais simplement: AVEU ou DÉDICACE[110].

Confession aussi, chez Rémy: "[...] je raconte ce que j'ai vu, senti, vécu, je ne peux plus jouer à l'auteur détaché, au jeu du camouflage[111]". Il ajoute même: "[...] et puis j'aime autant ne plus rien écrire si je ne dois pas écrire toute la vérité ou plutôt ma vérité à moi[112]".

C'est ainsi que le roman se présente désormais: un écrit conforme à la réalité, non pas la réalité objective, mais celle, subjective, qui rend compte d'une prise de conscience de l'écrivain. Au plan de la création, on retrouve ici une distinction fondamentale entre le roman de moeurs urbaines et le roman psychologique, d'une part, et le roman de contestation, d'autre part. Dans le roman de moeurs urbaines, en effet, la conscience est le fait d'un narrateur omniscient: c'est lui qui décrit l'univers habité par les personnages, c'est lui qui révèle les attitudes et les comportements. Dans le roman psychologique, le personnage naît à la conscience, s'analyse et se situe par rapport à son milieu et au code de valeurs qui y prévaut. Avec le roman de contestation, c'est le roman tout entier qui se fait conscience, ce dont rend compte **Prochain Épisode**:

---

107 Hubert Aquin, *Prochain Épisode*, p. 92.
108 *Ibid.*, p. 93.
109 Laurent Girouard, *la Ville inhumaine*, p. 22.
110 Georges Cartier, *le Poisson pêché*, p. 110.
111 Réal Benoit, *Quelqu'un pour m'écouter*, p. 77.
112 *Ibid.*, p. 86.

> Chaque fois que je reviens à ce papier naît
> un épisode. Chaque session d'écriture
> engendre l'événement pur et ne se rattache
> à un roman que dans la mesure illisible mais
> vertigineuse où je me rattache à chaque
> instant de mon existence décompo-
> sée[113].

Le narrateur associe la "forme informe" de son roman à son
existence emprisonnée. Cependant, ce rapport établi entre
l'art et la vie individuelle se prolonge jusque dans la vie
collective. Le narrateur écrit, en effet:

> Événement nu, mon livre m'écrit et n'est
> accessible à la compréhension qu'à condition
> de n'être pas détaché de la trame historique
> dans laquelle il s'insère tant bien que mal.
> Voilà soudain que je rêve que mon épopée
> déréalisante s'inscrive au calendrier national
> d'un peuple sans histoire[114].

Le lien entre l'histoire collective et l'écriture, il est manifeste dans le roman de contestation qui, faut-il le rappeler,
pose essentiellement la question de l'identité collective. On
peut dire du roman de contestation, en général, ce que Robert
Major dit de la littérature partipriste: il "est non seulement
l'entreprise de dévoilement de l'aliénation québécoise, mais
aussi l'immense aventure de la construction d'un homme nouveau[115]". Cette dimension du roman apparaît, par exemple, dans le Couteau sur la table:

> Mais la grande l'épuisante peine que nous
> prenions à tout vouloir nommer! défaites et
> pays! accrochait une lueur identique aux
> jours qui passaient. Du matin au soir, nous
> cherchions avec entêtement les signes de
> l'asservissement l'indice récent de l'abrutis-
> sement général, jusque dans les statisti-
> ques, les almanachs, les horoscopes.
>
> (Mais aussi nous cherchions comme une
> fleur aux champs les raisons d'espérer, un
> mot nouveau dans la langue, une preuve que
> nous n'étions pas tout à fait vaincus)[116].

---

113 Hubert Aquin, *Prochain Épisode*, p. 94.
114 *Loc. cit.*
115 Robert Major, *Parti pris: idéologies et littérature*,
    p. 216.
116 Jacques Godbout, *le Couteau sur la table*, p. 110.

Dans **la Ville inhumaine**, l'écriture est encore explicitement associée à l'histoire collective:

> Compare à n'importe quel écrivain d'outre-Atlantique... lui, il parle après avoir écrit... Tu me diras qu'il a l'avantage de posséder sa langue. Ce n'est plus une excuse. Nous, nous possédons la matière. Que dis-je? Nous en sommes rendus à la révolution. Un pays neuf[117].

Ainsi la conscience nouvelle du roman québécois est indissociable d'une prise de conscience aiguë de la réalité collective. La parole ou l'écriture, comme la révolution et l'amour, devient un instrument de conquête et s'identifie à une prise de possession. Le roman de contestation appelle à la fois la libération de la personne, de l'écrivain et de la collectivité, triple libération dont **Prochain Épisode** constitue une remarquable synthèse:

> La révolution viendra comme l'amour nous est venu, un certain 24 juin, alors que tous les deux, nus et glorieux, nous nous sommes entretués sur un lit d'ombre, au-dessus d'une vallée vaincue qui apprenait à marcher au pas. Elle viendra à la manière de l'événement absolu et répété qui nous a consumés et dont la plénitude me hante ce soir. Ce livre innommé est indécis comme je le suis depuis la guerre de Sept Ans, anarchique aussi comme il faut accepter de l'être à l'aube d'une révolution[118].

En somme, le roman de contestation remet en cause une certaine littérature et une certaine réalité, tout en s'interrogeant sur les conditions d'un avenir possible.

La mort du Canadien français rendra possible la naissance du Québécois qui veut reconquérir la pleine possession de son univers, par la révolution, par l'amour, par l'écriture. Cependant, cet avenir souhaité demeure problématique, le roman refusant de se substituer à l'histoire. Emmanuel est né, Ashini a écrit son message de sang, le couteau sacrificiel est sur la table, mais le prochain épisode relève de l'histoire.

---

117 Laurent Girouard, *la Ville inhumaine*, p. 177.
118 Hubert Aquin, *Prochain Épisode*, p. 95.

CONCLUSION

Entre 1944 et 1965, répondant à l'appel de Menaud, le roman québécois effectue un voyage au bout de la nuit, au cours duquel s'approfondit la conscience de l'aliénation collective et se précise une volonté de libération. Du simple constat de la présence envahissante de l'autre et de la domination socio-économique qu'il exerce, en passant par l'intériorisation d'une crise de valeurs qui remet en cause l'idéologie traditionnelle - alibi collectif visant à nier la domination - le roman en vient à expliquer la situation du Canadien français en termes de colonialisme et à la contester, en proposant à l'homme d'ici la triple conquête du pays, de la femme et de la parole.

Malgré des recoupements inévitables, cet itinéraire s'effectue d'une façon progressive à travers les trois types de romans analysés. Chaque type de romans souligne, en effet, un aspect particulier de l'aliénation collective, du plus simple et plus évident, au plus complexe.

Ainsi, le roman de moeurs urbaines observe et décrit l'aliénation socio-économique des Canadiens français; le roman psychologique, pour sa part, met en évidence l'aliénation culturelle provoquée par le repli collectif sur les valeurs-refuges; enfin, le roman de contestation constate l'échec d'une certaine histoire et déplore l'absence d'un pays, qu'il impute à une situation de type colonial. En somme, trois types de romans exposent trois niveaux d'aliénation: socio-économique, culturelle, historique. À la source de cette aliénation, la domination exercée par l'autre sur la collectivité canadienne-française.

Au plan de la conscience, on note une évolution sensible, d'un type de romans à l'autre. Ainsi, dans le roman de moeurs urbaines, la conscience de l'aliénation est le fait d'un narrateur externe et omniscient, qui explique les comportements et les attitudes des personnages, en plus d'expliciter les rapports qui s'établissent entre eux et leur environnement. En somme, si le personnage agit, c'est le narrateur qui, à travers l'agir du personnage, prend conscience de son aliénation. Souvent même, cette conscience demeure implicite.

Dans le roman psychologique, le personnage lui-même accède à la conscience, par l'introspection, et éprouve l'impérieux besoin de prendre en main son propre destin. Dans le roman de contestation, aussi bien certains personnages que le narrateur sont conscients de l'aliénation, l'auteur lui-même se permettant d'intervenir à l'occasion pour susciter chez le lecteur aussi cette prise de conscience qui s'exprime souvent à travers une réflexion sur l'acte d'écrire. Se pose pour l'auteur, comme pour le narrateur-écrivain, la question de la place de l'art dans un pays sans culture et sans histoire.

Si la réalité sociale et nationale s'impose déjà comme le fondement du roman d'observation et du roman psychologique, dans le roman de contestation, la remise en cause de cette réalité s'accompagne d'une remise en question du roman même. Ce roman, il se veut une entreprise de dévoilement de l'aliénation, au plan négatif, et, au plan positif,, un appel à la libération. En d'autres termes, le roman de contestation annonce la mort du Canadien français et appelle la naissance du Québécois.

Le portrait-type du Canadien français ressort nécessairement de la production romanesque, le romancier ne pouvant que décrire, volontairement ou non, l'homme de sa société étroite. Ce portrait n'est ni le seul produit de l'imagination ni la reproduction intégrale de la réalité brute, car si le roman a pour fondement un objet social il demeure, comme toute oeuvre d'art, irréductible à la réalité qu'il traduit.

Le personnage canadien-français ne peut surgir que de la relation établie entre l'imaginaire et le réel, d'une perception du réel qui, subjective et relative, ne saurait prétendre à l'exactitude. Mais il ne s'agit pas ici d'évaluer dans quelle mesure la perception ou l'image coïncide avec la réalité. Il s'agit plutôt de constater l'existence d'une perception de l'homme d'ici, qui peut être reçue par le lecteur comme l'une des représentations signifiantes et cohérentes de la réalité.

Il se dégage du roman québécois, de la période 1944 à 1965, un portrait du Canadien français qui présente de frappantes analogies avec le portrait du colonisé. Le rapprochement s'effectue à divers stades de la prise de conscience de l'aliénation.

Le roman de moeurs urbaines décrit le Canadien français comme un citadin de la première ou de la deuxième génération, appartenant à la classe ouvrière ou à la classe moyenne. Encore imprégné des valeurs traditionnelles, il demeure, dans une large mesure, encadré par les institutions familiale et cléricale.

Écartelé entre la fidélité à la société traditionnelle et la réalité urbaine et industrielle, il apparaît inadapté à ses nouvelles conditions de vie, mais aussi aliéné, infériorisé, impuissant. Face à sa situation, il adopte une conduite d'évitement qui débouche sur l'échec.

Marqué par le souvenir de la Conquête, il est essentiellement conditionné par la domination économique exercée par l'autre, l'étranger. La ville qu'il habite est celle que décrit Frantz Fanon, constituée de deux zones s'excluant l'une l'autre: d'une part, la zone de l'étranger, de la richesse; d'autre part, celle de l'indigène, de la pauvreté. Le passage d'une zone à l'autre ne se réalisant jamais, la zone indigène s'assimile à un ghetto.

Dans cet univers manichéiste, le Canadien français adopte une conduite d'évitement. Comme l'idéologie de survivance nie la Conquête en proposant d'abandonner à l'autre le monde d'ici, en échange d'un monde meilleur, de même le personnage nie sa situation de dépossession en se réfugiant dans l'imaginaire, où il trouve une compensation. Être d'oppression, il devient, à l'instar du colonisé, être de carence

Quant au citadin de la deuxième génération, jeune et mieux formé, il se rebelle contre la condition qui lui est faite. Toutefois, incapable d'identifier les causes profondes de son aliénation et de sa frustration, il voit sa force se retourner contre lui-même et contre les siens. Parce qu'il a honte de sa condition, il s'en prend à sa famille, à son quartier, à sa petite ville, victimes comme lui de la domination. En outre, faute de terrain d'action, la société refusant tout changement pour assurer sa survie, il finit, tôt ou tard, par rentrer dans le rang, cheminement analogue à celui de l'adolescent colonisé.

Victime de l'aliénation socio-économique, le Canadien français prend conscience de son aliénation culturelle, effet le plus insidieux de la colonisation. Le roman psychologique le montre, en effet, aux prises avec une idéologie de survivance nationale qui a survalorisé et sacralisé sa société et sa culture, érigées en rempart contre l'envahisseur. Or, ces valeurs qui ont aidé la collectivité à se maintenir face au dominateur constituent un frein au progrès collectif et un obstacle à l'exercice de la liberté individuelle.

S'il veut se libérer, le Canadien français doit mener un combat contre lui-même, ce combat interne des colonisés, évoqué par Albert Memmi, par lequel il rejette les composantes majeures de son identité. Lui qui a dû se conformer à un modèle, qui s'est vu imposer une vision négative du monde, qui a dû subordonner sa vie aux normes dictées par les impératifs de la survie collective, celui-là, un jour, dit non.

Le Canadien français refuse désormais la culture globale traditionnelle, conditionnée par la domination, refus qui s'exprime, d'une façon dramatique, à travers le meurtre de la mère, incarnation de l'idéologie traditionnelle, à travers l'amour, considéré comme tabou par une religion manichéenne, à travers le rejet du passé, érigé en mythe par l'idéologie de survivance. Secouant les empêchements à vivre, le Canadien français revendique la liberté individuelle, l'amour, le présent. Rupture profonde, révélatrice d'une évolution de la mentalité canadienne-française, telle que perçue par le roman.

Il n'est toutefois pas de solution individuelle à un problème collectif. Le Canadien français qui hante le roman des années de la Révolution tranquille demeure un colonisé. Ne se reconnaissant plus dans sa définition traditionnelle ou la rejetant, il éprouve une exigence fondamentale de changement qui se manifeste à travers la violence.

Celle du "cassé", d'abord, être défait dont la violence n'a aucun sens et frappe un bouc émissaire, dont le comportement s'assimile à l'impulsivité criminelle des colonisés. Celle du révolutionnaire, ensuite, canalisée par la conscience des choix qui s'offrent à lui.

À la recherche d'une identité nouvelle, le révolutionnaire est tenté de changer de condition en changeant de peau, tentative d'assimilation qui, l'histoire le démontre, s'est révélée impossible dans le cadre colonial. Rejetant, parfois à regret, cette hypothèse, il choisit l'autre issue, l'affirmation de soi qui implique non seulement la suppression de l'autre, par la révolution, mais aussi de cette part de lui-même qui est le produit de la colonisation.

Si la violence armée rend compte de ce besoin d'un changement brusque et profond qui transforme les choses, le projet de conquête par l'amour et par l'art lui donne sa dimension véritable. Ce projet s'assimile, en effet, à une entreprise de ré-appropriation du monde et d'une culture, de récupération de l'état béatifique originel. Le soleil se lève sur la nuit coloniale, le Canadien français doit mourir pour que naisse le Québécois.

De **Menaud, maître-draveur** à **Prochain Épisode**, le roman québécois incarne la prise de conscience progressive d'une aliénation séculaire et dévoile des signes de libération. Chez Menaud, la lutte entre l'aliéné et le révolutionnaire sombre dans la folie, ultime aliénation. Le vieil homme n'a pu supporter la vision qui s'est imposée à lui. Le révolutionnaire de **Prochain Épisode**, comme Menaud, est littéralement déchiré par la prise de conscience de l'aliénation, par la nécessité de la rupture qu'il entrevoit. Toutefois, contrairement à monseigneur Félix-Antoine Savard, Hubert Aquin refuse de mettre un point final à son récit. Si le mythe canadien-français vacille avec Menaud, dont la folie se veut un avertissement, le narrateur-révolutionnaire de **Prochain Épisode** reconnaît que le Québécois doit être le produit de l'Histoire et non pas de la littérature.

BIBLIOGRAPHIE[*]

---

[*] La bibliographie ne comprend que les ouvrages cités ou mentionnés dans la thèse et les bibliographies utilisées.

1. ROMANS

1.1 Romans cités

AQUIN, Hubert, *Prochain Épisode*, Montréal, le Cercle du livre de France, 1965, 174 p.

BASILE, Jean, *la Jument des Mongols*, Montréal, les Éditions du Jour, 1964, 179 p.

BENOIT, Réal, *Quelqu'un pour m'écouter*, Montréal, le Cercle du livre de France, 1964, 126 p.

BESSETTE, Gérard, *la Bagarre*, Montréal, le Cercle du livre de France, 1958, 231 p. (Coll. Nouvelle France, n° 4).

BLAIS, Marie-Claire, *Une saison dans la vie d'Emmanuel*, Montréal, les Éditions du Jour, 1965, 128 p.

BOSCO, Monique, *Un amour maladroit*, Paris, les Éditions Gallimard, 1961, 213 p. (NRF).

CARTIER, Georges, *le Poisson pêché*, Montréal, le Cercle du livre de France, 1964, 229 p.

CHARBONNEAU, Robert, *Aucune Créature*, Montréal, Beauchemin, 1961, 178 [1] p.

---, *Ils posséderont la terre*, Montréal, les Éditions de l'Arbre, 1941, 222 p.

CHOQUETTE, Adrienne, *Laure Clouet. Nouvelle*, Québec, Institut littéraire du Québec, 1961, 135 [2] p.

CLOUTIER, Eugène, *les Témoins*, Montréal, le Cercle du livre de France, 1953, 226 p.

ÉLIE, Robert, *la Fin des songes*, Montréal, Beauchemin, 1950, 256 p.

FILIATRAULT, Jean, *Chaînes*, Montréal, le Cercle du livre de France, 1955, 241 p.

---, *l'Argent est odeur de nuit*, Montréal, le Cercle du Livre de France, 1961, 187 p. [Éd. citée: Montréal, le Cercle du livre de France, 1967, 161 [1] p.].

GÉLINAS, Pierre, *les Vivants, les Morts et les Autres*, Montréal, le Cercle du livre de France, 1959, 314 [3] p.

GIGUÈRE, Diane, *le Temps des jeux*, Montréal, le Cercle du livre de France, 1961, 202 p.

GIROUARD, Laurent, *la Ville inhumaine*, Montréal, les Éditions Parti pris, 1964, 187 [1] p.

GODBOUT, Jacques, *le Couteau sur la table*, Paris, les Éditions du Seuil, 1965, 157 [1] p.

HAMEL, Charles-A., *Prix David*, Montréal, les Éditions de l'Homme, 1962, 286 p.

HÉBERT, Anne, *le Torrent*, Montréal, Beauchemin, 1950, 171 p. [Éd. citée: Montréal, HMH, 1963, 248 p.].

JASMIN, Claude, *Éthel et le terroriste*, Montréal, Librairie Déom, 1964, 145 p. (Coll. Nouvelle Prose, n⁰ 1).

---, *Pleure pas, Germaine*, Montréal, les Éditions Parti pris, 1965, 167 [2] p. (Coll. Paroles, n⁰ 5).

LANGEVIN, André, *le Temps des hommes*, Montréal, le Cercle du livre de France, 1956, 233 p.

LEMELIN, Roger, *Au pied de la Pente douce*, Montréal, les Éditions de l'Arbre, 1944, 322 [1] p.

---, *les Plouffe*, Québec, Bélisle, 1948, 470 p. [Éd. citée: Paris, Flammarion, 1955, 312 [1] p. (Coll. La Rose des Vents)].

---, *Pierre le magnifique*, Québec, Institut littéraire du Québec, 1952, 277 p.

LORANGER, Françoise, *Mathieu*, Montréal, le Cercle du livre de France, 1949, 347 p.

MARCOTTE, Gilles, *le Poids de Dieu*, Paris, Flammarion, 1962, 218 p.

POIRIER, Jean-Marie, *le Prix du souvenir*, Montréal, le Cercle du livre de France, 1957, 309 p.

RENAUD, Jacques, *le Cassé*, Montréal, les Éditions Parti pris, 1964, 127 p. [Éd. citée: Montréal, les Editions Parti pris, 1968, 125 p.]. (Coll. Paroles)].

RICHARD, Jean-Jules, *le Feu dans l'amiante*, Canada, Chez l'auteur [*sic*], 1956, 287 p.

RINGUET, [pseudonyme de PANNETON, Philippe], *le Poids du jour*, Montréal, les Éditions Variétés, 1949, 410 [1] p.

ROY, Gabrielle, *Alexandre Chenevert*, Montréal, Beauchemin, 1964, 373 p.

---, *Bonheur d'occasion*, Montréal, Pascal, 1945, 2 vol.,
532 p. [pagination continue]. [Éd. citée: Montréal, Beauchemin, 1966, 345 p.].

SAVARD, Félix-Antoine, *Menaud, maître-draveur*, Québec,
Librairie Garneau, 1937, 265 p.

THÉRIAULT, Yves, *Ashini*, Montréal et Paris, Fides, 1960,
164 p. (Coll. du Nénuphar).

---, *Cul-de-sac*, Québec, Institut littéraire du Québec,
1961, 223 p.

VIAU, Roger, *Au milieu, la montagne*, Montréal, Beauchemin, 1951, 329 p.

1.2 Romans mentionnés

BESSETTE, Gérard, *l'Incubation*, Montréal, Librairie Déom,
1965, 178 p. (Coll. Nouvelle Prose, n⁰ 2).

---, *le Libraire*, Montréal, le Cercle du livre de France,
1960, 173 p.

BLAIS, Marie-Claire, *le Jour est noir*, Montréal, les
Éditions du Jour, 1962, 123 [2] p. (Coll. Les Romanciers du
Jour, n⁰ 4).

---, *Tête Blanche*, Québec, Institut littéraire du Québec,
1960, 205 p.

CHÉNÉ, Yolande, *Au seuil de l'enfer*, Montréal, le Cercle
du livre de France, 1961, 256 p.

CHOQUETTE, Robert, *les Velder*, Montréal, Bernard
Valiquette, 1941, 190 p.

DESMARCHAIS, Rex, *la Chesnaie*, Montréal, les Éditions de l'Arbre, 1942, 294 p.

FERRON, Jacques, *la Nuit*, Montréal, les Éditions Parti
pris, 1965, 134 p.

---, *Papa Boss*, Montréal, les Éditions Parti pris,
1966, 142 p. (Coll. Paroles, n⁰ 8).

FOURNIER, Roger, *Inutile et Adorable*, Montréal, le
Cercle du livre de France, 1963, 204 p.

GÉLINAS, Pierre, *l'Or des Indes*, Montréal, le Cercle du livre de France, 1962, 188 p.

GODBOUT, Jacques, *l'Aquarium*, Paris, les Éditions du Seuil, 1962, 156 [1] p.

---, *Salut Galarneau!*, Paris, les Éditions du Seuil, 1967, 154 [1] p.

GODIN, Gérald, "Télesse", dans *Écrits du Canada français*, vol. XVII, Montréal, 1964, p. 171-208.

GUÈVREMONT, Germaine, *le Survenant*, Montréal, Beauchemin, 1945, 262 p.

HARVEY, Jean-Charles, *les Demi-civilisés*, Montréal, les Éditions du Totem, 1934, 223 p.

HÉMON, Louis, *Maria Chapdelaine*, Montréal, J.-A. Lefebvre, 1916, XIX, 243 p.

JASMIN, Claude, *Délivrez-nous du mal*, Montréal, les Éditions à la Page, 1961, 187 p.

LANGEVIN, André, *Évadé de la nuit*, Montréal, le Cercle du livre de France, 1951, 245 p.

---, *Poussière sur la ville*, Montréal, le Cercle du livre de France, 1953, 213 p.

MAHEUX-FORCIER, Claire, *Amadou*, Montréal, le Cercle du livre de France, 1963, 157 p.

MAJOR, André, *le Cabochon*, Montréal, les Éditions Parti pris, 1964, 195 p.

MARTIN, Claire, *Doux-Amer*, Montréal, le Cercle du livre de France, 1960, 192 p.

---, *Quand j'aurai payé ton visage*, Paris, Robert Laffont, 1962, 187 p. (Coll. Les jeunes romanciers canadiens).

MONDAT, Claire, *Poupée*, Montréal, les Éditions du Jour, 1963, 139 p. (Coll. Les Romanciers du Jour, no 8).

PARADIS, Suzanne, *Il ne faut pas sauver les hommes*, Québec, Librairie Garneau, 1961, 185 [2] p.

PETROWSKI, Minou, "Un été comme les autres", dans *Écrits du Canada français*, vol. XV, Montréal, 1963, p. 217-319.

RICHARD, Jean-Jules, *Journal d'un hobo*, Montréal, les Éditions Parti pris, 1965, 292 p. (Coll. Paroles, n⁰ 6).

RINGUET (pseudonyme de Philippe Panneton), *Trente Arpents*, Paris, Flammarion, 1938, 293 p.

SAINT-ONGE, Paule, *Ce qu'il faut de regrets*, Montréal, le Cercle du livre de France, 1961, 159 p.

VAC, Bertrand (pseudonyme d'Aimé Pelletier), *Histoires galantes*, Montréal, le Cercle du livre de France, 1965, 194 p.

2. CRITIQUE LITTÉRAIRE

2.1 <u>Volumes et recueils</u>

BESSETTE, Gérard, *Une littérature en ébullition*, Montréal, les Éditions du jour, 1968, 209 p.

BESSETTE, Gérard, Lucien GESLIN et Charles PARENT, *Histoire de la littérature canadienne-française par les textes*, Montréal, Centre éducatif et culturel inc., 1968, 704 p.

DOUBROVSKI, Serge, *Pourquoi la nouvelle critique. Critique et objectivité*, Paris, Mercure de France, 1970, XX, 262 p.

DUCROCQ-POIRIER, Madeleine, *Robert Charbonneau*, Montréal, Fides, 1972, 191 p. (Coll. Écrivains canadiens d'aujourd'hui, n⁰ 10).

FALARDEAU, Jean-Charles, *l'Évolution du héros dans le roman québécois*, Montréal, les Presses de l'Université de Montréal, 1968, 36 p. (Conférences J. A. de Sève, n⁰ 9).

---, *Notre société et son roman*, Montréal, les Éditions HMH, 1967, 234 p. (Coll. Sciences de l'homme et Humanisme, n⁰ 1).

GAUVIN, Lise, *"Parti pris" littéraire*, Montréal, les Presses de l'Université de Montréal, 1965, 217 [2] p. (Coll. Lignes québécoises).

GOLDMANN, Lucien, *Pour une sociologie du roman*. Paris, Gallimard, 1964, 372 [1] p. (Coll. Idées, n⁰ 93).

GRANDPRÉ, Pierre de, *Dix ans de vie littéraire au Canada français*, Montréal, Beauchemin, 1966, 293 p.

LEMIRE, Maurice, *les Grands Thèmes nationalistes du roman historique canadien-français*, Québec, les Presses de l'Université Laval, 1970, XII, 281 [2] p. (Coll. Vie des lettres canadiennes, n° 8).

MAJOR, Robert, *Parti pris: idéologies et littérature*, Ville La Salle, les Éditions Hurtubise HMH, 1979, 341 p. (Coll. Littérature, n° 45).

MARCOTTE, Gilles, *le Roman à l'imparfait. Essais sur le roman québécois d'aujourd'hui*, Montréal, les Éditions La Presse, 1976, 194 [1] p. (Coll. Échanges).

---, *Une littérature qui se fait. Essais critiques sur la littérature canadienne-française*, Montréal, les Éditions HMH, 1962, 293 [3] p. (Coll. Constantes, n° 2).

MOISAN, Clément, *l'Âge de la littérature canadienne. Essai*, Montréal, les Éditions HMH. 1969, 193 p. (Coll. Constantes, n° 19).

PAGÉ, Pierre, *Anne Hébert*, Montréal et Paris, Fides, 1965, 189 p. (Coll. Écrivains canadiens d'aujourd'hui, n° 3).

RACINE, Claude, *L'Anticléricalisme dans le roman québécois (1940-1965)*, Montréal, les Éditions Hurtubise HMH, 1972, 233 p. (Les Cahiers du Québec, Coll. Littérature, n° 6).

REID, Malcolm, *The Shouting Signpainters*, Toronto, McClelland and Stewart Ltd., 1972, 315 p.

ROBIDOUX, Réjean et André RENAUD, *le Roman canadien-français du vingtième siècle*, Ottawa, les Éditions de l'Université d'Ottawa, III, 1966, 221 p. (Coll. Visage des lettres canadiennes).

SAINTE-MARIE-ÉLEUTHÈRE (soeur) [Marie LAFOREST], *la Mère dans le roman canadien français [sic]*, Québec, les Presses de l'Université Laval, 1964, XIV, 214 p. (Coll. Vie des lettres canadiennes, n° 1).

SIROIS, Antoine, *Montréal dans le roman canadien*, Montréal, Paris, Bruxelles, Marcel Didier, 1968, XLVI, 195 p.

SMART, Patricia, *Hubert Aquin, agent double. La dialectique de l'art et du pays dans "Prochain Épisode" et "Trou de mémoire"*, Montréal, les Presses de l'Université de Montréal, 1973, 138, [1] p. (Coll. Lignes québécoises).

ZÉRAFFA, Michel, *Roman et Société*, Paris, les Presses universitaires de France, 1971, 183 [1] p. (Coll. SUP, le Sociologue, n° 22).

2.2 Thèses

ARGUIN, Maurice, "la Société québécoise et sa langue jugées par cinq écrivains de *'Parti pris'*". Thèse de maîtrise ès arts, Québec, Université Laval, 1970, XIX, 191 f.

BOSCO, Monique, "l'Isolement dans le roman canadien- français". Thèse de doctorat ès lettres, Montréal, Université de Montréal, 1953, XVII, 203 [3] f.

BOURGEOIS, Mariette (soeur), "l'Évolution sociale dans le roman canadien-français de 1930 à 1950". Thèse de D.E.S., Québec, Université Laval, 1966, XVIII, 175 f.

GAULIN, André, "le Thème de l'échec dans l'univers romanesque d'André Langevin". Thèse de D.E.S., Québec, Université Laval, 1971, XL, 111 f.

KEFFER, Lowell William, "Frustration, Conflit et Révolte: une étude socio-psychologique de vingt-trois romans québécois des années 1938 à 1961". Thèse de doctorat ès lettres, Québec, Université Laval, 1979, XIV, 586 f.

SERVAIS-MAQUOI, Mireille, "l'Aliénation en littérature: le roman québécois". Thèse de doctorat en philosophie et lettres, Liège, Université de Liège, 1977, 2 vol., 418 f. [pagination continue].

TUCHMAÏER, Henri S., "Évolution de la technique du roman canadien-français". Thèse de doctorat d'Université, Québec, Université Laval, 1958, XLVIII, 369 [1] f.

2.3 Articles

ALLARD, Jacques, "le Roman québécois des années 1960 à 1968", dans *Europe* (Paris), vol. XLVII, n°s 478-479 (février-mars 1969), p. 41-50.

BAUDOT, Alain, "De l'autre à l'un. Aliénation et révolte dans les littératures d'expression française", dans *Études françaises*, vol. VII, n° 4 (novembre 1971), p. 331-358.

BERNARD, Michel, "Document. Prochain Épisode" ou l'autocritique d'une impuissance", dans *Parti pris*, vol. IV, n°s 3-4 (novembre-décembre 1966), p. 78-87.

---, "le Roman canadien-français", dans *Québec 66*, vol. III (février 1966), p. 87-90.

BESSETTE, Gérard, "l'Aquarium de Jacques Godbout", dans *Livres et Auteurs canadiens*, 1962, p. 17-19.

BRÛLÉ, Michel, "Introduction à l'univers de Marie-Claire Blais", dans *Revue de l'Institut de sociologie*, vol. XLII, n° 3, Bruxelles, 1969, p. 503-513.

CLOUTIER, Normand, "la Contestation dans le nouveau-roman canadien français [*sic*]", dans *Culture vivante*, vol. I, n° 2 (1966), p. 9-15.

COTNAM, Jacques, "le Roman québécois à l'heure de la Révolution tranquille", dans *le Roman canadien-français*, 2e édition, Montréal, Fides, 1971, p. 265-297. (Archives des lettres canadiennes, t. III).

ÉTHIER-BLAIS, Jean, "Une explosion créatrice", dans *Québec 70*, Vol. VII (mars 1976), p. 13-24.

FALARDEAU, Jean-Charles, "les Milieux sociaux dans le roman canadien-français contemporain", dans *Québec 65*, Vol. II (février 1965) p. 20-39.

GIROUARD, Laurent, "Considérations contradictoires", dans *Parti pris*, Vol. II, no 5 (janvier 1965), p. 6-12.

GREFFARD, Madeleine, *"Une saison dans la vie d'Emmanuel*, kaléidoscope de la réalité québécoise", dans *Cahiers de Sainte-Marie*, n° 1, Montréal, les Éditions de Sainte-Marie, 1967, p. 19-24.

JASMIN, Claude, "'Major y aurait-y [*sic*] moyen de placer un mot?'", dans *le Petit Journal*, sem. du 8 août 1965, p. 26.

KATTAN, Naïm, "Canada: une littérature d'interrogation", dans *Preuves* (Paris), vol. XVII, n° 193 (mars 1967), p. 76-81.

LAPOINTE, Jeanne, "Quelques apports positifs de notre littérature d'imagination", dans *Cité libre*, vol. IV, n° 10 (octobre 1954), p. 17-36.

LE GRAND, Albert, "Pour une littérature authentique", dans *la Littérature par elle-même*, Cahiers n° 2, A.G.E.U.M., Montréal, 1962, 63 p.

LEMIRE, Maurice, *Bonheur d'occasion* ou le Salut par la guerre", dans *Recherches sociographiques*, vol. X, no 1 (janvier-avril 1969), p. 23-35.

MAJOR, André, "Pour une littérature révolutionnaire", dans *Parti pris*, vol. I, n⁰ 8 (mai 1964), p. 56-57.

MARCOTTE, Gilles, "La Religion", dans *Littérature et Société canadiennes-françaises*, sous la direction de Fernand Dumont et Jean-Charles Falardeau, Québec, les Presses de l'Université Laval, 1964, p. 167-176.

RENAUD, André, "Romans, Nouvelles et Contes 1960-1965", dans *Livres et Auteurs canadiens*, 1965, p. 7-12.

RIOUX, Marcel, "Aliénation culturelle et Roman canadien", dans *Littérature et Société canadiennes-françaises*, sous la direction de Fernand Dumont et Jean-Charles Falardeau, Québec, les Presses de l'Université Laval, 1964, p. 145-150.

ROBIDOUX, Réjean, "Gérard Bessette et la technique romanesque à l'occasion de *l'Incubation*", dans *Livres et Auteurs canadiens*, 1965, p. 36-38.

SUTHERLAND, Ronald, "The Body-Odour of Race", dans *Canadian Literature*, n⁰ 37 (Summer 1968), p. 46-67.

VACHON, Georges-André, "l'Espace politique et social dans le roman québécois", dans *Recherches sociographiques*, VII, n⁰ 3 (septembre-décembre 1966), p. 259-279.

VANASSE, André, "le Fait historique et les étapes littéraires. La notion de l'étranger dans la littérature canadienne-I", dans *l'Action nationale*, vol. LV, n⁰ 2 (octobre 1965), p. 230-236.

---, "la Notion d'étranger dans la littérature canadienne-V. Vers une solitude désespérante", dans *l'Action nationale*, vol. LV, n⁰ 7 (mars 1966), p. 844-851.

VAN SCHENDEL, Michel, "l'Amour", dans *Littérature et Société canadiennes-françaises*, sous la direction de Fernand Dumont et Jean-Charles Falardeau, Québec, les Presses de l'Université Laval, 1964, p. 153-165.

WYCZYNSKI, Paul, "Panorama du roman canadien-français", dans *le Roman canadien-français*, Montréal et Paris, Fides, 1964, p. 11-35. (Archives des lettres canadiennes, t. III).

214

3. SOCIOLOGIE

3.1 Volumes et recueils

D'ALLEMAGNE, André, *le Colonialisme au Québec*, Montréal, les Éditions R-B, 1966, 191 p.

DUMONT, Fernand, *la Vigile du Québec. Octobre 1970: l'impasse?*, Montréal, les Éditions Hurtubise HMH, 1971, 234 p.

FANON, Frantz, *les Damnés de la terre*, Paris, François Maspero, 1970, 232 [3] p. (FM/Petite Collection Maspero, n⁰ 20).

GRAND'MAISON, Jacques, *Vers un nouveau pouvoir*, Montréal, les Éditions HMH, 1969, 257 p. (Coll. Sciences de l'homme et Humanisme, n⁰ 2).

---, *Stratégies sociales et Nouvelles Idéologies*, Montréal, les Éditions Hurtubise HMH, 1970, 266 p.

MEMMI, Albert, *l'Homme dominé. Essais*, Paris, Gallimard, 1968, 224 p. (NRF).

---, *Portrait du colonisé. Précédé du "Portrait du colonisateur" et d'une Préface de Jean-Paul Sartre*, Paris, Petite bibliothèque Payot, n⁰ 212, 1973, 179 p.

VALLIÈRES, Pierre, *Nègres blancs d'Amérique. Autobiographie précoce d'un "terroriste" québécois*, nouvelle édition revue et corrigée, Montréal, les Éditions Parti pris, 1968, 402 [1] p. (Coll. Aspects, n⁰ 5).

3.2 Articles

DUMONT, Fernand, "De quelques obstacles à la prise de conscience chez les Canadiens français", dans *Cité libre*, vol. VIII, n⁰ 19 (janvier 1958), p. 22-28.

DUMONT, Fernand et Guy ROCHER, "Introduction à une sociologie du Canada français. Le Canada français aujourd'hui et demain", dans *Recherches et Débats*, n⁰ 34, Paris, Fayard, 1961, p. 13-38.

FALARDEAU, Jean-Charles, "les Canadiens français et leur idéologie", dans *la Dualité canadienne*. *Essais sur les relations entre Canadiens français et Canadiens anglais*, sous la direction de Mason Wade et Jean-Charles Falardeau, Québec, les Presses universitaires Laval et Toronto, University of Toronto Press, 1960, p. 20-38.

KOHN, Hans, "Reflections on Colonialism", dans *The Idea of Colonialism*, Strausz-Hupé, Robert et Hazard, Harry W. [directeurs], New York, Frederick A. Praeger, Inc., 1958, p. 2-16.

LÉGER, Jean-Marc, "le Néo-nationalisme. Où conduit-il?", dans *les Nouveaux Québécois*, Québec, les Presses de l'Université Laval, 1964, p. 41-53.

RIOUX, Marcel, "l'Étude de la culture canadienne-française: aspects micro-sociologiques", dans *Situation de la recherche sur le Canada français*, sous la direction de Fernand Dumont et Yves Martin, Québec, les Presses de l'Université Laval, 1962, p. 267-272.

ROCHER, Guy, "la Crise des valeurs au Québec", dans *le Nouveau Défi des valeurs. Essais*, Fred Caloren, Julien Harvey, Claude Julien *et al.*, Montréal, les Éditions HMH, 1969, p. 9-24 (Coll. Constantes, n⁰ 20).

---, "les Recherches sur les occupations et la stratification sociale", dans *Situation de la recherche sur le Canada français*, sous la direction de Fernand Dumont et Yves Martin, Québec, les Presses de l'Université Laval, 1962, p. 173-184.

4. OUVRAGES GÉNÉRAUX

BERGERON, Gérard, *le Canada-Français [sic] après deux siècles de patience*, Paris, les Éditions du Seuil, 1967, 280 p.

CAMUS, Albert, *l'Homme révolté*, Paris, Gallimard, 1951, 372 p. (Coll. Idées, n⁰ 36).

DIEL, Paul, *le Symbolisme dans la mythologie grecque*, Paris, Petite bibliothèque Payot, n⁰ 87, 1966, 252 p.

ÉLIADE, Mircea, *Aspects du mythe*, Paris, Gallimard, 1963, 246 [3] p. (Coll. Idées).

GRIMAL, Pierre [éditeur], *Mythologies des montagnes, des forêts et des îles,* Paris, Librairie Larousse, 1963, 279 [1] p.

JACOBI, Eduard Adolf, *Dictionnaire mythologique universel ou Biographie mythique,* traduit de l'allemand, refondu et complété par Th. Bernard, Paris, Librairie Firmin-Didot et cie, 1878, 515 p.

5. BIBLIOGRAPHIES

BOILY, Robert, *Québec 1940-1969, bibliographie: le système politique québécois et son environnement,* Montréal, les Presses de l'Université de Montréal, 1971, XXII, 208 p.

COTNAM, Jacques, "Essai de guide bibliogrpahique des études canadiennes-françaises", dans *l'Enseignement secondaire,* n° 5 (novembre-décembre 1967), p. 318-351.

DROLET, Antonio, *Bibliographie du roman canadien-français (1900-1950),* Québec, les Presses de l'Université Laval, 1955, 125 p.

GARIGUE, Philippe, *Bibliographie du Québec (1955-1965),* Montréal, les Presses de l'Université de Montréal, 1967, 228 p.

HAMEL, Réginald, *Cahiers bibliographiques des lettres québécoises,* Montréal, Centre de documentation des lettres québécoises, vol. I, n°s 1-3 (janvier-juin-septembre 1967), II, 1229 p.

HAMEL, Réginald et Pierre de GRANDPRÉ, "Bibliographie des instruments de travail en littérature canadienne-française", dans *Histoire de la littérature française du Québec,* Montréal, Beauchemin, vol. IV, 1969, p. 373-383.

HARE, John E., "Bibliographie du roman canadien-français", dans *le Roman canadien-français.* Montréal, Fides, 1969, p. 383-456. (Archives des lettres canadiennes, t. III).

LEMIRE, Maurice et Kenneth LANDRY, *Répertoire des spécialistes de la littérature canadienne-française.* Québec, Université Laval, Archives de littérature canadienne, 1971, VI, 93 p.

NAAMAN, Antoine, *Guide bibliographique des thèses littéraires canadiennes de 1921 à 1969,* Sherbrooke, Cosmos, 1970, 338 p.

SOUTHAM, Peter, *Bibliographie des bibliographies sur l'économie, la société et la culture du Québec (1940-1971)*, Québec, Université Laval, Institut supérieur des sciences humaines, 1972, 77 p. (Coll. "Instruments de travail", n⁰ 6).

TANGHE, Raymond, *Bibliographie des bibliographies canadiennes*, Toronto, University of Toronto Press, 1960, 206 p.

WYCZYNSKI, Paul, "Histoire et Critique littéraires au Canada français. État des travaux", dans *Littérature et Société canadiennes-françaises*, sous la direction de Fernand Dumont et Jean-Charles Falardeau, Québec, les Presses de l'Université Laval, 1964, p. 11-69.

INDEX DES ROMANS

INDEX DES ROMANS

TABLE DES MATIÈRES

LES CAHIERS DU CENTRE DE
RECHERCHE EN LITTÉRATURE
QUÉBÉCOISE
(CRELIQ)
DE L'UNIVERSITÉ LAVAL

Collection "Bibliographies"

n° 1   Denis Carrier, *Bibliographie analytique
            d'Yves Thériault, 1940-1984.*

Collection "Essais"

n° 1   Maurice Arguin, *Le Roman québécois de 1944
            à 1965. Symptômes du colonialisme et signes de
            libération.*

n° 2   Michel Lord, *En quête du roman gothique
            québécois (1837-1860). Tradition littéraire et
            imaginaire romanesque.*

Achevé d'imprimer
en août 1985
par le Service de reprographie
de l'université Laval

Imprimé au Québec